本书出版得到北京师范大学价值观与民族精神创新基地、

北京师范大学价值与文化研究中心资助

当代价值与文化丛书

丛书主编

韩 震

存在与价值

和什格图 ◇ 著

人民出版社

责任编辑:田　园
装帧设计:艾哲设计
版式设计:东昌文化

图书在版编目(CIP)数据

存在与价值/和什格图 著. -北京:人民出版社,2011.3
(当代价值与文化丛书)
ISBN 978－7－01－009611－7

Ⅰ.①存…　Ⅱ.①和…　Ⅲ.①存在-研究②价值论(哲学)-研究
　Ⅳ.①B021②B018

中国版本图书馆 CIP 数据核字(2011)第 004843 号

存在与价值
CUNZAI YU JIAZHI

和什格图　著

人民出版社 出版发行
(100706　北京朝阳门内大街 166 号)

北京龙之冉印务有限公司印刷　新华书店经销

2011 年 3 月第 1 版　2011 年 3 月北京第 1 次印刷
开本:710 毫米×1000 毫米 1/16　印张:17.5
字数:270 千字　印数:0,001－3,000 册

ISBN 978－7－01－009611－7　定价:35.00 元

邮购地址 100706　北京朝阳门内大街 166 号
人民东方图书销售中心　电话 (010)65250042　65289539

建设社会主义核心价值体系（代丛书序）

袁贵仁

胡锦涛同志在党的十七大报告中提出，"建设社会主义核心价值体系，增强社会主义意识形态的吸引力和凝聚力"[1]，巩固全党全国各族人民团结奋斗的共同思想基础。这是我们党理论创新的又一重要成果。它深化了对中国特色社会主义的认识，进一步回答了什么是社会主义、怎样建设社会主义的问题，对于我们坚持和发展中国特色社会主义道路和中国特色社会主义理论体系，推进科学发展、促进社会和谐具有重大而深远的意义。

一

"社会主义核心价值体系是社会主义意识形态的本质体现"[2]，是社会主义制度的内在精神。社会主义是一种道路、一种制度，也是一种理论、精神。社会主义道路表现为社会主义制度的建立和不断完善、成熟，社会主义精神则是社会主义道路、制度的理论基础和思想支撑。社会主义与资本主义及其他社会形态的区别，表现为社会道路、制度的不同，其实质是社会理论、精神的不同。在一定意义上说，只有先进的社会理论、精神，才能有先

[1] 胡锦涛：《高举中国特色社会主义伟大旗帜　为夺取全面建设小康社会新胜利而奋斗》，人民出版社 2007 年版，第 34 页。

[2] 胡锦涛：《高举中国特色社会主义伟大旗帜　为夺取全面建设小康社会新胜利而奋斗》，人民出版社 2007 年版，第 34 页。

进的社会道路，形成先进的社会制度，对社会理论、精神的科学认识和把握的程度，制约着社会道路、社会制度完善和成熟的程度。

在人类历史中，每一社会都有其独特的社会精神气质，它因社会的经济方式、政治理念、文化传统而形成，反映社会的价值需要、价值目标和价值追求，涵盖社会的理想信念、精神风貌、道德规范，构成社会的核心价值体系。任何社会都有自己的核心价值体系，在社会意识形态中处于统摄和支配地位，对经济社会建设、社会进步和人的发展发挥着引领和主导作用。这是一定的社会系统得以运转、一定的社会秩序得以维持的基本精神依托。先进的社会核心价值体系是维系社会团结和睦的精神纽带、推动社会全面发展的精神力量、指引社会前进方向的精神旗帜，直接而深刻地影响着社会的生命力、凝聚力和创造力。

社会主义核心价值体系，是与社会主义基本制度和根本性质联系在一起的。它揭示了社会主义经济、政治、文化、社会的发展动力，反映了社会主义现代化富强、民主、文明、和谐的发展要求。《中共中央关于构建社会主义和谐社会若干重大问题的决定》明确指出，马克思主义指导思想，中国特色社会主义共同理想，以爱国主义为核心的民族精神和以改革创新为核心的时代精神，社会主义荣辱观，是构成社会主义核心价值体系的基本内容。这些都是我国社会主义意识形态中最重要的部分，是我国社会主义制度的思想根基，任何时候都不能动摇。

二

社会主义核心价值体系是一个层次清晰、结构严谨的有机整体。中国特色社会主义共同理想，既是社会主义核心价值体系的一个基本内容，又是整个社会主义核心价值体系的主题。在中国共产党领导下，走中国特色社会主义道路，实现中华民族的伟大复兴，是全党全国各族人民的共同理想；建设中国特色社会主义，是现阶段全党全国各族人民的共同事业。改革开放以来我们取得一切成绩和进步的根本原因，归结起来就是：开辟了中国特色社会主义道路，形成了中国特色社会主义理论体系。中国特色社会主义，是当代中国发展进步的旗帜，是全党全国各族人民团结奋斗的旗帜。社会主义核心价值体系，就是围绕建设中国特色社会主义这个主题展开的，是为坚持和发展中国特色社会主义道路服务的。

马克思主义指导思想是社会主义核心价值体系的灵魂。科学社会主义，是马克思主义的重要组成部分。当代中国的马克思主义理论，就是中国特色社会主义理论体系。邓小平同志说，把马克思主义普遍真理同我国的具体实际相结合，走自己的道路，建设中国特色社会主义，这是我们总结长期历史经验得出的基本结论。胡锦涛同志说，在当代中国，坚持中国特色社会主义道路，就是真正坚持社会主义；坚持中国特色社会主义理论体系，就是真正坚持马克思主义。因此，在当代中国，坚持马克思主义指导，坚持共产党领导，坚持中国特色社会主义道路，这是同一个问题的不同侧面，彼此是不可分割的。坚持马克思主义指导思想，坚持共产党的领导，就必须高举中国特色社会主义伟大旗帜，坚持中国特色社会主义伟大道路。离开中国特色社会主义，抽象地讲马克思主义指导和共产党领导，在理论上是错误的，在实践上是有害的。

民族精神和时代精神是社会主义核心价值体系的精髓。这是对中国特色社会主义的进一步揭示和规定。中国特色社会主义，是与中国国情相结合、与中国文化传统相承接的社会主义，是社会主义精神与中华民族精神相融合的社会主义。以爱国主义为核心的团结统一、爱好和平、勤劳勇敢、自强不息的民族精神，蕴涵着我国各族人民团结一心、共同奋斗的价值取向，彰显着我国社会主义制度的民族特色，深深地融入到我们的民族意识、民族品格、民族气质之中。民族精神是不断发展的，它与时代精神紧密地联系在一起。民族精神是时代精神在一个民族的凝结，时代精神是民族精神在一个时代的展现。改革开放以来，我国各族人民焕发出巨大的创造力，形成了解放思想、锐意改革、艰苦创业、开拓创新的时代精神。解放思想是发展中国特色社会主义的一大法宝，改革开放是发展中国特色社会主义的强大动力。党的十七大报告指出，新时期最鲜明的特点是改革开放，最显著的成就是快速发展，最突出的标志是与时俱进。改革创新作为时代精神的核心，是建设中国特色社会主义最宝贵的经验，是中国特色社会主义永葆生机和活力最重要的法宝，已经成为中国特色社会主义最重要的品格。在经济全球化、政治多极化、文化多样化的新世纪新阶段，没有民族精神和时代精神，就没有中国特色社会主义。保持和发扬民族精神和时代精神，是建设中国特色社会主义的精神支柱和力量源泉。

社会主义荣辱观是社会主义核心价值体系的基础，它从社会主义道德规范的角度，深化了对中国特色社会主义的认识。我们讲的荣辱观，是社会主义的荣辱观。中国特色社会主义是物质文明、政治文明、精神文明、社会文明协调发展的社会，要按照中国特色社会主义事业总体布局，全面推进经济建设、政治建设、文化建设、社会建设，思想道德建设是其中的重要内容。没有良好的道德规范，就无法实现社会和谐，也不可能建设好中国特色社会主义。胡锦涛同志说，在我们的社会主义社会里，是非、善恶、美丑的界限绝对不能混淆，坚持什么、反对什么，倡导什么、抵制什么，都必须旗帜鲜明。以"八荣八耻"为主要内容的社会主义荣辱观，与社会主义市场经济体制相适应、与社会主义法律规范相协调、与中华民族传统美德相承接、与人类文明发展趋势相一致，集中反映了社会主义道德规范和行为规范的基本要求，是中国特色社会主义的基本特征和建设中国特色社会主义的基本保证。

从邓小平理论到"三个代表"重要思想，再到科学发展观等重大战略思想，都是围绕建设中国特色社会主义这个主题而展开的，都包括在中国特色社会主义理论体系之中，坚持马克思主义指导思想，弘扬民族精神和时代精神，践行社会主义荣辱观，都是与牢固树立中国特色社会主义共同理想紧密相联的。离开中国特色社会主义道路和中国特色社会主义理论体系，就不可能形成社会主义核心价值体系，建设社会主义核心价值体系也就失去了实际意义。

三

社会主义核心价值体系是社会主义和谐社会的生命之魂。社会主义核心价值体系与中国特色社会主义的关系，最根本地体现在它与社会主义本质的关系中。建设社会主义核心价值体系是社会主义本质的内在要求。对于社会主义本质，邓小平同志作了科学的论述，他指出，社会主义的本质，是解放生产力，发展生产力，消灭剥削，消除两极分化，最终达到共同富裕。这就告诉我们，什么是社会主义主要包括两个方面的内容、要求，与之相应，怎样建设社会主义主要包括两个方面的任务、目标：一是解放和发展生产力，极大地增加全社会的物质财富；一是巩固和完善社会主义制度，逐步实现社会公平与正义，极大地激发全社会的创造活力和促进社会和谐。这两个方面相互联系、相互促进，是统一的整体，并贯穿于中国特色社会主义全部发展过程之中。在当代中国，建设社会主义就是建设社会主义市场经济、社会主义民主政治、社会主义先进文化、社会主义和谐社会，建设富裕民主文明和谐的社会主义现代化国家。

对社会主义本质的认识是在实践中发展的。随着改革开放和现代化建设的深入，我们党对社会主义本质的认识不断深化。先后提出既促进经济的发展又促进社会的全面进步是"社会主义的本质要求"，人的全面发展是"社会主义新社会的本质要求"，社会公平和正义是"社会主义制度的本质要求"，民主与法制是"社会主义制度的内在要求"，社会和谐是"中国特色社会主义的本质属性"等一系列重要论断。

社会和谐是中国特色社会主义的本质属性。这一判断，丰富发展了对什么是社会主义、怎样建设社会主义的认识，是总结国内外社会发展特别是中国特色社会主义建设历史经验得出的重要结论，也是构建社会主义和谐社会的理论基础。构建社会主义和谐社会，一个极其重要的任务，就是建设社会主义核心价值体系，增强社会主义意识形态的吸引力和凝聚力，形成全民族奋发向上的精神力量和团结和睦的精神纽带。《中共中央关于构建社会主义和谐社会若干重大问题的决定》指出，建设和谐文化，是构建社会主义和谐社会的重要任务；社会主义核心价值体系是建设和谐文化的根本。这两个判断，明确而深刻地揭示了社会主义核心价值体系在社会主义和谐社会中的地位和作用。没有社会主义核心价值体系的建设，就不可能很好地建设和谐文化；没有和谐文化的建设，就不可能很好地构建社会主义和谐社会。在中国特色社会主义道路和中国特色社会主义理论体系中，建设社会主义核心价值体系、建设社会主义和谐文化、建设社会主义和谐社会是紧密地联系在一起的。

什么是社会主义和谐社会？胡锦涛同志指出，我们要构建的社会主义和谐社会，是在中国特色社会主义道路上，中国共产党领导全体人民共同建设、共同享有的和谐社会。这里，共同建设、共同享有，是和谐社会的基本原则。它着重强调，社会主义和谐社会建设必须把以人为本贯穿始终，把共同发展作为目标，尊重人民主体地位，发挥人民首创精神，保障人民各项权益，走共同富裕道路，促进人的全面发展，做到发展为了人民、发展依靠人民、发展成果由人民共享。共同发展是共同建设、共同享有的目的，是和谐社会的基本目标，人的全面发展是共同发展的核心内容。总的要求是人与人和谐共处，每个人的自由发展是一切人的自由发展的条件；人与社会和谐共进，人的进步与社会进步互为前提和基础；人与自然和谐共生，人的生产、生活、生存与人口、资源、环境相协调。

怎样坚持共建共享的原则、实现共建共享的要求？一个基本前提是共识，也就是用社会主义核心价值体系引领社会思潮，最大限度地形成社会思想共识。具体地说，就是坚持马克思主义指导思想，形成共同信念；坚持中国特色社会主义道路，形成共同理想；坚持爱国主义和改革创新，形成共同精神；坚持社会主义荣辱观，形成共同规范。特别是针对我国经济体制深刻变革、社会结构深刻变动、利益格局深刻调整、思想观念深刻变化，以及世界范围内思想文化的交流日益频繁、交融不断深化、交锋更加激烈的新形势新特征，在尊重差异中扩大社会认同，在包容多样中增进思想共识，团结全国各族人民同心同德、和衷共济、共同前进。

四

社会主义核心价值体系是全面推进中国社会主义发展的精神旗帜。社会主义核心价值体系蕴涵于我们党领导全国各族人民长期革命、建设、改革的实践中。提出建设社会主义核心价值体系的命题和任务，不仅具有重要的理论意义，更具有重要的实践意义。要坚持把社会主义核心价值体系"贯穿现代化建设的各方面"，引领社会思潮，推动科学发展，促进社会和谐，实现全面建设小康社会新胜利。

历史的经验表明，一个社会的核心价值的存在是客观的，高度概括、明确提出社会核心价值体系绝非易事，让全社会自觉认同核心价值体系并以此指导自己的行动则更难。这就要求我们，大力建设社会主义核心价值体系，深入研究社会主义核心价值体系，按照贴近实际、贴近生活、贴近群众的原则加强社会主义核心价值体系宣传教育，使全体社会成员特别是领导干部和青少年全面理解、自觉认同社会主义核心价值体系，形成自己对社会主义核心价值的看法、观点和态度，从而转化为自己的价值观念，转化为自己的行为准则，转化为自己投身中国特色社会主义建设的精神动力。

因此，建设社会主义核心价值体系，教育至关重要。要指导实践、推进工作，前提是武装头脑；要"贯穿现代化建设的各方面"，前提是党的十七大报告所要求的"切实把社会主义核心价值体系融入国民教育和精神文明建设全过程"[1]。

要通过国民教育和精神文明建设，引导人民在推进社会主义现代化建设、构建社会主义和谐社会的实践中，坚持马克思主义指导思想，把握马克思主义的精髓，强化解放思想、实事求是、与时俱进的价值观；把握马克思主义的立场，强化以人为本，一切为了人民、一切依靠人民的价值观。树立中国特色社会主义共同理想，把握解放和发展生产力是马克思主义基本原则、社会主义根本任务的思想，强化发展是第一要务的价值观和科学发展、和谐发展、和平发展的价值观；把握公平正义是人类的共同追求、社会和谐的基本条件的观点，强化社会公平正义的价值观和民主法治的价值观。弘扬民族精神和时代精神，把握以热爱祖国、建设祖国为最大光荣的理念，强化爱国主义的价值观；把握改革创新是社会发展不竭动力、社会进步的灵魂的观点，强化坚持改革、鼓励创新的价值观。践行社会主义荣辱观，把握社会主义道德建设以为人民服务为核心、以集体主义为原则、以诚实守信为重点的总体要求，发扬戒骄戒躁、艰苦奋斗精神，强化为人民服务、集体主义和诚实守信的价值观，以及居安思危、埋头苦干的价值观。

总之，社会主义核心价值体系是社会主义意识形态的本质体现，是中国特色社会主义理论体系的重要内容，是中国特色社会主义道路的内在精神。胡锦涛同志强调："要巩固马克思主义指导地位，坚持不懈地用马克思主义中国化最新成果武装全党、教育人民，用中国特色社会主义共同理想凝聚力量，用以爱国主义为核心的民族精神和以改革创新为核心的时代精神鼓舞斗

[1] 胡锦涛：《高举中国特色社会主义伟大旗帜 为夺取全面建设小康社会新胜利而奋斗》，人民出版社 2007 年版，第 34 页。

建设社会主义核心价值体系（代丛书序）

志，用社会主义荣辱观引领风尚。"[1]我们要认真学习贯彻党的十七大精神，始终不渝地高举中国特色社会主义伟大旗帜，把社会主义核心价值体系转化为自觉追求，努力"成为实践社会主义核心价值体系的模范，做共产主义远大理想和中国特色社会主义共同理想的坚定信仰者、科学发展观的忠实执行者、社会主义荣辱观的自觉实践者、社会和谐的积极促进者"[2]。坚定信心，埋头苦干，求真务实，开拓进取，把中国特色社会主义伟大事业不断推向前进。

（本文原发表于《中国社会科学》2008 年第 1 期）

---

［1］胡锦涛:《高举中国特色社会主义伟大旗帜　为夺取全面建设小康社会新胜利而奋斗》，人民出版社 2007 年版，第 34 页。

［2］胡锦涛:《高举中国特色社会主义伟大旗帜　为夺取全面建设小康社会新胜利而奋斗》，人民出版社 2007 年版，第 50—51 页。

目录

第三章　智慧存在与思想价值　　**109**

第四章　社会存在与交往价值　　**157**

导　论

　　人作为有智慧的存在物经常思考这样两类问题：一类问题是外在世界的存在问题，另一类问题是人自身的存在问题。在思考外在世界的存在问题时，可以把外在事物作为纯粹的对象加以研究，可以客观地认识这些事物的存在有什么特性、发展有什么规律等等。可是在思考人自身的存在问题时就不能保持这种超然、冷静的态度，要站在人的立场上看待人的存在，要给人的存在赋予其他事物不具有的地位和意义。思考外在世界的存在问题能够形成越来越丰富、越来越深刻的知识，而思考人自身的存在问题却容易陷入迷茫和困惑，甚至找不到自己的存在意义。随着科学的发展，人们对外在世界已经有了比较广泛和深入的认识，不仅可以准确地描述外在事物的存在状况和变化过程，而且可以利用这些认识成果有效地控制和改造周围的世界。可是对人自身的认识至今还没有多大进展，仍然不能全面地解决人的存在问题。

　　人的存在问题不是一个简单的问题，它是由许多相互关联的问题组成的。这些问题交织、嵌套在一起，形成层层相叠、环环相扣的复杂结构。在这些问题中最为关键的是以下三个层面的问题。

　　第一个层面的问题：人是什么？人与其他存在物的根本区别是什么？对于这个问题要通过揭示人的特性来解答。人的特性是相对于其他存在物而言的。因为最接近人的存在物是动物，所以动物常常成为确定人是什么的参照物。有一类解答把人看做是动物，然后比较人与其他动物的区别。关于人的许多定义都是这样得来的。比如说，人是政治动物，人是会制造和使用工具的动物，等等。这样的解答对于区别人和其他存在物完全够用了。还有另外一些解答，它们也把动物拿来与人相比较，但是在人与动物之间划定泾渭分明的界线。例如基督教认为人是上帝按照自己的样子创造出来的，儒家认为人不同于禽兽，生来就有识别善恶的道德良知。这样的解答把人和动物完全区别开，给人的存在赋予了更高的地位。人是复杂的存在物，有许多方面的特性。对人是什么的问题可以从不同角度作出不同的解答。虽然所有这些解答都能揭示人的特性，但是唯有赋予人的存在以崇高地位的解答才是最好的，因为这样的解答更好地阐明了人何以成为"人"。

第二个层面的问题：人是如何存在的？人应该如何存在？对于人如何存在的问题，要通过描述人的存在方式和存在状况来解答。而描述人的存在方式和存在状况，要以对人是什么的解答为前提。如果认为人在根本上就是一种动物，就会把满足生存需要看做是人的存在方式，根据生存需要是否得到满足来判断人的存在状况；如果认为人的本质特征在于道德良知，就会把道德实践看做是人的存在方式，根据行为是否符合道德原则判断人的存在状况。在描述人的存在状况时，既可以从对外在表现来描述，也可以从内在体验来描述。存在主义根据人对自己存在的内在体验描述人的存在状况。人如何存在的问题属于事实问题，而应该如何存在的问题属于价值问题。解答价值问题不能用描述的方法，而要用规范的方法。人的存在是未确定的，充满了多种可能性。按照不同的规范去塑造，人就成为不同的人。对人是什么的解答会影响对人应该如何存在的解答。例如把人看做是神的创造物，就要求人带着对神的信仰生活；把人看做是有道德良知的存在物，就要求人按照道德原则行动。只有对人应该如何存在的问题作出高远的解答，才能促进人完善自身，成为更完美的人。

第三个层面的问题：人的存在有没有意义？有什么意义？对于人的存在有没有意义的问题，有两种完全相反的解答，肯定的解答认为人的存在有意义，否定的解答认为人的存在没有意义。如果肯定人的存在有意义，那么还要进一步解答人的存在究竟有什么意义。解答人的存在意义不能采用描述和规范的方法，而只能采用解释的方法。人们通常这样解释人的存在意义：首先找到人所向往的最高价值，再把人的存在与这些价值联系起来，以此说明人的存在是有意义的。例如享乐主义找到的最高价值是感官快乐，它就把人的存在意义解释为获得感官的快乐；利他主义提出的最高价值是更多人的福利，它就把人的存在意义看做是为更多的人谋求福利。解释人的存在意义最重要的是要给人以存在的信念和勇气，让人领会自己作为人存在的光荣和使命。如果否定人的存在有意义，那么就省去了解释存在意义的麻烦。可是这样会带来一个更严重的后果，把人的存在投入到没有意义的空虚之中。人无法忍受没有意义的存在，找不到存在的意义就会感到没有出路，陷入无法自拔的迷茫和绝望之中。对于人的存在有没有意义的问题应该给予肯定的解答，而对于人的存在有什么意义的问题应该作出高远的解释，这样才能激励人以更积极的态度创造自己的人生。

每个人都很关心自己的存在，都会思考人是什么、人应该如何存在、人的存在有什么意义等问题。这些问题都是与人的存在密切相关的问题，只要其中有一个问题得不到解决，人的存在就算不上是真正自觉的存在。对人是什么的问题，若不能作出既符合真又符合善的解答，就不能深入地理解人作为人存在意味着什么；对人如何存在的问题，若从某个褊狭的角度作出悲观的描述，就会对自己的存在产生消极厌倦的情绪；对人应该如何存在的问题，若不能提出高远的追求目标，就会得过且过、随波逐流地生活，不能积极地完善自己的存在；对人的存在意义问题，若不能作出肯定的回答，或者不能作出合理的解释，就会陷入找不到存在意义的空虚之中。有些人没有意识到这些问题的重要性，没有做审慎的思考就接受了流行的解答。苏格拉底对这样的人提出忠告说：未经省查的人生是不值得过的。人作为一个有智慧的存在物，应该认真思考自己的存在问题，积极探寻最有说服力的答案，并且通过自己的努力不断地完善自己的存在。

每一种文化都要对人的存在问题作出系统的解答，为人们理解自己的存在提供权威的答案。在人类文化史上有两种解答最为典型，一种是宗教的解答，另一种是道德的解答。宗教的解答首先确立超越一切之上的最高存在者，再把人的存在与这个最高存在者联系起来，然后解答人是什么、人应该如何存在、人的存在有什么意义等问题。道德的解答强调他人或群体是更高的目的，并肯定人人具有道德良知，在此前提下解答人是什么、人应该如何存在、人的存在有什么意义等问题。宗教和道德的解答源远流长，在信仰主宰精神生活的社会里宗教的解答最为流行，而在人伦关系主导社会关系的时代中道德的解答深得人心。在现代文化形成以前，宗教和道德所作的解答一直处于主流地位，维系着人们安身立命的精神家园。即使在当今时代，宗教的和道德的解答也占有一定的地位，在某些社会中更是发挥着无可替代的作用。

但是，自从理性成为思考问题的最高尺度以来，宗教和道德对人的存在问题所作的解答就受到不断的冲击。宗教的解答依赖于神秘的最高存在者，而对最高存在者却不能提供符合理性要求的证据，因此在理性的法庭上不能获得充分的合法性。如果最高存在者的存在受到质疑，那么对人的存在问题的解答也就失去了说服力。当尼采发现并宣告"上帝死了"时，表明基督教已经不能为解答人的存在问题提供满意的答案。伴随理性主义出现的是个人主义。个人主义强调个人的自由和利益，把个人从群体中分离和独立出来，严重地冲击了道德关于人的存在问题的解答。因此道德的解答也像宗教的解答一样变得越来越衰落。当一向为人们所信赖的宗教和道德的解答都失去说服力的时候，关于人是什么、人应该如何存在、人的存在有什么意义等问题都需要重新作出解答。根据理性的标准，唯有科学的解答方式才是合理的，其他解答方式都是令人怀疑的。人们借助科学的观念和方法解答外在世界的存在问题，对外在世界形成了丰富而可靠的知识，并且利用这些知识对外在世界作了成果显著的改造。由于科学在解答外在世界的存在问题时取得了如此巨大的成功，所以人们也希望用科学的方式解答人的存在问题。

按照科学的方式考察人的存在，得出的是一个简单的结论：人是一种高级生物。从起源来说，人类是自然界长期发展的产物，是由低级生物演化而来的；从构成来看，人体是由各种细胞构成的，而细胞是由各种物质元素构成的。尽管人是高级的生物，具有发达的思维能力，能够改造周围的环境，但人毕竟是一种生物，不得不遵循生物界的生存法则，必须像其他生物一样依靠食物维持生命，通过生殖繁衍后代，而且最终不能避免衰老和死亡。自从达尔文提出生物进化论以来，对人的科学解答已经成为主流的趋势。用科学的眼光来看，人无非是在自然进化中获得极大成功的高级生物。科学的解答否定了人是由神创造的，也否定了人具有灵魂，把人彻底地还原为自然的生物。人是一种生物，凡是信任科学的人都会承认这一点。但是，人们仍然认为人的存在比其他存在物的存在更重要，总是想赋予人的存在比其他存在物更高的地位。在给人赋予崇高地位方面，科学的解答不如宗教和道德的解答优越。在宗教和道德的解答中，人的存在具有高贵的地位，宗教认为人最接近神，而道德认为人有善良的天性。科学则剥去了道德和宗教给人添加的神圣光环，把人拉回到与动物、植物和微生物为同伴的生物界，只给人比其他生物稍微优越一点的位置。

把人的存在还原为生物的存在之后，对人应该如何存在的问题就要作出相应的解答。人是一种生物，而生物的最大要求是满足生存的需要。按此推理，人的存在应该追求的是更好地满足生存的需要。诸如获得更丰富的食物，穿着更舒适的服装，拥有更宽敞的住房，使用更快捷的交通工具，等等。这样的解答鼓励人们追求身体上的更多安逸，感官上的更大快乐，尽可能地满足由生存需要引发的各种欲望。对于人的存在状况要根据生存需要得到满足的情况来衡量。如果占有充足的用于满足生存需要的物质条件，那么就断定人的存在状况是良好的，相反则是有待改善的。把人看做是一种生物，把满足生存需要看做是人在生活中的最高追求，这便是现代文化在人的存在问题上的基本观念。现代社会想尽办法扩大物质生产的规模，目的就是要充分地保障人们对物质生活资料的需求，让人们不断膨胀的欲望得到更高程度的满足。现代社会形成的大量地生产、大量地消费的发展模式与现代文化对人的存在的理解相关。在现代社会中，人们带着感激之情享受现代工业提供的舒适物质生活，愉快地接受现代文化对人应该如何存在的见解，同时也半推半就地同意了人不过是一种生物的看法。

以科学的方式解答人的存在问题，遇到的最大困难是无法更好地解释人的存在意义。这就像很难给一条虫子或一只猴子的存在赋予太高的意义，同样也不太容易给人的生物存在赋予更大的意义。如果人仅仅作为生物而存在，那么这样的存在会有什么意义呢？除了感官享乐这样的肤浅意义之外找不到其他更高的意义。在现代社会中人们感到存在意义的空虚，其症结就在于把人的存在归结为生物的存在，无法给人的存在赋予更高远、更长久的意义。科学对人的存在问题的解答在这一点上暴露出致命的弱点。由此反而衬托出宗教解答和道德解答的可取之处。宗教和道德的解答曾经得到人们的广泛理解和接受，其中一个很重要原因是它们对人的存在意义做了令人欣慰的解释。人的存在都是个体的有限的存在，宗教利用天堂和来世允诺人的存在具有长久的意义，而道德则借助于他人和群体肯定人的存在具有高远的意义。那些接受了宗教解答或道德解答的人，对自己的存在意义都充满信心，不仅能够在具体行动中找到意义，而且能够领会整个人生的意义，不会为找不到存在意义而焦虑。现代文化以科学的方式合理地解答了人是什么的问题，却无法让人领会到自己存在的高远、长久的意义。这是现代文化应该自我反思的地方。

科学在解答外在世界的存在问题时显得游刃有余，取得了丰硕的成果，而在解答人自身的存在问题时却捉襟见肘，陷入困境之中。当代社会文化正面临一个艰难的处境，以往曾经让人信赖的宗教和道德的解答已经失去了说服力，依靠宗教和道德的力量很难继续维护文化的稳定和发展，而符合理性要求的科学解答又有不足之处，不能完美地解释人的存在意义。由于对人的存在问题失去了稳定、可靠的解答，所以在文化领域中出现了价值相对主义肆意流行、意义虚无主义到处蔓延的现象。这种状况给人们的精神生活带来了许多负面影响，造成了人们内心的混乱或空虚。如今我们正处在人类文化发生革命性转变的关键时期，需要重新思考和解答人的存在问题。简单地恢复宗教和道德的解答已经不太可能，而通过科学的方式给人的存在赋予意义也没有多大的希望。面对这样的文化困境，探讨解答人的存在问题的新途径，寻找解释人的存在意义的新方案，已经成为当代思想者不可推卸的责任。

本书将尝试从一个新的角度重新解答人的存在问题。这个新的角度是把人定位在世界的中心，从人的存在与事物价值之间的关系说明人在世界中的存在。其中一个基本观点是，不是事物赋予人的存在以意义，而是人的存在赋予事物以价值。把人的存在作为事物价值的根源，就可以确立人在世界中至高无上的地位，并可以对人是什么、人如何存在以及人的存在有什么意义等问题作出新的解答。这种解答是围绕着人的存在与事物价值的关系展开的，有别于宗教的解答、道德的解答和科学的解答，因此可以叫做价值哲学的解答。这种解答与其他解答相比，最大的变化是从人的存在出发思考人所存在的世界，根据人的存在蕴涵的内在价值说明事物何以对人显现价值。在考察世界的视角上有了这样的转变之后，对人的存在和事物的价值形成了全新的看法，对人的存在意义作出了新的解释。

康德在认识与对象的关系上转变视角带来的是"哥白尼式的革命"[1]。我们在人的存在与事物价值的关系上转变视角也能带来同样性质的思想变革。

---

[1] 康德在谈到认识论视角的转换时说:"这里的情况与哥白尼的最初的观点是同样的,哥白尼在假定全部星体围绕观测者旋转时,对天体运动的解释已无法顺利进行下去了,于是他试着让观测者自己旋转,反倒让星体停留在静止之中,看看这样是否有可能取得更好的成绩。"(康德:《纯粹理性批判》,邓晓芒译,人民出版社2004年版,第二版"序",第15页)

第一章　人存在于价值世界之中

1. 解答人的存在问题要从考察世界开始。人所存在的世界有自然世界、文化世界和人类世界。

我们思考人的存在问题，要从"人是什么"这个问题开始。只有解答了这个基本问题之后，才能进一步解答人如何存在、应该如何存在以及存在有什么意义等问题。而在解答"人是什么"的问题之前，先要确定人存在于什么样的世界之中。只有确定了人所存在的世界，并且对这个世界有了充分的认识，才能更深入地解答人的存在问题。

对于人所存在的世界，最容易发现的是自然世界。自然世界就是人们通常所说的自然界。这是由天空、大地、山峦、海洋、植物、动物等诸多自然物构成的世界。从空间上说，自然世界是无边无际的，它囊括了宇宙间存在的一切事物。从微小的粒子到巨大的天体，从无生命物质到有生命物质，所有的自然物都在自然世界的范围之内。从时间上说，自然世界是无始无终的。它既不是从虚无之中产生的，也不会消失于虚无之中。向过去追溯找不到它的起点，向未来展望看不到它的终点。人作为一个存在物就是存在于这样的世界之中。当我们环顾四周的时候会看到许多事物，其中有很大一部分事物都是自然世界的事物。例如房间里的桌椅、电器，窗外的房屋、街道、野外的动物、植物，地下的岩石、土壤，以及天空中的日月、星辰等等，这一切都属于自然世界。凡是存在于自然世界的事物都是自然物，即使经过人类的改造也不会改变其自然物的性质。甚至人的身体也属于自然物，因为人的身体也离不开自然世界。在自然世界中看人的存在，可以看到人是一个自然存在物。

当我们考察自然世界的时候，首先看到这个世界是一个物理世界。这个世界是由各种各样的物体构成的，诸如石块、沙子、土壤、空气、水等等。科学的研究还发现所有的物体都是由原子构成的，而原子还可以分解为更小的质子、电子、中子等微观粒子。在这样的世界中看人的存在，当然也要把人看做是一个物体。人像其他物体一样具有大小和形状，在物理世界中也占据一定的存在空间。物体的运动遵循物理世界的规律，人作为物体同样不能摆脱这些规律的束缚。例如，物体的运动具有惯性，作为物体的人也具有这种惯性。人坐在车上，当车突然前进或停止时，也会像车内的其他物体那样晃来晃去。任何两个物体之间都有万有引力，人和地球之间也有这种相互吸引的力量。如果人从高处落下来也会像其他物体一样重重地摔在地上。从作为一种物体的存在来看，人的存在与砖瓦、茶杯的存在没有本质的区别，只不过形状有些特别而已。物理学所发现的各种规律，既适合描述一块石头的存在，也适合描述一个人在物理世界的存在。如果把自然世界归结为物理世界，那么在自然世界中思考人的存在时，就只能把人看做是一个由原子构成的遵循物理规律的物体，而看不到人的其他存在形式，也看不到人比自然物更高贵的方面。

当然，自然世界并不是纯粹的物理世界，其中还包括生物世界。生物世界是由动物、植物、微生物及其生存环境构成的世界。在生物世界的范围内看人的存在，就会把人看做是一种生物。人和其他生物一样，能够自主活动，能够繁衍生息，从环境中吸取养分，在体内进行新陈代谢，经历出生、成长、衰老、死亡的过程。在这个层次上就不会把人分解为原子，而是看做是一个生物个体。人作为生物具有生物的一切优点，同时也具有生物的所有局限。生物的最大优点是拥有生命，人也具有这个优点。不过，生物的生命都是有限的，不可能无限期地生存下去。人也是如此，不能超越生命的有限性，最终会走向死亡。医学的发展在一定限度内可以延长人的寿命，但不能从根本上改变人会死亡的结局。人作为生物存在还必须遵循生物世界的生存法则，不能以自己的高贵为理由超越于法则之上。优胜劣汰，适者生存，这是生物世界的普遍法则。每一种生物都必须按照这个法则开展生存竞争，如果在竞争中失败就会被毫不留情地淘汰出局。从目前的情况来看，人类无疑已经成为生存竞争中的优胜者。有一些物种由于人类的猎杀而濒临灭绝，也有一些物种在人类的实验室里产生出来，人类俨然占据了决定其他物种生存的主宰地位。但是人毕竟是一种生物，不论到什么时候都不能摆脱生物世界的生存法则，一旦失去适合人类生存的自然环境也会惨遭淘汰。

在生物世界的范围内看人的存在，会看到人比其他生物更高级。人的高级之处表现在两个方面，一是具有高度发达的思维能力，二是结成复杂的社会关系。因为人具有高度发达的思维能力，所以能够主动地感知外在世界，把握事物的本质和规律，并且能够利用对规律的认识改造外在世界。这是其他任何生物都不能相比的。人在存在过程中还结成各种社会关系，按照复杂的机制建立家庭、国家等社会组织。这也是其他生物所不具备的特征。把人的这两个特征综合到"人是生物"的基本前提之下，就可以得出关于人的一个定义：人是具有高度发达思维能力、结成复杂社会关系的高级生物。这个定义代表了现代文化对人的存在的基本看法。在这个定义中人被看做是一种高级生物，而高度发达的思维能力和复杂的社会关系被看做是人区别于其他生物的特征。把人看做是一种特殊的动物，这是自古以来定义人的基本方法。例如亚里士多德提出人是政治动物[1]，卡西尔提出人是符号的动物[2]。这样看待人的存在，都是在承认人是一种生物的前提下，去寻找人与其他生物（特别是动物）的区别。如果研究的目的仅仅是把人和其他存在物区别开，那么给人下这样一些定义也就差不多了。但是，我们思考人的存在问题有更高的目标，不仅是要把人和其他存在物区别开，更重要的是要找到人之所以为人的深刻根据。在这个宏大的目标下只把人看做是一种高级生物是远远不够的。

在自然世界中看人的存在，不论赋予人什么样的地位，都只能把人看做是物体或生物。其中最好的结果是把人看做是高级生物，而最差的结果是把

---

[1] 亚里士多德说："人天生是一种政治动物。"（苗力田主编：《亚里士多德全集》第9卷，中国人民大学出版社1994年版，第6页）

[2] 卡西尔说："我们应当把人定义为符号的动物来取代把人定义为理性的动物。"（卡西尔：《人论》，甘阳译，上海译文出版社1985年版，第34页）

人看做是一个物体。要在自然世界中发现人的其他存在形式是不可能的，因为在自然世界中除了自然物之外没有其他类型的存在物。看事物的眼界制约着所能看到的东西，由于眼界的限制只能看到眼界之内的东西，而看不到眼界之外的东西。在看人的存在时，如果眼界囿于由物体和生物构成的自然世界，那么除了物体和生物之外就看不到其他任何东西。即使看到了人的存在，也会把人看做是物体或生物。即使看到了人具有高度发达的思维能力和复杂的社会关系，也认为这不过是人这种生物的高级特性而已。我们只有超出自然世界的范围，到其他世界中考察人的存在，才能突破把人看做是物体或生物的局限，获得关于人的存在的更全面、更深刻的认识。

人们在谈论世界的时候往往把世界等同于自然世界，认为世界只有一个，这个唯一的世界就是自然世界。这样看待世界是因为忽视了人的存在。如果不考虑人的存在，那么世界上只有自然存在物，自然世界就是唯一的世界。可是，人的存在使世界变得复杂了，在自然世界之外形成了新的世界。新的世界与人的存在有不可分割的联系，是由人为的存在物构成的。人为的存在物有两类，一类是人的思想活动的创造物，例如科学知识、道德观念、艺术作品等；另一类是人的社会活动的构造物，例如社会关系、社会组织、社会制度等。这两类人为的存在物分别构成两个世界，其中人的思想活动的创造物构成了文化世界，人的社会活动的构造物构成了人类世界。文化世界和人类世界不是由自然的存在物构成的，所以这是完全不同于自然世界的新世界。由此可见，把世界等同于自然世界是不全面的，无法包容自然世界之外的文化世界和人类世界。我们现在就来看一看文化世界和人类世界是什么样的世界，在这两个世界中人的存在与在自然世界的存在有什么不同之处。

文化世界是由人的思想活动的成果经过世代积累形成的世界。这个世界与波普尔所说的"第三世界"[1]比较接近。文化世界里有各种以符号形式固定下来的知识、观念和意象。例如数学、物理学所发现的科学知识，道

第一章 人存在于价值世界之中

---

[1] 波普尔说："如果不过分认真地考虑'世界'或'宇宙'一词，我们就可区分下列三个世界或宇宙：第一，物理客体或物理状态的世界；第二，意识状态或精神状态的世界，或关于活动的行为意向的世界；第三，思想的客观内容的世界，尤其是科学思想、诗的思想以及艺术作品的世界。"（波普尔：《客观知识——一个进化论的研究》，舒炜光等译，上海译文出版社2005年版，第123页）

德、宗教所提出的人生观念，文学、艺术所创作的审美意象，等等。这些事物不是自然世界的事物，它们专属于文化世界。文化世界中存在的事物都与人的思想活动相关联，它们既是人的思想活动的产物，又是人的思想活动的素材。文化世界中的知识、观念和意象不同于人的头脑中的知识、观念和意象，它们具有客观的形态，独立于人的意识而存在。一个人正在思考某个问题时，在其头脑中形成了一种观念，但是这种观念还没有以声音、文字、图像等形式表现出来，此时还不属于文化世界的内容。只有当认识成果从思维过程中分离出来，成为可供他人学习和思考的知识、观念和意象，此时它才成为属于文化世界的事物。文化世界的知识、观念和意象一经产生就不依赖于人的思想，如同生长在窗外的树木一样客观地存在。从起源上说，文化世界的事物都是人的思想活动的产物，但是它们一旦进入文化世界就具有了客观的形态，不再被人的思想任意地改变。文化世界是一个独立的世界，也像自然世界一样是现实的世界。当人以心灵思想这样的知识、观念和意象时，人就存在于文化世界之中。在文化世界中，人不是作为生物，而是作为有智慧的思想者而存在。此时的人是智慧的存在物。

人类世界是由所有的人及其社会关系构成的世界，也就是通常所说的人类社会。构成人类世界的人不是生物含义上的人，而是作为社会关系总和的人。在人的身上汇聚着各种各样的社会关系，诸如血缘关系、地缘关系、业缘关系，政治关系、经济关系、文化关系，阶级关系、民族关系、国家关系，等等。人在社会关系中形成自己的身份，以自己的特定身份存在于人类世界之中。人在社会的不同群体中有不同的身份。例如在家庭中作为父母或子女、丈夫或妻子、兄弟或姐妹而存在，而在社会中作为国家的公民、商家的顾客、他人的朋友而存在。在人类世界中要想确定一个人是谁，不能以人的体貌特征为依据，因为体貌特征是生物存在的表现，不能用来区别人的社会存在。富有的人和贫穷的人是两种不同的人，高贵的人和低贱的人也是两种不同的人，他们的区别不在于体貌特征上，而在于有不同的社会关系，在社会关系中占据不同的地位。在人类世界中确定人的存在必须以社会关系为依据，根据社会关系中形成的身份确定"我是谁"、"他是谁"，除此之外没有其他办法能把人和人的社会存在区别开来。人在这个世界中不是以身体或心灵表现自己的存在，而是以社会关系表现自己的存在。当我们把视线从自然世界转移到人类世界时，就会发现人是社会的存在物。

文化世界和人类世界是非常独特的世界，不能把它们简单地合并到自然世界之中。我们可以看到在这两个世界与自然世界之间存在的明显界线。自然世界是由有形体的自然存在物构成的，而文化世界和人类世界是由没有形体的人为存在物构成的。知识、观念、意象是没有形体的，社会关系是不会占据物理空间的。由于构成物的差异决定了这两个世界与自然世界有根本的区别。当然，这两个世界也不是与自然世界完全隔绝的，它们的存在还要以自然世界为基础。人为的存在物和自然的存在物之间也有很多联系。知识、观念、意象凭借文字、声音、图像等自然物记录，通过书籍、磁盘、电波等自然物传播。社会关系也经常以具体的自然物为表现形式。例如，人与人的友爱关系以馈送礼物的方式表现出来，阶级之间的差异表现为拥有不同的物质生活条件。尽管如此，还是不能把文化世界和人类世界还原为自然世界。一旦把这两个世界还原为自然世界，就看不到这两个世界的独特之处了。为了更好地认识人所存在的世界，必须把自然世界、文化世界和人类世界明确地区分开。在这些世界之间出现的任何混淆或模糊都会造成混乱，不利于深入地解答人的存在问题。

我们经过一番考察发现，人所存在的世界有三个，它们分别是自然世界、文化世界和人类世界。自然世界是独立于人类而存在的世界，即使忽视人的存在也能发现这个世界。而文化世界和人类世界是依赖于人类的世界，只有考虑人的存在才能发现这两个世界。由于这三个世界是完全不同的世界，在其中考察人的存在可以看到人的不同存在形式。在自然世界中，人是自然存在物，即以生存活动满足生存需要的生物；在文化世界中，人是智慧存在物，即以高度发达的思维能力思考外在世界和自身存在的思想者；在人类世界中，人是社会存在物，即与他人共同建立或调整社会关系的交往者。同一个人，在不同的世界中有不同的存在形式，在自然世界中表现为自然存在物，在文化世界中表现为智慧存在物，在人类世界中表现为社会存在物。把自然存在物、智慧存在物和社会存在物这三种存在形式综合到一起，就可以比较全面地界定人的存在。从人是自然存在物的角度可以把人与其他神秘的存在物区别开，从人是智慧存在物的角度可以把人与其他自然存在物区别开，从人是社会存在物的角度可以把一个人与另一个人区别开。从这三个方

第一章 人存在于价值世界之中

面看到的人是一个完整的人，不再是简单的存在于自然世界的生物。

　　关于人所存在的世界，可以笼统地视为一个世界。这个世界不是单纯的自然世界，而是由自然世界、文化世界和人类世界叠加在一起形成的世界。可是，在这个世界中看人的存在是非常模糊的，因为此时人的形象显现出三重影像。从自然世界的角度看到人是为生存忙碌的生物，从文化世界的角度看到人是探索真、善、美的思想者，从人类世界的角度看到人是建立和调整各种社会关系的人。之所以出现三重影像，是因为在不同的世界中同时看人的存在所导致的。这就像拍摄照片一样，聚焦不准就会产生模糊的影像。把世界按照其层次划分为自然世界、文化世界和人类世界，再到每一个世界中看人的存在形式，这样就可以看到人的清晰影像。在自然世界中可以看到人是自然存在物，在文化世界中可以看到人是智慧存在物，在人类世界中可以看到人是社会存在物。在各个世界中对人的存在有了清晰的认识之后，再把认识成果综合到一起，这样就能获得关于人的存在既全面又深入的认识。我们已经看到，人不是单纯的自然存在物，而是自然存在物、智慧存在物和社会存在物的"三位一体"。

　　自然世界、文化世界和人类世界都是现实存在的世界。对于自然世界的现实存在比较容易理解，因为自然世界先于人类而存在，其客观实在性是毋庸置疑的。文化世界和人类世界的情况有些不同，它们是在人类诞生之后才出现的，与人类的活动有不可分割的联系。文化世界和人类世界的现实存在不是一眼就能看得出来的，特别是文化世界的客观现实性还需要多做一些说明。文化世界和人类世界是在人类活动中形成的，不能脱离人类而存在。但是这两个世界并不是主观的世界，一经形成之后也不依人的意志为转移，也属于现实存在的世界。文化世界的知识、观念、意象是人类思想活动的产物，没有人的思想活动当然不会有文化世界。从共同创立文化世界的人类总体来说，文化世界依赖于人类的思想活动。可是从单个人的角度来看，文化世界早已存在了，对于他的思想活动而言是一个现实的世界。人类世界是由所有的人构成的，没有这些人的存在就没有人类世界。然而对于作为个体的人来说，人类世界先于他而存在，也是外在的现实世界。文化世界和人类世界的现实性丝毫不逊于自然世界，它们的存在也像自然世界的存在一样具有客观实在性。因为自然世界、文化世界和人类世界都是现实世界，所以人在这些世界中的存在都是现实的存在。

在现实世界之外还可以有想象的世界，在想象的世界中也可以思考人的存在。宗教在解答人的存在问题时就是构想出了一些非现实的世界。宗教一般把世界划分为三种：一种是尘世，即现实世界；另一种是比尘世更美好的世界，像天堂、极乐世界；第三种是比尘世更悲惨的世界，像地狱、阴间。宗教通过描绘这样两种不同于尘世的世界，给人的未来指出两种可能的方向，积极行善的人将进入更美好的世界，而作恶多端的人将被打入最悲惨的世界。以这种方式说明人的存在具有扬善抑恶的作用，可以促进人更积极地完善自己的存在。人们在思考自己的存在时，并非总是停留在现实的世界中，常常到可能的世界中探求自己应该如何存在。例如在思考人生的时候，设想一种将来有可能达到的美好生活，借助这种想象的生活确定行动的方向。想象的世界是不受现实条件限制的世界，完全可以按照自己的要求任意地挥洒和描绘。然而，想象的世界毕竟是非现实的世界，这样的世界像空中楼阁一样美丽，但也像空中楼阁一样虚幻。在想象的世界里人的存在也是想象的，不具有实实在在的现实性。这样思考人的存在对于解决人的现实问题没有直接的帮助。不过也不能说这样解答人的存在问题毫无意义，它至少可以赋予人比其他存在物更高的地位，让人在遭遇困难的时候不至于彻底陷入绝望之中。

毫无疑问，人存在于现实的世界，而不是想象的世界。在想象的世界中思考人的存在问题，不论对人的存在作出多么美妙的解答，不论给人的未来带来多么大的希望，因为其前提是非现实的，所以其结论也不具有现实的合理性。只有在现实世界中解答人的存在问题才有现实的基础，才能得出符合人的真实存在状况的结论。人所存在的现实世界，无非是自然世界、文化世界和人类世界，除此之外再没有其他可供人存在的现实世界。在自然世界、文化世界和人类世界的范围之内思考人的存在问题才是可靠的，在这个范围之外解答人的存在问题则缺少坚实的基础。我们一旦这样划定思考人的存在问题的范围，就不得不把宗教的解答和道德的解答排除在外。宗教的解答借助于想象的世界，道德的解答依赖于不确定的人性或良心，这些都无法在现实的世界中找到根据。只有科学的解答可资利用，现实的世界正是科学大显身手的领域。在现实世界中解答人的现实存在无疑是合理的，但也存在一些弊端。在这里思考人的存在很容易把人与世界对立起来，并在强大的世界面前贬低人的地位。即使在文化世界中把人看做是智慧存在物，在人类世界中把人看做是社会存在物，也不能给人的存在赋予最高的地位，仍然会把人看做是世界中极其渺小的存在物。

我们已经清理出了解答人的存在问题的一个现实基础，即把人定位在自然世界、文化世界和人类世界中。如果沿着这个思路继续走下去，到每一个世界中详细地考察人是如何存在的，那么可以获得关于人的存在的丰富知识。事实上，关于人的科学研究就是这么做的。生物学和医学研究人在自然世界的存在，心理学和人类学研究人在文化世界的存在，社会学和政治学研究人在人类社会的存在。这些研究已经取得了丰硕的成果，对人的认识越来越科学了。但是，在这些世界中探讨人的存在无法回答这样的追问：难道人仅仅是世界中的一个存在物吗？人作为人难道没有更高的本体位置吗？科学的解答只把人看做是一种存在物，不能深入地回答人的存在所涉及的更具人文性质的问题。现在的关键问题是如何以现实世界为基础，对人的现实存在作出更符合人文精神的解答。我们不能满足于找到这样三个现实的世界，还需要在这些世界中进一步寻找更能体现人的存在的世界，到这样的世界中去解答人的存在问题。在每个人的周围都有一个这样的世界，这个世界就是价值世界[1]。人在价值世界中占据着至高无上的地位，充分体现出人作为人存在的独特性。我们把人置于价值世界之中，不仅可以对人的存在得出全新的看法，而且能够对人的存在意义作出更好的解释。

2. 各种有价值的事物构成肯定人的存在的价值世界。价值世界才是与人的存在最密切的世界。

严格地说，价值世界并不是自然世界、文化世界和人类世界之外的世

---

[1] 在价值哲学中，价值世界这个概念最初是为了与事实世界相区别提出来的，其前提是价值与事实的完全分离。我们在价值世界和事实世界之间也划出了界线，但是不把价值世界看做是独立于事实世界之外的由抽象的价值实体构成的世界。

界。它是这些世界中紧紧围绕在人的周围的小世界。找到这个世界的关键是把人的存在作为出发点,根据人的存在确定人所存在的世界。我们现在就来看一看价值世界,它究竟是一个什么样的世界,它与自然世界、文化世界和人类世界具有什么样的关系。

每一个世界都是由特定的事物构成的。例如,构成自然世界的是有形体的物体和有生命的生物,构成文化世界的是以符号形式固定下来的知识、观念和意象,构成人类世界的是表现为社会关系的人。构成价值世界的则是各种有价值的事物。当我们环顾四周的时候,会看到许多有价值的事物。例如,可口的美餐,舒适的住所,实用的技术,美妙的音乐,诚挚的友情,开明的政策,等等。有价值的事物和没有价值的事物是不同的,有价值的事物可以使人的存在更有保障,而没有价值的事物对人的存在没有任何益处。人们的生活离不开有价值的事物,获得有价值的事物是人的活动的现实目标。价值世界就是由所有这些有价值的事物构成的世界。它与其他世界的最根本区别在于,这个世界中的每个事物都是有价值的,在这里找不到没有价值的事物。"有价值"是价值世界的事物区别于其他世界事物的根本特征。

人们在现实生活中很容易就能鉴别哪些事物是有价值的,哪些事物是没有价值的,可是如果不把"价值"与具体事物结合起来,而是抽象地问"价值"是什么,许多人都回答不上来。不仅普通的人回答不上来,即使研究价值问题的专家也未必能说得清楚。关于价值是什么的问题暂时不做深入讨论,在目前阶段只要在一般的意义上理解价值概念就可以了。"价值"最简单的含义是"好"或"善"。好的事物指的就是有价值的事物;反过来说,有价值的事物指的就是好的事物。凡是有价值的事物都能给人带来某种好处。例如,食物是有价值的,它可以解除人的饥饿,补充人体所需的营养;科学知识是有价值的,它可以揭示世界的真实情况,消除人的无知状态;福利制度是有价值的,它能够保障贫困者的基本生活,体现社会的正义。像食物、知识、福利制度等事物都肯定人的存在,对人而言是好的东西。价值世界就是由诸多"好"的事物构成的世界。

从价值的基本含义就可以看出来,价值世界是一个非常美好的世界。在价值世界中充满了有价值的事物,人存在于其中定然拥有良好的存在状况。我们举两个例子简单地描绘一下价值世界。

　　"家"是我们最熟悉的价值世界。家是由两部分构成的，一部分是作为家庭成员的人及其相互关系，另一部分是人所利用的各种物品和条件。在家中有许多重要的价值。家中的每一个成员对于其他成员都是有价值的，在所有成员的相互扶助和共同支撑下才形成安定的家。家庭失去任何一位成员都是重大的灾难，由此失去的价值是无法弥补的。家庭成员之间的亲情、友情或爱情是一个家所不可缺少的价值。如果家庭中失去了这些体现友爱的价值，那么家庭就不再是真正意义上的"家"。家中使用的各种物品毫无疑问都是有价值的。例如房屋、食物、服装、用具、货币等等都有重要的价值，缺少了这些物品就不能维持家庭的正常生活。家中摆放的装饰品、花卉、玩具等等也有价值，它们可以让生活更有乐趣。家中收藏的书籍、音乐、工艺品等等也都有价值，它们的价值是给人以知识，让人获得美的享受。在家里的每一件事物上都显现着价值，只要细心地感受，精心地体会，就会发现"家"是一个充满价值的价值世界。

　　一个花园也是一个价值世界。花园里生长着各种花草树木，建有几处亭台楼榭，树上有小鸟在鸣叫，水里有鱼儿在漫游，整个花园沐浴在温暖的阳光中。这里首先是一个自然世界，它是由各种有生命或无生命的自然物构成的。当人来到这个花园的时候，它又变成了价值世界。花园里的花草树木等事物都显现出迷人的价值，共同营造出色彩缤纷、生机勃勃的美好天地。在这些事物上可以看到多种多样的价值，其中最典型的是与审美相关的价值。郁郁葱葱的树木，姹紫嫣红的花朵，错落有致的建筑，这些都能给人带来美的享受。当一个人带着审美的眼光来看这个花园的时候，他就存在于由美的事物所构成的价值世界之中。花园里各种有价值的事物都围绕着他，都把最美好的一面展示给他，就像用鲜花和笑容迎接贵宾一样。人在这样的世界里得到来自事物的肯定，能够体验作为人存在的快乐。这个花园不单是一个充满生机的自然世界，更重要的它还是一个使人获得美好感受的价值世界。

　　价值世界是比事实世界更为美好的世界，因为这个世界完全是由有价值的事物构成的，不包含任何非价值和反价值的东西。价值世界有一个范围，一切有价值的事物都在价值世界的范围之内，而一切非价值和反价值的东西都在价值世界的范围之外。世界上只要有一种事物具有价值，不管这个事物是什么事物，它必定存在于价值世界之中。在价值世界之外只能找到各种事实，而找不到价值。存在于价值世界的事物都闪烁着价值的光芒，或者满足人的某种需要，或者从某个方面肯定人的存在，总是能够给人提供某种有益的东西。人在价值世界中存在可以得到最大程度的肯定，这种肯定不仅是因为获得了有价值的事物，更重要的是通过事物的价值展现了自己的存在。这样美好的世界并不在传说的天堂或仙境中，它离人一点也不遥远，就在每个人的周围。我们只要看一看周围的世界就能发现各种有价值的事物，例如餐桌上的食物、房间里的物品、思想中的观念、社会中的制度等等。由这些有价值的事物构成的世界就是价值世界。把这个世界与没有价值的事实世界相比较，很容易就能看出价值世界才是最适合人存在的世界。实际上人存在于价值世界之中，离开价值世界不会有人的存在。

价值世界中的事物并不是现实世界之外的事物，它们也属于自然世界、文化世界和人类世界。例如，水是有价值的事物，它属于价值世界，但它也是自然存在物，也属于自然世界。其他各种有价值的事物也都是如此，像知识既属于价值世界也属于文化世界，法律既属于价值世界也属于人类世界。出现在价值世界中的事物都具有双重身份，一个身份是价值世界的成员，另一个身份是自然世界、文化世界或人类世界的成员。在自然世界、文化世界和人类世界中，它们作为事实而存在；而在价值世界中，它们向人显现出迷人的价值。价值世界的事物毫无例外都是自然世界、文化世界或人类世界的事物，除了这些事物之外根本找不到纯粹的价值。有一种观点认为，价值世界是由抽象的价值实体构成的世界。这样的价值世界完全是理论思维的产物，不是人可以存在于其中的现实世界。我们所说的价值世界不是由抽象的价值实体构成的，而是由自然世界、文化世界和人类世界中具有价值的具体事物构成的。这样的价值世界离不开现实的自然世界、文化世界和人类世界，它只能建立在这些现实世界的基础上。

价值世界与自然世界、文化世界、人类世界有不可分割的联系，可以把它看做是包含在这些世界中的一个小世界。自然世界、文化世界和人类世界都是非常广阔的世界，其中有很多事物都远离人的存在，与人的存在没有直接的关系。这些远离人的存在的事物是没有价值的，它们不属于价值世界的范围。只有那些与人的关系比较密切、对人的存在发挥肯定作用的事物才是有价值的事物，才会出现在价值世界中。如果泛泛地说，自然世界、文化世界和人类世界的所有事物都与人的存在有或近或远、或多或少的联系。然而，真正对人的存在有肯定作用的事物并不是很多，因此价值世界的范围比自然世界、文化世界和人类世界的范围小得多。自然世界是无边无际的，其中只有很小一部分事物有价值，其他很多事物都在价值世界之外。文化世界和人类世界也是人所存在的世界，其中也只有一部分与人密切相关的事物具有价值。虽然在文化世界中有很多知识、观念和意象，但是它们并不是全部对人的思想都有影响，因而有一部分知识、观念和意象不具有实际的价值。尽管在人类世界中各种事物都与人相关，但是对一个特定的人来说有些事物其实离人很远，离人很远的事物可以视为是没有价值的。价值世界不是自然世界、文化世界和人类世界的总和，它只包括其中与人的存在密切相关并且有益于人的存在的事物。

价值世界是紧紧围绕在人的周围的世界，人的存在所能影响的范围就是价值世界的范围。那些远离人的存在、与人无关的事物不在价值世界之中。由于价值世界中的事物与人的存在都有密切的联系，所以整个价值世界就是与人的存在不可分割的世界。离开人的存在去找价值世界是徒劳的，因为在没有人存在的地方不会有价值，不会有所谓的价值世界。我们比较一下人所存在的各种世界就可以发现，离人最近的世界是价值世界。其他世界中只有一部分事物与人相关，而很多事物与人的存在没有多少关系。比如说在自然世界中，除了人的活动面对的自然物之外，其他很多自然物对人的存在都不会产生直接的影响。人不是存在于整个自然世界中，只是存在于自然世界的一个角落里。在价值世界中，所有的事物都与人保持着密切的联系，这些事物对人的存在产生肯定的作用。人在价值世界中存在着，四面八方都是有价值的事物。人被价值世界包围着，就像地球被厚厚的大气层包裹着一样。人的存在直接面对的世界是价值世界，以价值世界为中介与其他世界相接触。我们可以这样描绘人在世界中的存在：人首先存在于离自己最近的价值世界之中，然后带着价值世界存在于更远的自然世界、文化世界和人类世界之中。

价值世界与人的存在密切相关，它是真正属于人的世界。这个世界的事物都是有价值的事物，它们可以满足人的需要，肯定人的存在，促进人的发展。价值世界犹如一座宝库，汇集了所有对人有益的美好事物。人可以从中找到符合自己要求的事物，也可以把自己创造的美好事物存入宝库之中。价值世界不是与人相对立的世界，这个世界就是为了人的存在而出现的。在这一点上，价值世界与自然世界、文化世界和人类世界有很大的不同，后三者是外在于人的世界，常常与人处于对立的状态之中。虽然人也存在于这些世界之中，但是不能说这些世界是属于人的世界。自然世界中有许多事物与人的存在没有直接关系，不能把整个自然世界看做是属于人的世界。况且自然世界经常以强大的威力给人带来灾难，诸如地震、海啸、洪水、火山爆发等等，这些灾难毁坏人的家园，甚至夺去人的生命。这样的世界怎么会是属于人的世界呢？反过来，说人属于这个世界才是恰当的。文化世界与人的关系更密切一些，但是人不能把握其中所有的知识、观念和意象，所以也不能说整个文化世界都是属于人的世界。人类世界对于个体的人来说也是外在世界，人在其中不能时时得到他人的承认，某些不合理的社会制度还会否定人的存在，这样的人类世界也不是完全属于人的世界。在人所存在的各种世界中，唯有价值世界才是真正属于人的世界，人在其中具有真正的主人身份。

价值世界之所以是属于人的世界，根本原因在于它是由于人的存在而形成的世界。单从构成价值世界的事物来说，这些事物都是其他世界中的事物，不管有没有人存在它们都会存在。它们之所以具有价值，不是因为其自身的事实存在，而是因为遇到了人的存在。在没有人存在的时候，事物只作为一种事实存在着，不会有任何价值。自然世界、文化世界和人类世界中的许多事物都处于这样的状态。当人作为人存在的时候，与人的存在发生关联的事物具有了价值，成为价值世界中的事物。比如说有这样一棵树，它生长在深山老林里，此时它只是一棵树，和其他树一样没有价值可言。当有人来到它的旁边，把它作为有用的木材，或者在它底下躲一躲阴凉时，这棵树就具有了价值。人的存在就像具有魔法一样，能够使普通的事物变成有价值的事物。人不论到哪里，哪里的事物就显现出价值，形成价值世界。价值世界里的事物都是因为人的存在而具有价值的，所以这个世界才是完全属于人的世界。人使事物具有了价值，而这些事物反过来肯定人作为人的存在，人与事物紧紧地统一在一起。

如果把价值世界想象成一个圆，那么人的存在就处于圆心的位置。正像没有圆心就没有圆一样，没有人的存在也就没有价值世界。我们在画一个圆的时候首先要确定一个圆心，确定了圆心之后才能画出完整的圆。类似的道理，我们在考察价值世界的时候首先要确定人的存在，确定了人的存在之后才能把握这个价值世界。在价值世界中，人是最高的主宰，是一切事物是否具有价值的尺度。事物有没有价值，不是由其自身确定的。必须把人作为尺度，根据事物是否肯定人的存在判断它的价值。事物有没有价值只能以人的存在为尺度，抛开人的存在谈论事物的价值没有什么意义。古希腊哲学家普罗泰戈拉说："人是万物的尺度，对我来说，事物就是它们对我所显现的那个样子，对你来说，事物就是它们对你所显现的那个样子。"[1]这个说法放在其他世界中似乎是不太妥当的，因为对于事物的事实存在，人的存在不能决定其是否存在以及如何显现。即使从认识论的角度来说，人也不能任意地把存在说成是不存在，而把不存在说成是存在。但是把这句话放在价值世界中来理解就是有道理的。在价值世界中事物的价值都以人的存在为尺度。事物只有在人的存在面前才能显现出价值，因为人的存在不同，所以事物对人显现的价值就会不同。同样一个事物，对这个人会显现这样的价值，而对那个人会显现那样的价值。人不是事物存在或不存在的尺度，而是事物有价值或没有价值的尺度。在没有人存在的情况下，不仅事物的价值无从寻觅，整个价值世界也不见踪影。

在思考价值世界时有一点需要特别注意，价值世界不是许多人共有的世界，而是专属于某一个人的世界。每个人的周围都有一个价值世界，而每一个价值世界都有独自的中心和范围。因此，价值世界不是唯一的世界，而是有许多个价值世界。有一个人存在就有一个价值世界，有两个人存在就有两个价值世界，有无数个人存在就有无数个价值世界。我们可以通过这样的情景想象多个价值世界共存的情况。当天空中下起雨的时候，人们纷纷打开手中的雨伞，于是街道上出现许多大小不同、色彩各异的雨伞。价值世界与这些雨伞有相似之处，每个人的手中都有一个雨伞，每个人的周围都有一个价值世界。每个人都存在于自己的价值世界之中，而每个人的价值世界都是独一无二的。具有不同生活的人面对着不同的事物，这些事物构成了他们各自的价值世界，于是价值世界的状况就是千差万别的。住在不同地区的人有不

---

[1] 转引自《柏拉图全集》第2卷，"克拉底鲁篇"，王晓朝译，人民出版社2003年版，第60页。

同的价值世界，拥有不同地位的人有不同的价值世界，甚至同一个人在不同时刻的价值世界也会有所不同。其他世界是人们共同存在于其中的世界，谈论这些世界时不需要明确指出是谁的世界。而价值世界是特定的人存在于其中的世界，谈论价值世界时必须弄清说的究竟是谁的价值世界。

自然世界、文化世界和人类世界是独立于人的世界，它们可以脱离某个具体的人而存在。而价值世界则与人的存在不可分离，它不能在人之外独立存在。只有当人存在的时候才会形成价值世界，在没有人存在的情况下不会有价值世界。事物作为事实存在还是作为价值存在有很大的差别，作为事实存在是在人之外的存在，作为价值存在则是相对于人的存在。事物在任何情况下都作为事实存在，而不管有没有人存在以及有什么人存在。但是作为价值存在就必须以人的存在为前提，在没有人存在的情况下不能独自显现出价值。一个花园在没有人存在的时候仍是事实世界的一部分，然而只有在人存在的情况下才成为价值世界。当一个人进入花园的时候，花园里充满了各种价值；当人离开花园之后，花园中则只剩下事实。对于事物的价值以及价值世界来说，人的存在是必要的前提。在人的存在之外寻找事物的价值是徒劳的，在没有人的地方寻找价值世界注定是要失望的。

虽然说价值世界不是独立于人的世界，但是不能因此把它归结为主观世界。主观世界是人的精神之中的世界，这个世界一刻也离不开人的思维。而价值世界是现实的世界，它不依赖于人的精神而存在。即使人没有认识到价值世界，或者有意地否认价值世界，也无法改变它已存在的事实。价值世界是由自然世界、文化世界和人类世界中的事物构成的，这些事物是现实的事物，因此价值世界也是现实的世界。例如食物和工具是价值世界中的事物，这些事物同时也是自然世界中的事物，它们具有非常确定的客观实在性。价值世界的事物与其他世界的事物相比，只是多了"有价值"这个属性，除此之外并没有其他特别之处。当事物获得"有价值"的属性之后，并不会丧失其他任何属性，原来是什么还是什么，不会有任何改变。例如水对人显现价值的时候不会丧失水的本性，鲜花对人显现价值的时候仍然具有其生物的属性。现实的事物因为人的存在而具有价值之后，不会失去现实性而变成非现实的东西，它仍然一如既往地保有其自身的全部现实性。如果肯定自然世界、文化世界和人类世界是现实的世界，那么就会承认价值世界同样也是现实的世界。价值世界不是靠想象构建起来的，它与宗教中的天堂、仙境等想象的世界有天壤之别。价值世界与人的存在须臾不可分离，在这个意义上说，价值世界不是独立于人的世界。虽然价值世界不能独立于人，但它并不是非现实的主观世界。

相对于价值世界而言，自然世界、文化世界和人类世界都是事实世界。事实世界的特征是不依赖于人而存在。这里所说的人指的是具体的个人，而不是指抽象的人或人类的全体。文化世界和人类世界不依赖于特定的个人，所以这两个世界与自然世界一样属于事实世界。价值世界则有别于事实世界，它是由于人的存在而出现的世界，不能离不开人而存在。价值世界也是现实的世界，在这一点上它与主观世界有明确的界线。我们可以把价值世界称为客观世界，但不能把它称为事实世界。我们只有把价值世界与事实世界区别开之后才能更深入地把握价值世界与自然世界、文化世界和人类世界的关系。从构成价值世界的事物来看，它们来自于其他现实的世界，由此可以看到价值世界与其他世界的密切联系。可是同样的事物在价值世界和其他世界的存在形式有所差异，在其他世界中作为事实而存在，在价值世界中则作为价值而存在。由于事实和价值有根本的区别，所以价值世界不同于其他世界。虽然价值世界以自然世界、文化世界和人类世界为基础，但是不能把价值世界还原为自然世界、文化世界和人类世界。价值世界是一个独特的世界，其独特性就在于它与人的存在之间的密切关系。鉴于这个世界不完全等同于自然世界、文化世界和人类世界，所以应该把它当做人所存在的"第四个"现实世界来看待。

我们在考察周围世界的时候，很容易看到自然世界的存在，也比较容易把握文化世界和人类世界的存在。但是往往会忽略与人的关系最密切的价值世界。为什么价值世界比其他世界更难发现呢？这主要和人看世界的视角有关。人们通常都是从外在世界出发看世界，把外在世界当做固定的认识对象，这样很容易发现自然世界，经过一些努力也能发现文化世界和人类世界。由各种自然物构成的世界是自然世界，由各种知识、观念、意象构成的世界是文化世界，由占据不同地位、具有不同身份的人构成的世界是人类世界。但是，从外在世界出发看不到价值世界。这是因为在外在世界中事物仅仅作为事实而存在，并不显现出价值，当然就无法从中甄别出价值世界。只有改变看世界的视角，不再从外在世界出发看世界，转而从人的存在出发看世界，这样才能发现由诸多有价值的事物构成的价值世界。价值世界是与人的存在密切相关的世界，没有人的存在就不会有价值世界。如果忽视人的存在，或者把人也看做是普通的存在物，那么无论如何也看不到价值世界。在考察价值世界的时候，必须把人的存在作为优先考虑的起点，站在人的立场上看周围的事物，这样才能看到有些事物是有价值的事物，有些事物是没有价值的事物，进而发现由那些有价值的事物构成的价值世界。

在考察世界时选取的视角制约着所能看到的世界。从外在世界出发只能看到事实世界，而从人的存在出发可以看到价值世界。究竟选取什么样的视角比较合适，这要根据考察世界的目的来确定。如果考察世界是为了把握事实世界的真实情况，那么应该从外在世界出发看世界。从这个视角认识世界不仅可以忽视人的存在，而且还应该尽量避免因为考虑人的存在而造成的影响。比如在科学实验中，只要如实地面对实验对象就可以了，而不必考虑什么样的实验数据更符合人的要求。如果考察世界的目的是解答人的存在问题，那么从人的存在出发看世界才比较合适。只有从人的存在出发看世界，看哪些事物对人有影响，哪些事物对人有益处，这样才能发现与人的存在最密切的价值世界。我们在探讨价值世界时必须坚持以人为出发点，放弃这个出发点就不能正确地把握价值世界。人们在日常生活中不自觉地从自己的存在出发看事物，这样就看到了许多对自己有价值的事物。可是在看到这些有价值的事物之后又把事物的价值归结为事物本身，这样就无法进一步发现由于人的存在而形成的价值世界。价值世界不是独立于人存在的世界，只有从人的存在出发才能看到它的存在。我们一旦失去从人的存在出发看世界的视角，就会把价值世界看做是与事实世界一样固定的世界，就无法深入地理解人在价值世界的存在方式。

人究竟存在于什么世界之中？笼统地说，人存在于自然世界、文化世界和人类世界之中。作为自然存在物存在于自然世界之中，作为智慧存在物存在于文化世界之中，作为社会存在物存在于人类世界之中。人的存在的确离不开这三个世界，离开这三个世界就无法作为正常的人存在。但是，在这些世界中解答人的存在问题并不能充分肯定人的存在的特殊地位。自然世界、文化世界和人类世界都是非常广阔的世界，人在这些世界中显得非常渺小，而且在这样的世界中定位人的存在很不精确。这就像说某座建筑物在地球上一样，不能让人准确地知道它的具体位置。如果说这座建筑物在某个国家的某个城市，或者更进一步说这座建筑物在这个城市的某条街道上，这样回答就清楚多了。价值世界在范围上比自然世界、文化世界和人类世界小得多，在这样的世界中定位人的存在会更加准确。更重要的是价值世界与人的存在的关系最为密切，在这个世界中可以更贴切地把握人的存在。因此，关于人所存在的世界最确切的说法是：人真正存在的世界是价值世界[1]。我们把人的存在定位在价值世界中，再以价值世界为背景思考人的存在问题，这样才能够对人是什么、人如何存在等问题作出切合实际的解答。

3. 价值都是对于人的价值，没有人就没有价值可言。 只有深入分析人的存在才能把握价值的根源。

我们在前面对"价值"做了很简单的解释，这样的解释对于区别有价值的事物和没有价值的事物已经足够了。可是要深入地把握人的存在与事物价值的关系，就有必要对价值概念作进一步的分析。在分析价值概念时重点不在于揭示价值的本质，而在于阐明事物产生价值的根源[2]。只有阐明了事物产生价值的根源，才能更深入地说明人在价值世界中的存在。

价值是"好"，而"好"又是什么呢？当人们说某个东西"好"时，暗含着这样的意思：这个东西对人是有益的。例如，说某种食物好，意思是这种食物对人有营养或者合人的口味；说某本书好，意思是这本书能够让人掌

---

[1] 海德格尔在这样的含义上使用"世界"一词："它不被了解为本质上非此在的存在者和可以在世界之内照面的存在者，而是被了解为一个实际上的此在作为此在'生活''在其中'的东西。"（海德格尔：《存在与时间》，陈嘉映、王庆节译，三联书店 2006 年版，第76—77 页）

[2] 国内价值哲学的研究特别重视价值的本质，试图从根本上解答价值是什么的问题。然而，价值都是具体的"现象"，一旦把它还原为"本质"就变成空洞的东西。在探讨价值问题时，阐明价值的根源比揭示价值的本质更有意义。

握正确的知识和观念，或者给人带来美的享受；说某项政策好，意思是这项政策能够保障大家的利益，或者能够维护社会的公正。只要仔细地辨析人们在谈论"好"时所预设的背景，就能够在其中找到某个人的存在。这个人或者是谈话者自己，或者是其他的人，或者是所有的人，总而言之要有人的存在。所谓的"好"和"坏"都是针对人来说的，"好"的完整含义是"对人好"，坏的完整含义是"对人坏"。如果没有人的存在，事物就无所谓好，也无所谓坏，即无所谓价值和非价值。事物的价值以人为尺度。符合人的要求，对人有益的东西，就是有价值的；不符合人的要求，对人无益的东西，就是没有价值的。离开人的存在谈论价值没有任何意义。

这里有一个问题值得思考，为什么说价值都是对于人的呢？对于其他生物是否也是价值？自然世界中有许多事物既可以满足人的生存需要，也可以满足其他生物的生存需要。在满足生存需要这一点上事物的作用没有什么差别。例如水，各种动植物都需要它，它对于人是好的东西，对于其他生物同样也是好的东西。一棵树浇过水之后生长更加旺盛，一头牛喝足水之后干活更有力气。此时能不能说水对草和牛也有价值呢？如果以拟人化的方式来说，事物满足其他生物的需要也是有"价值"的。事物满足了生物的需要，维持了生物的生存，对生物而言也是好的东西。但是，真正意义上的价值指的是对人的价值，只有满足人的需要或对人有其他好处的事物才有价值。之所以这样说，理由是人比其他生物更特殊。人的特殊之处不单在于具有高度发达的思维能力和结成复杂的社会关系，更重要的是作为人而存在着。人的这种存在使人和其他生物有了天壤之别。人不是普通的生物，而是"人"，这就决定了事物对人的关系不是物与物的事实关系，而是事物向人显现价值的价值关系。在有关价值的讨论中给人赋予其他生物不具有的资格，即只把对人好的事物称为有价值的，这是一种人本主义的态度。

我们还要进一步追问"好"的含义，到更深的层次上把握价值概念。经过考察各种事物可以发现，好的事物是为着人而存在的事物。诸如满足人的生理需要的食物，使人对世界有正确认识的科学知识，维护人的基本权利的社会制度，这些事物都是好的，都是有价值的。这些事物有一个共同特征，即肯定人的存在。所谓肯定人的存在就是维持人的存在现状或推动人向更好的方向发展，相反则是否定人的存在。满足生理需要的食物肯定人的生物存在，使人对世界有正确认识的科学知识肯定人的智慧存在，维护人的基本权利的社会制度肯定人的社会存在。这些事物因为肯定人的存在而具有价值。我们在这里对价值有了更进一步的认识，价值是对人的存在的肯定。根据是否肯定人的存在可以区分有价值的事物和没有价值的事物。如果某一事物肯定人的存在，包括肯定人的生物存在、智慧存在或社会存在，这个事物就具有价值；而不能肯定人的存在，这个事物就没有价值。从肯定人的存在的角度理解价值有一个优点，这样可以很明确地揭示出价值与人的存在的关系。

把价值看做是"好"或"对人的存在的肯定"，有一个特定的角度。这个角度就是从事物去看对人的价值。这样看价值很容易把价值当做独立于人而存在的东西。人们通常就是这样理解价值的，其最明显的表现是把价值等同于有价值的事物。人们说追求价值，指的是追求有价值的事物；说创造价值，指的是创造有价值的事物。按照这种习惯看法，价值是事物本身固有的东西，它与人的存在与否没有关系。只要事物存在，它的价值就会存在。例如一只苹果，不管有没有人吃它，它的味道都是甜美的，营养都是丰富的，因而总是有价值的。再如一朵牡丹花，不管有没有人欣赏它，它的花形都是漂亮的，颜色都是鲜艳的，因而总是美的。这样看待事物的价值很方便，根据事物是否存在就能断定价值。可是把价值等同于事物在理论上是说不通的，其最大缺陷是忘记了人是价值的主人，不能正确揭示人的存在与事物价值的内在联系。我们在理解价值时必须克服把价值固定在事物上的看法，否则无法正确地把握人在价值世界中的存在。我们现在就以苹果和牡丹花为例来阐明事物本身并没有价值，以此把事物的价值与事物区分开，为下一步说明价值与人的存在的联系做准备。

我们先来看苹果的价值。如果没有任何人吃苹果的话，苹果还有味道和营养方面的价值吗？在人还没吃苹果之前，苹果中已经有了"甜"和"营养"的物质成分，但是仅有这些物质成分还不是价值，它们只有对人的存在产生肯定作用时才是价值。如果"甜"和"营养"的物质成分是价值，那么人就能用生物化学的方法把价值从苹果中分离出来了。这样得到的价值是完全事实性的东西，我们用哲学的方法谈论价值完全没有必要。事实上，苹果的"甜"和"营养"都离不开人的存在。只有人吃了苹果之后，苹果的物质成分刺激人的味觉才产生"甜"的味道，转化为人体所需的物质和能量才形成实际的营养。人们的智慧对事物的价值具有"先见之明"，在没有吃苹果之前就已经认定它有味道和营养的价值。因此果农才会种植苹果，水果商才会贩卖苹果，顾客才会购买苹果。这是人们把以往的价值经验推广成为普遍价值经验的结果。在不考虑人的存在的情况下，在苹果之中是找不到任何价值的。

我们再来看牡丹花的价值。在花园里有一朵盛开的牡丹花，所有看到它的人都说：这朵花儿真美！美是一种价值，牡丹花对人具有价值是毫无疑问的。现在的问题是，在没有人看牡丹花的时候，这朵牡丹花儿还是美的吗？不管有没有人看它，牡丹花还是那个牡丹花，它的生物和物理的特性不会发生任何变化。一朵盛开的花朵不会因为无人看它而闭合，也不会因为有人看它而更加鲜艳。但是，在没有人看牡丹花的时候，牡丹花不过是一朵普通的花朵，它与其他不被人关注的花朵一样，都是植物生存的一种形态。牡丹花在任何时候具有自身的自然属性，但不是在任何时候都具备审美的属性。在没有人带着审美的眼光看牡丹花的时候，牡丹花无所谓美，也无所谓丑。美和丑都与人的审美活动相关，符合人的审美要求就是美的，与人的审美要求相背离就是丑的。我们也可以在牡丹花中分析出各种产生美的条件，例如花的形状和大小、吸收和反射光线的特性等等。但是所有这些事实性存在都不是美。一朵牡丹花只有在人的面前才是美的，是人的存在使它显现出"美"的价值。

在没有人吃苹果的时候，苹果没有味道和营养的价值；在没有人看牡丹花的时候，牡丹花没有审美方面的价值。初次听到这种说法的人一定会摇头，苹果怎么会没有价值呢，牡丹花怎么会不美呢，很难想得通。人们已经对价值形成了习惯性看法，价值就是事物的价值，有价值的事物什么时候都有价值。人们把生活中的一些事物等同于价值，比如财富、地位、荣誉等等，根据能够得到这些东西判断自己的行动是否值得。如果告诉他们，这些事物本身没有价值，是因为人存在才有价值的，这是很难令他们信服和接受的。习惯性思维是一种强大的力量，不是一下子就可以改变的。这就像人们每天看到太阳东升西落的现象，很自然地认为太阳绕着地球在旋转。当哥白尼提出地球绕着太阳旋转的观点时，不仅维护权威的教会不能接受，很多以经验理解世界的人也都无法接受，认为这实在太荒唐了。可是，因为哥白尼的日心说更科学，能够更好地解释天文现象，所以最终还是被人们理解和接受了。

为了把这个问题谈得更充分一些，我们再举金钱的例子看一看价值与事物的关系。金钱是一种非常特殊的东西，在它身上具有许多神奇的特性。金钱的最基本功能是作为一般等价物用来交换商品。在商业社会里，人们把自己的劳动成果转换成金钱，又拿金钱去换取自己想要的东西。通过金钱的中介作用人们能够很顺利地交换自己的劳动成果。这就是金钱的最基本价值。可是金钱的重要性还不止于此，它还能代表人在社会中的地位，还能支配人与人的社会关系，变成一种强大的力量，以至于人们对金钱顶礼膜拜，形成了金钱拜物教。人只要拥有金钱就可以实现各种愿望，吃自己想吃的食物，穿自己想穿的衣服，到自己想去的地方，得到自己想要的东西。因此人们常常把金钱看做是最有价值的。金钱的价值比起许多其他事物的价值更稳定，其他事物有时候只对某个人有价值，对其他人没有价值，而金钱则常常在任何时候对于任何人都有价值。即使某些人能够把金钱视为粪土，但是对于金钱所能换取和维护的价值也是不能否认的。因为金钱的价值似乎能够超越于人的存在，所以人们更有理由认为金钱本身就是价值，或者说金钱是价值的源泉。其实，金钱的价值与其他物品的价值在性质上是一样的，它具有价值也要以人的存在为前提。一枚钱币被丢弃到无人的荒岛上，它就不再具有钱币的价值了。在现实社会中金钱总是具有价值，那是因为人们把它作为交换商品的等价物，使每一个商品的价值都通过金钱来表现，这样才使金钱看上去具有永恒的价值。金钱并不能超越于人的存在之上，不论它看起来有多么重要，最终都是在人的存在的照耀下才显现出价值。

由此可见，事物的价值不是事物本身固有的东西，它与人的存在有着不可分割的关系。只有相对于人的存在，事物才显现出价值。在某个人存在的前提下，一块面包具有价值，它的价值是对于人的生物存在显现出来的；一件艺术作品具有价值，它的价值是对于人的智慧存在显现来的；一份友情具有价值，它的价值是对于人的社会存在显现出来的。如果不是相对于人而存在，任何事物都只能作为事实而存在，而不会具有价值。事物具有价值要有两个前提条件，一个前提条件是事物本身的存在，另一个前提条件是人的存在。前一个条件是显而易见的，事物的价值当然与事物本身有关系，没有事物的存在就不会有事物的价值。没有面包就不会有面包的价值，没有艺术作品就不会有艺术作品的价值，没有友情就不会有友情的价值，这些都是不需多说的。可是，事物单凭自身还不能具有价值，还必须以人的存在为前提条件。这个条件是事物之外的条件，不是那么容易就能发现的。人们把价值等同于有价值的事物，就是因为忽略人的存在而导致的。在这两个条件中恰恰是人的存在这个条件才是最为关键的。事物在任何时候都会保持自身的固有属性，但是只有遇到人的存在的时候才能显现出价值。

人的存在是事物具有价值的根据，没有人的存在则事物没有任何价值。这对于任何事物都是适用的。在人的生活中有一些非常重要的事物，例如粮食、饮用水、洁净的空气等等。这些事物毫无疑问都具有价值。虽然人在任何时候都不能缺少这些生存条件，它们在任何时候都会对人显现出价值，但是我们仍然要说，这些事物之所以具有价值是因为人的存在。在没有人存在的时候，植物的种子、流淌的河水以及浮动的空气都只能作为自然世界的事物而存在。只有当人存在的情况下，这些事物才会对人显现出价值，成为价值世界中的事物。在形成价值时事物本身的属性和功能的确不可忽视，没有相应的属性和功能就不能成为价值。例如一台计算机具有输入信息、存储信息、处理信息和输出信息的功能，这些功能是计算机具有价值的重要物质基础。这一点是不能否认的，事物的价值必须通过其属性和功能才会表现出来。但是，如果没有人存在，虽然事物仍然保持其属性和功能，却不能表现为价值。事物的属性和功能只是事物具有价值的条件，人的存在才是事物具有价值的根据。

价值的基本含义是事物对人的"好"，从这个基本含义也可以看出，人是价值的内在因素。事物的好都是对人而言的，没有人则事物无所谓好。事物只是使价值显现出来的载体，而人才是使价值成为价值的根据。比如一把尺子，当人使用这把尺子的时候，尺子才具有测量长度的价值。如果这把尺子挂在墙上，或放在工具箱里，虽然它仍然具有自身的刻度和其他属性，但是不会显现出测量长度的价值。一把尺子用来做什么，显现出什么价值，不是由尺子本身决定的。人可以用尺子测量长度，使它具有测量长度的价值，也可以用尺子画直线，使它具有画线的价值。人也可以不用尺子测量东西，而是利用手臂、脚步测量长度，使测量长度的价值在手臂、脚步上显现出来。在人和事物的关系中，人是主动的存在，而物是被动的存在；人可以选择物，而物不能选择人；人可以赋予物以价值，而物不能赋予人以意义。事物自身的存在只能是事实的存在，事实的存在永远不能自动成为价值。事物可以给人提供事实性条件，而人可以给事物赋予价值。价值问题在根本上就是人的问题，从人的角度理解价值才能把握价值的实质。

把价值仅仅理解为对人的"好"，还不足以揭示人的存在是价值的根源。人不是被动地接受事物对人的好，而是主动地使事物显现出对人的好。我们以美的价值为例来说明。当一位画家用笔在纸上创作一幅作品时，他是根据自己心中的"美"描绘出人物、山水等形象的，因此这幅作品才显现出了美的价值。"美"首先存在于画家的心灵中，否则画家无法凭空画出美的作品。因此人们说艺术家们创造了美。不仅艺术家在创造美，欣赏美的人也在创造美。当一位艺术爱好者去欣赏一幅美术作品时，他把心中已有的"美"的形式加在作品上，从而在作品中看到了符合自己审美观的美。人之所以能够在作品中创作出美或欣赏到美，这是因为人的存在中包含着"美"的根据。对于一个善于审美的人来说，在平常的事物上就能发现美，而对于一个缺少审美素养的人来说，在高雅的艺术品上也不能发现美。审美的对象只是表现美的载体，人的存在才是使对象显现出美的价值的原因。不仅美的价值是如此，其他价值也都是如此，所有的价值都是以人的存在作为根据显现出来的。把价值理解为事物对人的"好"还不够准确，并没有明确"好"是事物本身具有的，还是人的存在赋予给事物的。当我们揭示出人的存在是事物具有价值的根源之后，对价值的含义需要做进一步的解释：价值是人的存在使事物显现出的"好"。

事物产生价值的根源只有两种可能，一种可能是事物本身产生价值，另一种可能是人的存在产生价值。除此之外找不到其他的根源。把某种神秘的存在者作为价值的根源并不可靠，因为这样的存在者本身的存在就是问题。把人和事物的关系作为价值的来源也不彻底，最终还是要归结到人或物的某一方面。人们习惯于从事物的角度看价值，所以认为事物就是其价值的根源。这种看法似乎也有一些道理，因为事物的价值必须依托于事物，没有事物当然没有事物的价值。可是，这样看待事物价值的根源，无法说明在没有人的情况下事物的价值对谁显现，也无法解释同样的事物为何对不同的人显现出不同的价值。事物本来作为事实存在，但是事实与价值有根本的区别，从事实中无法自动产生出价值。所以应该否定事物本身是价值的根源。从人的角度看价值，可以发现事物产生价值的根源在于人的存在。当有人存在的时候，事物向人显现出价值；当没有人存在的时候，事物只能作为事实而存在。因为人的存在是事物是否具有价值的关键，所以要把事物产生价值的根源归结为人的存在。对于已经习惯于从事物的角度理解价值的人来说，很难把事物的价值与人的存在直接联系起来，不能理解是人的存在使事物产生了价值。我们必须转变观察价值的视角，从人的存在出发去看事物的价值，这样才能看到事物的价值是由于人的存在而出现的，由此才能理解人的存在是事物具有价值的根源。

为了消除把价值归结为事物本身的错误，必须在价值与事物之间划出一条明确的界线[1]。价值不等同于有价值的事物，事物的价值也不等同于事物本身。价值不是事物本身固有的东西，它是相对于人的存在显现出来的。事物在没有人存在的情况下也会存在，而价值只有在人存在的前提下才会出现。事物在任何情况下都是事实，只有在人的面前才是价值。人们通常都把显现出价值的事物看做是价值本身。在日常生活中这样理解价值不会引起太大的混乱，因为此时人所面对的价值就是显现在事物上的具体价值。但是在理论上探讨价值就不同了，必须明确区别事物和它的价值，否则无法弄清价值到底是什么。如果把价值与事物捆绑在一起，忽视人的存在与价值的内在联系，那么必将导致把价值还原为事实从而抹杀价值的结果。把价值等同于事物本身与两个习惯性误解有关。一个误解是把个别的价值看做是普遍的价值，另一个误解是把当前的价值看做是永恒的价值。这两个误解产生的原因都是忽视了人的存在与事物价值的内在联系。

价值都是对于特定的人的价值。一个人的存在与另一个人的存在是不一样的，所以事物对一个人的价值和对另一个人的价值是不同的。例如一种药品，对于急需该药品的人具有极大的价值，而对于不需要该药品的人没有价

---

[1] 价值与事实的关系非常复杂，一方面，价值不同于事实；另一方面，价值离不开事实。把价值简单地归结为事实是错误的，而把价值与事实完全对立也是不对的。我们在探讨价值时可以把价值与事实区别开来，但是在追求和创造价值时必须把价值和事实统一起来。

值，甚至还有副作用；一副近视眼镜，对于眼睛近视需要戴这副眼镜的人有价值，而对于眼睛不近视的人不仅没有价值，反而有害处。在不考虑谁用药品、谁戴眼镜的情况下，可以笼统地说药品和眼镜有价值。但是这种说法非常含糊，并没有明确地指明它们是对谁而言的价值。确切的说法应该是，药品对需要药品的人有价值，眼镜对需要眼镜的人有价值。任何事物的价值都是对某个具体人的价值，从具体人的存在出发才能确定事物有没有价值。有一些事物对许多人都显现出价值，可是就其具体的价值而言，是分别向各个人显现的价值，而不是笼统地向所有人显现的价值。当人们把对某一个人的价值看做是对所有人的价值，这样就产生了把个别的价值看做是普遍价值的误解。

价值都是在特定条件下的价值。一个人在某一时刻的存在和另一时刻的存在是不一样的，所以事物某一时刻对人的价值与另一时刻对人的价值是不同的。例如一杯水，在人干渴的时候具有极大的价值，而在人不渴的时候没有那么大的价值；一句安慰人的话，在人遭遇不幸的时候说出来有很大的价值，而在人春风得意的时候说出来没有什么价值。简单地说，水对人有价值，安慰人的话对人也有价值。但是这种说法不太确切，没有考虑人的存在的具体情况。确切的说法应该是，水在人需要喝水的时候有价值，安慰人的话在人需要安慰的时候有价值。事物的价值都是具体的价值，与人的当下存在相对应。只要人的存在发生了变化，事物的价值也会随之发生变化，有价值的事物会失去价值，而没有价值的事物会获得价值。虽然有些事物自始至终对人具有价值，这样的价值也不是固定的价值，也要以人的当下存在为根据。人们在看待价值时，往往忽略事物价值的时间性，不注意人的存在状况对事物价值的影响，这样就产生了把当前价值当做永恒价值的误解。

关于价值的许多争论都与这两个误解有关，而这两个误解都是因为把事物的价值固定在事物上而导致的。只有把价值与事物分离开，误解才能消除，关于价值的争论才会减少。事物的价值并不是固定的、永恒的。一个事物对某个人有价值，未必对其他人也有价值；在某一时刻有这样的价值，未必在其他时刻也有同样的价值。事物的价值都是在特定的时刻对特定的人显现的价值，没有绝对的对于所有人在所有时刻都有的价值。在考察事物价值的过程中，一旦把特定的人普遍化为一般的人，把特定的时刻永恒化为任何时刻，事物的价值就与人的存在失去了联系，成为独立于人的东西。把事物的价值看做是事物本身具有的价值，就会根据事物的存在确定价值，而不是根据人的存在确定价值。把事物的价值看做是在人之外的价值，人的存在就失去了作为价值根据的地位。把价值与有价值的事物区分开是非常必要的，否则不能正确地理解事物的价值，也不能深入地说明人的存在与价值的关系。

我们不仅要把价值与事物分开，还要把价值与人结合起来，这样才能准确地把握事物的价值。把价值与事物分开，并不是否认事物与价值的联系。事物的存在是事物具有价值的一个前提条件，没有事物本身的属性和功能，价值就无从显现出来。例如有一些植物具有可食用的属性，这些植物才能显现出与人的生物存在相关的价值，而另一些植物没有可食用的属性，就不能通过满足生存需要显现出价值。然而，不能因此把价值归结为事物本身。事物的价值不是由事物的属性和功能决定的，没有人的存在就不会有任何价值。人的存在是事物具有价值的根源，对于事物的价值起着决定性的作用。事物本来作为事实而存在，在人的存在的照耀下才显现出价值。这就像雨后的空气在阳光的照耀下形成彩虹一样。空气中本来没有彩虹存在，在阳光的照射下才显现出彩虹。具有七彩光线的阳光是彩虹的根据，而含有水滴的空气只是显现彩虹的条件。在事物中本来也没有价值，遇到人的存在才显现出价值。人的存在蕴涵着价值的根据，凭借这些根据事物具有了价值。在谈论人的存在与价值的关系时有一点需要特别注意，人的存在不是抽象的一般存在，而是特定个体的当下存在，即海德格尔所说的"此在"。一个事物对这个人有价值而对那个人没有价值，这是因为人与人的存在有所不同。一个事物对同一个人在此时有价值而在彼时没有价值，这是因为人的存在在不同时刻有所差异。我们只有把人的存在理解为当下的具体存在，才不会把对特定人的价值看做是普遍的价值，把特定时刻的价值看做是永恒的价值，这样才能更好地解释复杂的价值现象。

把价值看做是先于人存在的东西，这是把人和价值的关系弄颠倒了。如此一来，不是人的存在作为事物价值的根据，而是事物的价值成为人的存在的根据；不是人的存在使事物具有价值，而是事物的价值使人的存在具有意义。关于人的存在意义有一种很浅薄却很流行的看法，认为人所有拥有的财富、地位、荣誉等价值越多，人的存在意义就越大。这种看法就是以事物为根据理解人与价值的关系所导致的后果。在被颠倒了的人与价值的关系中，人从主宰的地位沦落到从属的地位，不是价值为人而存在，而是人为价值而存在。要对人的存在与事物价值的关系有正确的把握，就必须把颠倒过去的关系再颠倒过来，给人的存在赋予优先的地位，把人的存在看做是事物具有价值的前提，依据人的存在说明事物产生价值的根源。

4. 人在价值世界的存在方式是映现价值。通过内在价值和外在价值的关系阐明人的存在如何使事物显现出价值。

对人的存在与事物价值的关系做了以上讨论之后，我们再次回到价值世界，看一看人在这个世界中是如何存在的，其存在方式与在其他世界的存在方式有何不同。

在自然世界中人是一种生物，其存在方式是生存活动。在这个世界中人和其他生物一样，都要通过吃、喝、呼吸、排泄等生理活动与周围环境交换物质和能量，以保持自身的生命和健康；通过生殖、哺育等生育活动传宗接代，养育新的生物个体，以延续种族的繁衍和发展。人在自然世界中只能作为生物而存在，其生存活动是为了个体的生存和种族的繁衍。当然，人的生存活动比其他生物更复杂、更高级，拥有更完善的生存能力，具有更优越的生存条件。这主要表现在用来满足生存需要的自然物不是完全自然的状态，而已经在生产活动中按照人的意图加以改造过了。例如通过农业生产种植出更丰富、更优质的粮食，通过工业生产创造出更方便、更高效的工具，等等。生产的目的是为了消费，而消费的目的是为了生存。物质生产活动也属于人的生存活动，依靠这种活动才使消费活动有了可靠的保障。尽管人是高级生物，满足生存需要的方式更文雅，解决生存问题的方法更巧妙，但人终究是一种生物，不能彻底改变生物存在的基本特性，不得不按照生物的生存方式存在于自然世界之中。

在文化世界中人是智慧的存在物，其存在方式是思想活动。人通过思想活动认知事物的真，阐释行为的善，领略对象的美，形成有别于生物存在的另一种存在形式。思想活动和生存活动有根本的区别，生存活动的目的在于满足生存需要，而思想活动的目的在于提升心灵的境界，使之达到真、善、美。人的智慧存在借助于思想活动表现出来，能够思想是人作为智慧存在物的根本标志。除了思想活动之外，没有其他活动能够表明人是智慧存在物。除了具有智慧的心灵之外，人的其他部分不能存在于文化世界中。人的思想活动包括学习已有的知识、观念和意象，以及发现或创造新的知识、观念和意象。人的思想活动所发现的正确知识，所提出的合理观念，所创造的生动意象，会进入文化世界之中，成为文化世界的新内容。创造性的思想活动也称为精神生产。科学研究、人文探索、艺术创作等思想活动都属于这种生产形式。人的精神生产创造的是"精神食粮"，其重要性并不逊于物质生产所创造的"物质食粮"。人就是通过这样的思想活动存在于文化世界之中。

在人类世界中人是社会存在物，其存在方式是交往活动。人首先作为个体而存在，但是不能与其他人毫无关联地孤立存在。人必须与其他人建立一定的社会关系，作为群体的一员而存在。人在人类世界的主要活动就是建立、维护或调整社会关系，这些活动就是交往活动。例如签订契约是建立新的社会关系，属于交往活动；制定法律是维护某种社会关系，属于交往活动；进行社会革命或社会改革是调整已有的社会关系，也属于交往活动。人的交往活动的目的在于建立更适合自己存在的社会关系，而摆脱不利于自己存在的社会关系。交往活动的成果既不是可见的物质成果，也不是可知的精神成果，而是肯定自己存在的社会关系。良好的社会关系对于人的存在也是必不可少的条件，在良好的社会关系中人才能得到他人的承认和肯定。人的交往活动的形式是多种多样的，有时候以个体的形式展开，有时候以群体的形式进行；有时候直接建立或改变社会关系，有时候为建立或改变社会关系制定相应的制度。人正是通过与他人的交往活动存在于人类世界之中。

人在不同的世界中具有不同的存在方式，表现出不同的存在形式。在自然世界中，存在方式是生存活动，存在形式是生物存在；在文化世界中，存在方式是思想活动，存在形式是智慧存在；在人类世界中，存在方式是交往活动，存在形式是社会存在。除了以上三个世界之外，价值世界也是人存在于其中的世界。在价值世界中，人的存在不同于在自然世界、文化世界和人类世界的存在，其存在方式和存在形式具有新的特征。此时的人是一个完整的人，是自然存在物、智慧存在物和社会存在物的统一体，但是又不能把这个人归结为自然存在物、智慧存在物或社会存在物，因为在这些存在形式之上人具有了更高的存在形式。对于价值世界中的人不能用别的名称来称呼，只能称之为"人"。这个"人"不是科学所理解的有别于其他生物的高级生物，而是人本主义所肯定的具有人格的人。人在其他世界中只是某种存在物，在自然世界中是自然存在物，在文化世界中是智慧存在物，在人类世界中是社会存在物。然而在价值世界中不再是简单的存在物，而是作为真正的"人"而存在。此时人具有在其他世界中不曾体现的另一种存在方式——使事物显现出价值，即赋予事物以价值。这是人作为人独有的存在方式，不同于自然存在物（生物）的生存活动、智慧存在物的思想活动和社会存在物的交往活动。

为了说明人的存在如何使事物显现出价值，需要对价值做更细致的区分，根据价值与人的关系的远近划分为内在价值和外在价值。内在价值是人的存在本身蕴涵的价值，例如生命、健康、尊严、友爱的价值就是内在价值。内在价值不是外在事物的价值，它们只在于人的存在之中。比如生命和健康在于人的身体上，尊严和友爱在于人的社会关系里。内在价值并不依赖外在事物，不管有没有外在事物，内在价值作为价值仍然值得追求。内在价值已经蕴涵在人的存在中，就像在逻辑上作为结论的命题已经蕴涵在作为前提的命题中一样。"人的存在"这个前提蕴涵着所有的内在价值。生命和健康的价值蕴涵在人的生物存在中。人作为一个生物而存在，必定维护自身的生命和健康，因此生命和健康就是由人的生物存在所规定的内在价值。尊严和友爱的价值蕴涵在人的社会存在中。人作为社会存在物必定通过尊严和友爱肯定自己的社会存在，所以尊严和友爱就是由人的社会存在所规定的内在价值。人们谈论价值时往往只关注外在事物的价值，而忽略人自身蕴涵的价值。其实人自身蕴涵的内在价值才是人最终追求的目的价值，而外在事物的价值不过是实现目的价值的手段价值。外在价值是显现在外在事物上的价值。例如食物、衣服、知识、制度等事物的价值就属于外在价值。外在价值离不开具体事物，紧紧地依附在具体事物上。食物的价值必须显现在食物上，没有食物就不会有食物的价值；制度的价值必须显现在制度上，没有制度就不会有制度的价值。外在事物本身没有价值，其价值是借助内在价值显现出来的。食物通过维护生命和健康而显现出价值，制度由于保障尊严和友爱而成为外在价值。内在价值是外在价值的根据，外在价值是内在价值的显现。而内在价值又蕴涵在人的存在之中，所以说事物的价值是由人的存在赋予的。

人以其存在使事物显现出价值，这就是人的"映现价值"的存在方式。映现价值不是用思维把事物已有的价值反映出来，而是把人的存在蕴涵的价值显现到外在事物上。人的存在映现价值的机制是这样的：人的存在本身蕴涵着一些内在价值，把这些内在价值"投射"到具体事物上，使之与具体事物的特性相结合，显现为外在价值。内在价值是价值的"原型"，映现到外在事物上才成为具体的价值。外在价值以内在价值为根据，但不是内在价值的简单再现，它表现为特定事物上的特殊价值。事物在显现价值时不会失去自身的特性，因而事物所显现的价值具有事物独有的特征。例如人的存在把生命、健康等内在价值映现到食物、药品、衣服、房屋等外在事物上，因为这些事物各有自己的特性，所以显现出来的外在价值是各不相同的。食物的价值不同于药物的价值，衣服的价值不同于房屋的价值，每一个事物都有与众不同的价值。内在价值的数量很少，但是映现到具体事物上就表现为无限丰富的外在价值。我们在外在事物上可以发现多种多样的价值，这些价值都是人的存在映现出来的外在价值，其价值的根源都在于人的存在之中。

人的存在映现事物价值的机制，类似于放映机把影像投射到银幕上。银幕上的影像不是银幕本身固有的，而是由放映机投射出来的。在人的存在映现价值时，事物就像一个银幕，它本身并没有价值，其作用是显现价值。人的存在把内在价值"投射"到事物上，于是在事物上显现出外在价值。放映机的内部影像必须投射到银幕上，没有银幕就无法形成实际的影像。事物对于价值的重要性也是如此，唯有依靠具体的事物才能把内在价值显现为外在价值。至于什么事物能够显现价值，这与事物本身的特性相关。放映机不能把影像投射到任意的地方，只能投射到适合投影的银幕或白色墙壁上，投射到其他物体上不能显现出清晰的影像。人的存在也只能把内在价值映现到能够显现价值的事物上，而不能映现到任意的事物上。比如生命和健康的价值只能映现到与人的生物存在相关的事物上，在其他事物上不能显现出相应的外在价值。一般来说，能够显现价值的事物不是唯一的，人可以在多个事物中选择某个事物，把内在价值映现到这个事物上，使这个事物显现出外在价值。从人的存在映现价值的过程来看，内在价值是外在价值的来源，外在价值是内在价值的表现。我们用放映机的工作原理大致说明了人的存在是如何映现价值的，但是人的存在映现价值的过程并不是一个物理过程，不像放映机把影像投射到银幕上那样简单。

当人们看到显现在事物上的外在价值时，常常误认为事物的价值是事物本身固有的。这种情况就像看电影一样，人们的眼睛被银幕上的影像所吸引，以为银幕上的人物、风景等事物是真实的存在，忘记了这些人物、风景其实是放映机投射到银幕上的影像。人们在面对有价值的事物时也是这样，把事物的价值归结于事物，认为看到的价值就是像事实一样确定的东西。例如，在一杯水上感受到价值就认为这杯水本身是价值，在一首音乐上感受到价值就认为这首音乐本身是价值，如此等等。人们把有价值的事物误认为价值本身，这是因为没有找到人的存在这个价值根源。在电影院中回过头来就能看到放映窗口中的放映机，这时可以认清银幕上出现的人物、风景都不过是一些影像。在事物上看到价值之后，追溯事物产生价值的根源，必定能够发现人的存在。只要发现人的存在就能深入地理解人与价值的关系。可是发现人的存在比发现电影院中的放映机困难得多，在放映机和银幕的影像之间有一条光带，逆着这条光带就能找到放映机，而在人的存在和事物的价值之间没有物理的联系，必须经过理性的思考才能揭示事物的价值是由人的存在映现出来的。

映现价值并不是人的主观认识活动，而是人作为人的根本存在方式。事物有没有价值与人的思维和情感没有直接的关系。人不是以主观认识活动给事物赋予价值，而是以自己的整个存在使事物显现出价值。只要人作为人存在着，其周围的事物就会显现出价值，而不管人是否认识到这些价值。例如人的存在使维持生命的空气具有了价值，这在古代人和现代人那里是没有区别的。人们原本不知道有空气的存在，到了近代科学发展起来之后才确切地证明了周围并不是虚空，而是不可见的空气。在人们不知道有空气的时候，空气也一直向人显现着价值。不管人们是否认识到空气的存在，这对于空气的价值没有丝毫的影响。其他事物的价值也都是如此，不会因为人认识到它的存在而具有价值，也不会因为人忽视它的存在而失去价值。有一种价值学说认为事物的价值是人的观念或情感的产物。虽然这种价值学说肯定了人是价值的根源，但是把产生价值的机制错误地解释为主观的认识过程。假如价值是人以主观认识赋予事物的，那么不管事物是否肯定人的存在，只要人愿意都可以把事物看做是有价值的。可是这样一来就有可能导致把一些本来对人有害的事物当做价值的错误。人的存在映现价值的过程不涉及人的主观认识，这个过程是完全不受主观因素影响的客观过程。只有彻底排除主观因素才能避免把价值看做是主观的东西，保证事物价值的"客观性"。

人在价值世界中以映现价值的方式存在。这种存在方式完全不同于在其他世界的存在方式，具有全新的特点。在理解人的这种存在方式时，不能把人对事物的关系看做是简单的占有和利用的关系。从占有和利用事物的角度无法把握人的存在使事物显现出价值的道理。

如果从占有和利用事物的角度理解人与事物价值的关系，就会得出这样的结论：事物被人占有或利用才有价值，而无法被人占有和利用的东西就没有价值。这样看待事物的价值，只能看到一些实用的价值，而看不到非实用的价值。从这样的视角看价值世界是非常狭隘的，会把许多美好而高远的价值排除在外。事物并非只显现出实用的价值，它还会显现出其他种类的价值，不能把一切价值都归结为实用价值。例如艺术品的价值就不是实用的价值，只有超越功利的打算才能感受到其中美的价值；人与人之间友情的价值也不是实用的价值，一旦以占有和利用的态度对待友情就会破坏其中友爱的价值。我们从映现价值的角度看待人与事物的关系，就能够在事物上感受到更丰富、更多样的价值，由此充分地了解价值世界的广大和深邃。不管人是否占有和利用事物，人的存在都会映现出事物的价值。一个没有财富的人照样能够映现财富的价值，一个没有地位的人照样能够映现地位的价值，一个没有荣誉的人照样能够映现荣誉的价值。人并不一定占有和利用事物才能使事物显现出价值。在价值世界中，占有和利用事物并不重要，重要的是人的存在映现出了事物的价值。映现价值是人"施恩"于事物，而占有和利用价值是人"受惠"于事物，二者表现了人的两种不同地位。只有从映现价值的角度把握人在价值世界的存在方式，才能真正理解人作为价值世界的主宰而

第一章 人存在于价值世界之中

存在于价值世界的中心。

在价值世界中思考人的存在，不能把人看做是占有和利用价值的存在物，而应该看做是映现价值的存在者。占有和利用价值，听起来也不错。因为毕竟是人占有和利用价值，人对价值处于主动的地位。可是，占有和利用价值必须以价值的存在为前提，先有价值的存在，然后才有对价值的占有和利用。把人看做是占有和利用价值的存在物，就必须承认事物的价值优先于人的存在，在没有人存在的时候也有事物的价值。这样看待人与事物价值的关系，就会把有价值的事物看得比人更重要，把人的地位置于物之下。只有把人看做是映现价值的存在者才能避免这种情况。映现价值不同于占有和利用价值，它以人的存在为前提，充分体现人的存在的优先地位。人的存在蕴涵着内在价值，内在价值映现到事物上，事物显现出外在价值。从人的存在与事物价值的这种关系来看，外在价值不是独立于人的东西，更不是先于人而存在，它的出现以人的存在为前提和根源。在映现价值时人不是"存在物"，而是"存在者"，此时的人具有超出一切存在物的地位。

我们把人从自然世界、文化世界和人类世界中提升出来，置于由各种有价值的事物构成的价值世界中。在其他世界中人的存在只表现出某个方面，在自然世界中表现为生物存在，在文化世界中表现为智慧存在，在人类世界中表现为社会存在。只有在价值世界中，人才会作为完整的人而存在。人作为人存在与作为物存在有根本的区别，作为物存在与其他存在物建立的是物与物的关系，而作为人存在与其他存在物建立的是人与物的关系。只有在人与物的关系中才能给其他存在物赋予价值。人给其他存在物赋予价值是以人的名义，而不是以自然存在物、智慧存在物和社会存在物的名义完成的。自然存在物、智慧存在物以及社会存在物都是物的存在，没有资格给其他存在物赋予价值。除了人之外的存在物只能作为事实而存在，由于其自身不蕴涵内在价值，所以不能使其他事物显现出价值。如果某个事物具有什么价值的话，那是在人的存在的映现下显现出来的。人以其自身的存在映现出事物的价值，这是人作为人存在的最重要的存在方式。只有根据这种存在方式才能确定人作为人的存在。存在主义认为人只能通过领会、焦虑、烦恼、恐惧等心理体验才能确证自己的存在。其实人只要感受到周围事物显现的价值就能确证自己的存在。因为事物的价值是人的存在映现出来的，从映现出来的价值可以反观自己作为人的存在。在价值世界中，人不是自然存在物、智慧存在物和社会存在物的简单相加，而是立足于这些存在形式基础之上的映现价值的存在者。如果非要给存在于价值世界的人起一个什么名字，那么可以称为"映现价值的存在者"。

人在不同世界中有不同的存在方式，相应地其存在状况也会有所差异。在自然世界中人作为一种生物而存在，像其他生物一样依靠外在自然物维持生存，不能摆脱饥饿、干渴、冷热、劳累、疾病、死亡的威胁。在文化世界中人作为思想者而存在，比起自然世界的存在状况要好很多，可是人时常被虚假的知识、错误的观念和丑陋的意象所困扰。有些人为错误的观念所误导，一生都走在错误的道路上。在人类世界中人作为交往者而存在，与其他人建立起各种社会关系，其中有些社会关系肯定人的存在，而有些社会关系否定人的存在。例如压迫和剥削的社会关系让人的社会存在发生扭曲，这样的社会关系否定人的社会存在。当人们看到这些情况时，很容易对人的存在状况作出悲观的描述。自然世界、文化世界和人类世界是外在于人的世界，在这样的世界中看人的存在会发现很多不尽如人意的地方。如果到价值世界中看人的存在，情况就会有很大的改观。价值世界不是外在于人的世界，而是由人的存在映现出来的世界。人在价值世界中处于至高无上的地位，各种事物都肯定人的存在，在人的存在的映现下显现出价值。在价值世界中考察人的存在状况就可以看到人的存在最光辉、最美好的方面。

人在价值世界中面对的是有价值的事物，人与有价值的事物之间不是紧张的对立关系。有价值的事物肯定人的存在，与人的存在和谐地统一在一起。人在自然世界、文化世界和人类世界中与事物结成的关系与此形成鲜明的对比。在自然世界中人与其他自然存在物是对立的关系。在物理世界中，当一个物体已经占据某个空间时，人必须花很大力气把它移走才能占据那个位置。在生物世界中，人与其他生物是相互竞争的关系，尽管人已经在优胜劣汰的生存竞争中取得了优势地位，但是与其他生物的竞争关系并没有完全解除。人作为生物还时刻受到其他生物的威胁，微小的病菌就足以夺去人的健康乃至生命。在人类世界中人与人经常为财富和地位展开争夺，有时候甚至演变成非常激烈的大规模武装冲突。在这些世界中人与其他存在物也有统一的一面，但是对立的一面总是比统一的一面给人留下的印象更深刻。在这些世界中看人与事物的关系，很容易形成主客二分的思维模式。如果按照这个思维模式看待事物，就会把人看做是主体，而把事物看做是客体，以主体征服、占有和利用客体的姿态面对其他事物。在价值世界中看人与事物的关系，就可以打破把人与事物相对立的主客二分思维模式。因为价值世界是由人的存在映现出来的世界，事物的价值统一在人的存在之中，人不必为占有和利用价值而把事物与自己对立起来。

对于人在价值世界中的存在可能有这样的疑虑：难道人与人之间不会发生争夺价值的冲突吗？这个疑虑是出自于对人在价值世界存在方式的误解，以为人是以占有和利用价值的方式存在的。如果人以这样的方式存在，那么人们相互争夺价值是不可避免的，这样的存在状况不会是和谐而美好的。占有和利用事物是人作为生物的典型存在方式。在自然世界中人必须以占有和利用自然物的方式存在，占有的越多存在就越有保障，利用的越多存在就越发优越。人在文化世界和人类世界中也要占有和利用外在事物，此时人的存在没有超出存在物的水平。在价值世界中人不是以占有和利用价值的方式存在，而是以映现价值的方式存在。映现价值就不会出现相互争夺的情况。例如许多人一起欣赏一场音乐会，人们把美的价值映现在音乐上，所有的人都相安无事地形成自己的价值世界。即使面对某个自然物，人们也可以分别把价值映现在这个自然物上，某个人映现了价值丝毫不会影响其他人映现价值。把人在价值世界的存在方式理解为映现价值，就可以消除人在价值世界中相互争夺价值的疑虑。

人在价值世界中具有良好的存在状况，还表现在占据着至高无上的地位。对此也许有这样的疑问：人们会不会为了争夺在价值世界的主导地位而产生冲突呢？如果人们存在于同一个价值世界中，那么为了各自的地位而发生冲突是不可避免的。比如说人们存在于有地位差异的社会里，当有人获得较高的地位时就有人处于较低的位置，谁都希望获得比别人更高的地位而不甘心处于比别人更低的位置，于是为了社会地位必然发生相互冲突。但是在价值世界里不会出现这种情况。人们不是共同存在于同一个价值世界中，而是分别存在于各自的价值世界中。在每个人的周围都有一个与众不同的价值世界，有多少个人就会有多少个价值世界。因为每个人都存在于自己的价值世界中，所以每个人都能在价值世界中占据那个至高无上的地位，不会出现由于争夺主导地位而引发的相互冲突。

从根本上说，价值世界是由人的存在映现出来的世界。人的存在使周围的事物显现出价值，由这些显现出价值的事物构成价值世界。价值世界不是独立于人而存在的外在世界，在没有人存在的地方根本找不到价值世界。价值世界就像人的影子一样存在于人的周围，不会与人的存在形成对立关系。人正是因为存在于由自己的存在映现出来的价值世界中，所以才会拥有至高无上的地位和良好的存在状况。

5. 用一个比喻说明人在价值世界的存在方式和地位。提出与物本主义相对立的新型人本主义。

人以自身的存在映现出周围事物的价值，这是人在世界中非常独特的存在方式。世界上的事物本来没有任何价值可言，因为人的存在而具有了价值。世界上本来也没有被称为"价值世界"的领域，因为人的存在而形成了这个有别于事实世界的领域。对于人在世界中的这种存在方式，我们可以用一盏灯做比喻来说明。

灯，这是我们最熟悉的东西。我们在生活中能够见到各种各样的灯，这些灯在人的生活中发挥着举足轻重的作用。一盏灯，它最重要的特性就是发光。灯正是因为能够发光才称之为灯。灯最基本也是最重要的作用在于驱走黑暗，带来光明。在没有光明的地方，黑暗统治着一切，连物体的形状都不能分辨，更不要说美丽的色彩了。此时如果有一盏灯，哪怕是一盏光线微弱的煤油灯，只要把它点亮，这个地方马上就会出现光明，被黑暗吞没的色彩就会重新显现出来。假如我们存在的世界没有任何灯，不仅没有安装在房间里、道路旁的照明灯，也没有在天空中普照万物的太阳，那么这个世界将是一片黑暗，既不会有斑斓的色彩，也不会有美丽的风光。在这样一个没有光明的世界里，我们不知道一棵草是绿色的还是蓝色的，不知道一朵花是红色的还是黄色的，不知道一件衣服是粉色的还是灰色的，也不知道一幢楼房是白色的还是黑色的，甚至连它们是什么形状也无从知晓。在一个完全黑暗的世界里，所有事物都是没有色泽和光彩的，无法区别哪个更漂亮，哪个更丑陋，也无法分辨哪个更讨人喜欢，哪个更令人讨厌。我们之所以在世界上看到色彩缤纷的景物，看到五颜六色的东西，这是因为有无数盏灯照亮了这个世界。

人在世界中的存在就像一盏灯一样，也能够给世界带来"光明"。人给世界带来的光明不是自然之光，而是价值之"光"。世界本来是事实的世界，其中的存在都是事实的存在，没有任何价值可言。这个没有价值的世界就是没有色彩的黑暗世界，在其中不能分辨出好坏和善恶。比如世界上虽然有树木土石却不会显现出物用的价值，虽然有风花雪月却没有审美的价值，虽然有生物的生存斗争却没有道德或法律的价值，等等。世界上存在的一切不过是作为事实的自然现象。当人存在于世界上的时候这种状况就得到了改变。人的存在本身蕴涵着内在价值，把这些内在价值映现到事物上，在事物上显现出迷人的外在价值，如此一来，一部分事实世界就变成了有价值色彩的世界。人的存在犹如在黑暗的事实世界里点亮了一盏灯，这盏灯给事实世界带来了价值的光明。自从有了价值的光明之后，世界上的事物就有了价值和非价值的区别，形成了好和坏、利和害、真和假、善和恶、美和丑、平等和不平等、正义和非正义的对比。所有这些价值和非价值都是向人的存在显现出来的，没有人的存在就无所谓好、利、真、善、美等价值，也无所谓相反的坏、害、假、恶、丑等反价值。人的存在给世界带来的一个重大变化就是使事物显现出价值，使周围的世界变成充满价值的世界。我们的世界之所以成为美好的世界，就是因为有人这盏灯的存在，在这盏灯的照耀下世间万物显现出了美丽的色彩。

人不是一盏普通的灯，而是一盏价值之灯。一盏普通的灯，其作用是给周围世界带来光明，而一盏价值之灯，其作用是给周围世界带来价值。黑暗之中的物体在一盏普通的灯的照射下显现出色彩；事实世界的事物在人这盏灯的照耀下显现出价值。例如一杯水在没有人存在的时候，它存在于事实世界之中，此时不过是一杯普通的水，不会自动显现出价值。其他生物与水的关系只是自然关系，也无法使水显现出价值。因为这些生物本身的存在也是自然的存在，一种自然存在不能使其他自然存在变成价值。只有当人存在于世界之上，并把这杯水纳入自己的存在范围时，这杯水才借助于人的生命、健康等内在价值而显现出价值。我们说这是人把内在价值映现到这杯水上，它便显现出以生命、健康等内在价值为根据的外在价值。再比如一朵花，在没有人存在的时候，它不过是植物的一个部分，与植物的根或叶一样无所谓美或不美；当人把这朵花作为审美对象，带着内在的美的价值来欣赏这朵花时，这朵花就向人显现出审美的价值。不仅一杯水、一朵花的价值是如此，其他事物的价值也是如此，都是在人这盏灯的照耀下映现出来的。人在价值世界的存在就像一盏灯一样，它放射出价值的光芒，使周围的事物呈现出价值的色彩，使周围的世界变成美好的世界。

在人所映现的价值世界中，人作为一盏灯占据着"光源"的位置。任何光明都是有光源的，事物上显现出来的价值也有其来源。这个来源就是人之为人的存在。人的存在本身蕴涵着内在价值，把这些内在价值映现在外在事物上，事物就显现出外在价值。事物显现的价值不是事物本身固有的，而是以人的存在为根源，由人的存在映现出来的。人不论存在于世界上的什么地方，什么地方就会形成价值世界。这就像一盏灯不论在什么地方点亮，什么地方就会出现光明一样。当人走进一片森林的时候，这片森林就变成一个价值世界；当人来到一块草地的时候，这块草地就成为一个价值世界。人的存在源源不断地"放射"出价值之光，在他的照耀之下周围的世界变成灿烂的价值世界。可是一盏灯照射的范围总是有限的，即使最明亮的灯也不能照亮整个世界。人的存在映现事物价值的范围也是有限的，这个有限的范围就是人周围的价值世界。一盏灯照耀出一块有光亮的区域，在这块区域中离光源越近就越明亮，离光源越远就越昏暗，渐渐过渡到没有任何光亮为止。由人的存在映现的价值世界也是如此，离人最近的事物显现出明显的价值，离人很远的事物只显现出微小的价值，而超出人的存在范围的事物则不显现任何价值。人的存在映现的价值世界有大有小，活动能力越强，价值世界的范围就越大，相反则越小。但是，不论价值世界的范围多么大或多么小，人始终处于价值世界的中心位置，发挥着"光源"的作用。

我们把人的存在比喻为一盏灯，有一点需要明确，这里所说的人的存在不是指人的生物存在、智慧存在或社会存在，而是指人映现价值的存在。人的生物存在是自然世界中的存在，此时人的存在方式是生存活动，所面对的事物是各种自然物，人与这些自然物建立的是自然关系。人的智慧存在是文化世界中的存在，此时人的存在方式是思想活动，所面对的事物是知识、观念、意象等等，人与这些事物建立的是认识关系。人的社会存在是人类世界中的存在，此时人的存在方式是交往活动，所面对的事物是他人，与他人建立的是社会关系。人以这样三种方式存在时，人就是自然世界、文化世界、人类世界中的存在物，人与其他事物建立的关系都是事实关系。这样看待人在世界中的存在，不过是把人看做是一种特殊的存在物，无论如何也不能通过人的存在联想到一盏灯。只有在价值世界中从人是映现价值的存在者的角度，才能理解人是一盏灯的比喻。人在价值世界中的存在方式是映现价值，所面对的事物是有价值的事物，人与事实构成的是价值关系。具体说来，事物本来作为事实而存在，人的存在把本身蕴涵的内在价值映现在事物上，使事物向人显现出价值。只有着眼于人映现价值的存在方式，才可能把人的存在比喻为一盏灯。如果抛开人的存在与事物价值的内在关系，用一盏灯的比喻说明人的存在是比较牵强的，远不如断言"人是一种生物"来得干脆和明确。

用一盏灯的比喻说明人的存在，比较容易解释人的存在与事物价值的关系。事物本来没有价值，在人的存在的照耀下才显现出价值。在事物上看到的价值不是事物本身的价值，而是人的存在蕴涵的内在价值在外在事物上的表现。用灯光和颜色的关系可以进一步说明事物的价值根源于人的存在。一个物体显现什么样的颜色，与用什么样的灯光照射有关。在红色的灯光下，所有东西都显得是红颜色的；在黄色的灯光下，所有东西都显得是黄颜色的。人们通常认为颜色是物体本身具有的，红颜色的物体是红色的，黄颜色的物体是黄色的。这个印象是人们长期在太阳底下看颜色形成的，以为太阳光照射出来的颜色就是物体本身具有的颜色。其实，物体本身并不发光，它只吸收和反射外来的光，反射出来的光就是人所看到的颜色。在没有任何光源的地方，物体是没有什么颜色的。这就是我们在黑暗中看不到物体颜色的原因。抛开特定的光源和光线，根本说不清一个物体究竟是什么颜色。人的存在作为一盏价值之灯，把内在价值"投射"到事物上，由事物"反射"这些价值，于是在事物上看到相应的外在价值。比如把"美"的价值投射到某个事物上，这个事物恰好反射这种价值，它就向人显现出审美的价值。事物本身是不具备任何价值的，它只是通过"反射"人的存在照耀的价值显现出价值。我们在事物上看到的价值其实来自于人的存在，这就如同物体的颜色是反射光源发射的光线一样。在人的存在与有价值的事物之间，人的存在是事物具有价值的根源，而事物只是表现价值的载体。

用一盏灯的比喻说明人在价值世界的存在，还能够较好地解释为什么人的存在映现价值的时候还会出现反价值。反价值是与价值完全对立的，价值肯定人的存在，而反价值否定人的存在。反价值的根源也在于人的存在。如果没有人的存在，既没有价值，也没有反价值。人的存在映现价值时，使反价值在价值的对比下显现出来。把人的存在比喻为一盏灯，可以用光亮和阴影的关系来解释这个现象。在一个黑暗的世界里，当点亮一盏灯时，物体面向灯的一面显现出光亮，而背向灯的一面留下阴影。从这盏灯的角度来看，正面是光亮，反面是阴影。我们可以把光亮看做是价值，把阴影看做是反价值，那么从人的存在的角度来看，正面的是价值，反面的是反价值。阴影是衬托光亮的，反价值是映衬价值的。在人存在的世界里不仅会出现价值，还会出现反价值。因为反价值否定人的存在，所以应该尽量避免和消除。可是要完全避免和消除反价值是不可能的，反价值和价值是同一个矛盾的两个方面，只要有价值就会有反价值。这就像点亮一盏灯，既照耀出物体的光亮，同时也留下物体的阴影。人的存在在映现出价值时，反价值作为价值的阴影也会随之出现。反价值对于人们认识价值有一定的意义。假如世界上没有反价值，那么人们就不知道价值为何物，也就不那么热爱和向往有价值的事物了。

从人是一盏灯的比喻可以更直观地理解人是价值世界的中心。一盏灯照射出一片光亮，处于这片光亮中心的就是这盏灯。而一个人的存在映现出一个价值世界，在这个价值世界中人处在中心的位置，各种显现价值的事物围绕在人的周围。我们在价值世界中可以看到许多有价值的事物，其中有一些事物比起其他事物有更重要的价值，但是不管这些事物有多么重要的价值，它们也没有资格成为价值世界的中心。事物的价值都是在人的存在的映现下对于人显现出来的。因为人的存在是重要的，所以事物的价值才是重要的。即使像金钱这种具有耀眼价值的事物也不会比人的存在更重要。如果没有人的存在，任何的事物都没有价值，当然也就不会显得那么重要了。在价值世界中只有人能够成为中心，正像光亮的中心必定是一盏灯一样。人不需要其他什么条件，只要作为人存在就具有这样的资格。人在任何情况下都处在价值世界的中心，这种地位丝毫不受外在事物的影响。即使一个人在大自然面前显得非常弱小，在社会上没有多少地位，也会在自己的价值世界中处于至高无上的中心位置。从人的存在映现价值的原理可以理解这个道理，人在任何时候、任何地点都是自己的世界也就是价值世界的中心。

人以映现事物价值的方式成为世界的中心，与以占有和利用事物的方式成为世界的中心，这两者是有区别的。在占有和利用事物的时候，人作为目的，而外在事物充当手段。手段和目的有等级上的区别，目的占据更高的地位，手段则为目的服务。人通过占有和利用事物可以在目的上成为世界的中心。例如一个人把周围的事物看做是自己存在的条件，以占有和利用的心态对待这些事物，这个人就在作为目的的意义上成为世界的中心。人以映现价值的方式也可以成为世界的中心。此时人不是在目的上成为中心，而是在使事物具有价值这一点成为中心。人在占据这样的中心地位时，不是作为目的而存在的，当然也不是作为手段而存在的，而是超出二元对立的目的和手段的关系，作为价值的根源而存在的。人把自己看做是世界的中心，这就是所谓的自我中心主义。我们强调人的存在映现了价值世界，肯定人是价值世界的根源和中心，毫无疑问这也是一种自我中心主义。不过，这样的自我中心主义不同于那种目的上的自我中心主义。把自己视为目的的自我中心主义具有功利性，其心态比较狭隘，诸如利己主义就是这种自我中心主义的表现。通过映现价值确立的自我中心主义则是非常慷慨的，没有丝毫占有和利用外在事物的打算。人通过映现事物的价值成为世界的中心，不会要求占有和利用更多的事物，只是希望在外在事物上感受到更丰富、更深刻的价值。

人在占有和利用事物时确实可以获得目的上的中心地位，可是这样的中心地位往往是不稳固的。如果目的能够得到实现，中心地位才能确立；如果目的得不到实现，就会失去中心地位。人的目的并非总是能够实现，人的中心地位常常徒有虚名。人为了实现目的不得不依赖于外在事物，于是人就放弃中心地位而去围绕外物旋转。我们可以举一个吃蛋糕的例子来说明物在中心而人在边缘存在的情况。一块蛋糕放在桌子上，一群人围着桌子准备吃蛋糕。如果从目的和手段的关系来看，当然人是目的，而蛋糕是手段，人在目的上成为蛋糕的中心。可是人的目的不是自我满足的，必须用蛋糕来实现，这样一来有限的蛋糕就成为比人的目的更重要的东西。想吃蛋糕的人们围在桌子的周围，而蛋糕摆放在桌子的中心，此时人们很难意识到自己是蛋糕的中心，而只会认为蛋糕这种有价值的事物才是世界的中心。这种物在中心而人在边缘的情况在现实生活中随处可见，物被放到比人还高贵的地方就是由于想占有和利用外物而导致的。有人用占有和利用的事物来解释人的存在意义，这就是把物看得比人还重要的一种表现形式。人在世界中的真正中心地位是通过映现价值体现的，以这种方式获得中心地位不依赖于特定的外在事物，永远都能保持中心地位。事物不能给人的存在赋予意义，而人的存在能够给事物赋予价值，这是人在价值世界中占据中心地位的最高表现。

人把自己置于价值世界的中心，从映现价值的角度理解自己的存在，就能体会到作为人存在的尊严。在茫茫的宇宙中人就像一粒尘埃一样渺小，可是人能够以自己的存在给其他事物赋予价值。除了人之外没有其他存在物能够做到这一点，即使囊括万物的宇宙也不能使作为事实存在的事物产生价值。一个人也许没有占有多少财富，没有利用多少资源，但是他的存在已经映现出事物的价值，使周围的世界变成为价值世界。如果把人仅仅看做是一种接近动物的存在物，再把这个存在物与无穷广大的世界相比较，那么必然得出人非常渺小的结论。但是，如果转换一下视角，从人的存在映现价值的角度来思考，就能体会到人作为人存在是无与伦比的。在价值世界的范围内看人的存在，可以看到人最伟大、最光辉的形象——像一盏灯一样照亮了周围的世界。人最值得自豪的地方就在于此，事物因为人的存在而具有价值，世界因为人的存在而成为美好的世界。人不应把自己仅仅看做是一个具有高度发达思维能力、结成一定社会关系的高级生物。这样看待自己的存在，不论怎样强调人比其他生物高级，也不能充分体会作为人存在的尊严。人应该在映现价值的含义上，把自己看做是使事物具有价值、使世界变得美好的最高存在者。这样就能发现自己在世界上拥有的中心位置，真正体会到作为人存在的荣耀。

从人的存在出发看周围的世界，根据人的存在解释事物的价值，这里体现了一种新型人本主义精神。新人本主义与近代形成的旧人本主义一样，也是坚持以人为本的原则，也把人作为思考问题的起点、尺度和归宿。但是这种人本主义与旧人本主义也有很大的差异。旧人本主义把人看做是凭借理性满足欲望的动物，从利用价值的角度确定人在世界中的地位，把存在的意义归结为获得感官上的享乐。新人本主义则把人看做是映现价值的存在者，从映现价值的角度肯定人在世界中的地位，根据人所映现的价值解释人的存在意义。旧人本主义是作为神本主义的对立面出现的，对于肯定人的地位曾经发挥过非常积极的作用。可是，这种人本主义把人看做是追求欲望满足的动物，把获得感官快乐当做是存在的目标，越来越强调外在的物质条件对人的存在的重要性。对外物的过度依赖最终产生出人本主义的另一个对立面——物本主义。物本主义重视物而轻视人，把物放在比人更重要的位置上，使人堕落成为外物的附庸。在现代文化中真正的人本主义精神渐渐消失，代之而起的是以物衡量人的价值的物本主义。新人本主义不是针对传统文化中的神本主义，而是针对现代文化中的物本主义提出的。它将重新唤起以人为本的精神，反对把人降低为工具和手段，努力把人从物的统治下解放出来，确立人在世界中的至高无上的地位。

6. 根据人的存在蕴涵的内在价值描绘价值的谱系。 借助内在价值的绝对性回应价值相对主义。

对人的存在问题的新人本主义解答以科学的解答为基础，是对科学解答的进一步推进和提升。对人的科学解答把人看做是现实存在的人，指出人在自然世界中是自然存在物，在文化世界中是智慧存在物，在人类世界中是社会存在物。科学的解答以事实为根据，以理性为原则，具有毋庸置疑的合理性。不论站在什么立场上解答人的存在问题，要想获得充分的合理性，就必须承认科学关于人的存在的这些基本看法。新人本主义的解答并不排斥科学的解答，它也把人看做是现实存在的人，承认人的生物存在、智慧存在和社会存在。新人本主义的解答有别于科学解答的地方在于，它把人的存在作为思考问题的出发点，从人的角度去看人以外的世界。科学的解答只看到人在事实世界的存在，而新人本主义的解答经过转换视角之后发现了人在价值世界的存在，并且看到人以映现价值的方式存在着，在价值世界中处于中心的位置。新人本主义的解答克服了科学解答不能给人的存在赋予更高地位的局限，合理地说明了人高于其他一切存在物的独特地位。

把人的存在看做是生物存在、智慧存在和社会存在，与把人的存在看做是映现价值的存在并不矛盾。人的存在是多方面的，在自然世界中表现为生物存在，在文化世界中表现为智慧存在，在人类世界中表现为社会存在，而在价值世界中则表现为映现价值的存在。人是同一个人，从不同侧面可以看到人的不同存在形式。人既是自然存在物、智慧存在物和社会存在物，同时也是映现价值的存在者。如果去掉人的某种存在形式，那么人的存在就是片面的，不再成其为严格意义上的人。假如去掉人的生物存在，人就不再是现实的人；去掉人的智慧存在或社会存在，人就不再是完整的人；而去掉人的映现价值的存在，人就降低为某种存在物，不再是真正的人。要全面地把握人的存在，必须在不同的世界中揭示人的各种存在形式，不能以其中的一种存在形式代替其他存在形式。新人本主义的解说注重人映现价值的存在，但是这并不意味着忽视或否认人的其他存在形式。恰恰相反，关于人如何映现价值的说明必须以人的其他存在形式为前提，否则人的存在映现价值就成为一件非常神秘的事情。

　　人的存在映现价值以人的生物存在、智慧存在和社会存在为基础。如果没有人的生物存在、智慧存在或社会存在，那么就不会有人的现实存在，也就谈不上人的存在映现事物的价值了。人所映现的价值蕴涵在人的存在之中，而人的存在必然表现为生物存在、智慧存在和社会存在，所以价值与人的这三种存在形式有内在的联系。我们在事物上看到的各种外在价值毫无例外都可以在这些存在形式中找到相应的根据。例如在粮食、衣服、房屋上显现的价值以人的生物存在为根据，在科学知识、人文观念、艺术作品上显现的价值以人的智慧存在为根据，在自由的身份、平等的地位、正义的制度上显现的价值以人的社会存在为根据。每一个外在事物的价值都与人的这三种存在形式相对应，不是对应于人的生物存在，就是对应于人的智慧存在或社会存在，除此之外并没有其他对人显现的价值。在"人"的存在的总名目下，生物存在、智慧存在和社会存在成为映现事物价值的具体根源。由于人的生物存在，就有了维护人的生存需要的价值；由于人的智慧存在，就有了表现真、善、美的价值；由于人的社会存在，就有了肯定人的社会存在的价值。人映现价值的存在形式以科学解说所揭示的生物存在、智慧存在和社会存在为基础，并且只能借助这些存在形式现实地表现出来。

　　我们在前面说明人的存在如何映现价值时，已经区分了人的存在本身蕴涵的内在价值和在事物上显现的外在价值。人的存在映现事物价值的前提是自己的存在本身蕴涵价值，只有这样才能给本来作为事实的外在事物赋予价值。人的存在本身具有这样一些内在价值，它们不依赖于外在事物，单凭自身就成为值得维护的价值。例如人的生物存在蕴涵一个重要的内在价值——生命。生命之所以是内在价值而不是外在价值，因为它不在于人之外的事物上，而在于人自身的生物存在之中。虽然维护生命需要各种外在事物，但是即使没有这些外在事物，生命本身也是重要的价值。外在事物无论如何也不能替代生命的价值。维护生命的各种事物之所以显现出价值，其根据就在于人的生命本身具有价值，由生命的价值映现出了这些事物的价值。例如维持生命必需的食物、水、空气具有价值，这些价值就是从生命的价值中派生出来的。我们在前面只是笼统地说明了人的存在蕴涵着内在价值并且把内在价值映现在外在事物上，而没有详细地讨论人的存在究竟蕴涵哪些内在价值。现在我们就来考察内在价值的种类和数量，看一看这些内在价值与人的生物存在、智慧存在和社会存在有什么样的关系。进一步探讨这些问题可以把人的存在映现价值的原理揭示得更清楚，同时也可以更好地梳理价值世界中的各种价值。

　　人的生物存在、智慧存在和社会存在都蕴涵着相应的内在价值。根据人的这三种存在形式可以把内在价值划分为三个种类。生物存在蕴涵的内在价值是生命、健康和快乐。生命是生物存在的肯定状态，健康是生物存在的正常状态，而快乐是生物存在的积极状态。生命、健康和快乐是人的生物存在的应有状态，它们作为价值内在于人的生物存在。智慧存在蕴涵的内在价值是真、善、美。人作为一个智慧存在物，要正确地认知事实以达到真，高远地阐释意义以达到善，生动地领略气韵以达到美。真、善、美是人的心灵所追求的境界，它们作为价值内在于人的智慧存在。社会存在蕴涵的内在价值是尊严、权利和友爱。人作为一个社会存在物，要与他人建立各种社会关系。在地位关系中包含人的尊严，在利益关系中包含人的权利，在人情关系中包含人的友爱。尊严、权利和友爱以人的社会存在为根据，也属于蕴涵于人的存在的内在价值。我们从人的存在出发考察价值可以发现这样一些内在价值，它们分别是生物存在蕴涵的生命、健康和快乐，智慧存在蕴涵的真、善、美，以及社会存在蕴涵的尊严、权利和友爱。

内在价值蕴涵于人的存在之中，但是必须通过外在事物表现出来。内在价值作为价值的原型或根据存在，与表现在事物上的外在价值有很大的区别。内在价值是一般的价值，外在价值是具体的价值。内在价值只有映现到外在事物上才是具体、生动的现实价值。例如"善"的价值，在人的智慧存在中只是一般的善，显现在具体的观念和行动上才是现实的善。我们在追求价值时不能直接去追求内在价值，因为这种价值没有具体的形态，无从把握。只有通过具体事物才能现实地把握具体的价值。比如说把握"美"的价值，必须借助于显现美的外在事物，诸如诗歌、绘画、音乐、舞蹈等等，通过欣赏这些事物显现的美才能把握到美的价值。人的存在把内在价值映现到不同的事物上，在不同的事物上显现出多种多样的外在价值。同样一种内在价值可以映现到不同的事物上，由此形成不同的外在价值。在同一个事物上也可以显现不同的内在价值，这要看人的存在把什么样的内在价值映现到事物上。例如一个苹果既可以显现为以健康为根据的食用价值，也可以显现为以美为根据的审美价值。内在价值就像三原色一样，按不同比例混合在一起就表现出丰富多彩的外在价值。通常情况下，人的存在总是把多种内在价值映现到事物上，所以在事物上显现的价值往往是复杂的综合价值。

外在价值是由内在价值映现出来的，但是外在价值并不是内在价值的简单再现。在外在价值中还包含具体事物的具体特性，这些特性成为表现内在价值的具体材料。例如水具有价值，其价值来自于人的生物存在蕴涵的生命、健康等内在价值，而具体的表现则是水以自身属性满足生物机体的生存需要。每个外在价值都有自己的特点，不能完全分解为单纯的内在价值。同样的内在价值映现到不同的事物上，所显现的外在价值是有差异的。例如每个人的智慧存在都蕴涵美的内在价值，可是显现在具体事物上的美是不一样的。有些人把美的价值映现在一束鲜花上，使这束鲜花显现出美的价值；有些人把美的价值映现在一处田园风光上，使这处田园风光显现出美的价值；还有些人把美的价值映现在一座雄伟的建筑上，使这座建筑显现出美的价值。美的内在价值是完全相同的，可是映现在不同事物上就显现为不同形态的美的价值。每个事物都有自己的特性，所以显现出来的价值就有与众不同的特征。正是由于外在价值结合了事物的具体特性，所以价值世界才是一个丰富多彩的世界。

存在与价值

　　在价值世界中有多种多样的外在价值，这些价值都是在特定事物上显现出来的，这些事物与人的存在都有密切的联系。如果仔细地考察这些事物的价值，就可以发现这些价值都以人的某种存在形式为根据。而反过来看，人的每一种存在形式也都对应着许多事物的价值。在自然世界中人作为一个生物而存在，具有生理上和心理上的需要。自然世界的一些事物以营养物的形式直接满足人的生理需要，另一些事物通过愉悦人的感官满足人的心理需要，还有一些事物作为工具或条件间接地满足人的生理需要和心理需要。这些事物显现出肯定人的生物存在的价值。在文化世界中人作为一个有智慧的思想者而存在，自觉地思考自己的存在以及周围世界的存在。文化世界中的科学知识让人对事实有正确的认知，高尚的观念让人对行动的意义有深刻的理解，生动的意象让人对事物的形式有美好的领略。这些事物显现出肯定人的智慧存在的价值。在人类世界中人的存在形式是社会存在，人通过与他人的交往建立和维护各种社会关系。人在社会关系中要维护尊严、权利和友爱。凡是有助于维护人的尊严、权利和友爱的事物都显现出肯定人的社会存在的价值。当我们在某种事物上发现价值时，只要追根溯源总能找到蕴涵于人的存在的内在价值。

　　对于如此众多的价值需要作出分类，而分类最重要的是找到合适的分类标准。因为人的存在是一切价值的根源[1]，所以根据人的存在形式划分价值是比较恰当的。人的基本存在形式有三种，相应地，事物的价值就有三类。第一类是与人的生物存在相关的价值。生物存在的存在方式是生存活动，因而可以把这类价值称做生存价值，生存价值的内在价值是生命、健康和快乐，外在价值是各种维护人的生命、健康和快乐的事物的价值。第二类是与人的智慧存在相关的价值。智慧存在的存在方式是思想活动，因而可以把这类价值称做思想价值。思想价值的内在价值是真、善、美，外在价值是使人的心灵达到真、善、美的各种知识、观念和意象的价值。第三类是与人的社会存在相关的价值。社会存在的存在方式是交往活动，因而可以把这类价值

[1] 舍勒在构建质料的价值伦理学时把人格价值看做是一切价值的根源。他说："一切价值，也包括一切可能的实事价值，此外还有一切非人格的共同体和组织的价值，都隶属于人格价值。"（舍勒：《伦理学中的形式主义与质料的价值伦理学》上册，倪梁康译，三联书店2004年，第二版"前言"，第8页）

称做交往价值。交往价值的内在价值是尊严、权利和友爱，外在价值是维护人的尊严、权利和友爱的各种社会事物的价值。在这个价值分类表中，可以确定每一类价值的内在价值，通过内在价值可以涵盖各种外在价值。我们在具体事物上可以看到千姿百态、多种多样的外在价值。如果以人的存在为依据划分价值，那么这些价值都可以归为生存价值、思想价值和交往价值这三类。

这三类价值分别对应人的三种存在形式，生存价值对应的是生物存在，思想价值对应的是智慧存在，交往价值对应的是社会存在。因为人的三种存在形式具有相对的独立性，所以三类价值也彼此不能替代。这三类价值都有各自的特性和地位，不能把其中的某类价值归结为其他种类的价值。例如不能把生存价值归结为思想价值或交往价值，也不能把思想价值或交往价值归结为生存价值。人们平常面对事物的价值时，最容易感受的是事物的生存价值，因而有一种习惯是把所有价值都归结为生存价值，即使遇到真、善、美的价值也考虑它们是否有利于满足人的生存需要。其实，生存价值只是三类价值中的一类价值，它不能涵盖其他两类价值。如果把所有价值都归结为生存价值，就无法给思想价值和交往价值安排合适的位置。这三类价值都是非常重要的价值，缺少其中任何一类价值，人的价值世界都是不完整的。从总体上说，生存价值是基础性价值，特别是生命的价值是一切价值的前提。如果没有生命的价值，其他价值都没有意义。生存价值在价值谱系中的这种地位，与生物存在的基础地位相一致。由于人的智慧存在高于生物存在，所以思想价值在层次上高于生存价值。至于交往价值则是另一系列，无法与生存价值和思想价值做比较。生存价值和思想价值是人作为个体存在映现的价值，而交往价值是人作为群体存在映现的价值。

如果进一步考察每一类价值的三个内在价值，就可以看到这些价值不是简单并列的关系，而是依次叠加的关系。其中第一个价值是基础，第二个价值是提高，第三个价值是升华。具体地说，在生存价值中，生命是基础，健康是提高，快乐是升华；在思想价值中，真是基础，善是提高，美是升华；在交往价值中，尊严是基础，权利是提高，友爱是升华。在每一类价值的三个价值中，第一个价值是其他两个价值的基础，而最后一个价值犹如金字塔的顶端，最能吸引人的目光。快乐、美、友爱，这些都是最令人向往的价值。然而这些耀眼的价值必须以前面的两个价值为前提，若没有前面两个价值的铺垫和支撑，它们就像空中的楼阁一样华而不实。如果没有生命和健康，快乐到哪里去寻找呢；如果没有真和善，美就成了虚无缥缈的东西；如果缺少尊严和权利，友爱就失去了坚实的基础。每一类价值的三个内在价值不能相互归并，各自都有不可取代的独特地位。以生存价值为例，生命、健康、快乐的价值处于不同的层次。虽然快乐有利于健康，但是不能把快乐归结为健康；虽然健康有利于生命，也不能把健康归结为生命。人的存在蕴涵的这三类九种内在价值，已经基本涵盖了人的生活中的价值的根据。这些内在价值完全是由人的存在本身所规定的。

根据内在价值划分价值的种类比按照事物划分价值的种类更合理。显现价值的事物是多种多样的，甚至可以说是无限多样的。对这些事物进行分类是一件很困难的事情，只要找出一个角度就可以作出一种分类。而且事物还处在不断的发展过程中，事物的种类会不断地增多。如果按照事物的种类划分价值，永远也不能穷尽价值的种类。这样划分价值的种类不能避免重复，而且总是会遗漏某些价值，很难对价值作出项目齐备而条理清楚的分类。在事物上显现的价值往往不是单一的价值，而是许多价值的综合，按照事物的种类很难区分这些价值。比如说在金钱上显现的价值既有生存价值也有交往价值，把它作为一种价值类型不能明确地揭示它与人的生物存在和社会存在分别具有的关系。根据人的存在形式从内在价值划分价值种类就简单多了，这样可以给多样的价值描绘出清晰的谱系，能够从根本上避免按事物划分价值种类出现的混乱状况。从外在事物出发看价值，看到的是多种价值混杂在一起的状况，而从人的存在出发看价值，看到的是各种价值之间井然有序的秩序。根据内在价值划分价值的种类，全部价值都可以归结为三大类，即生存价值、思想价值和交往价值。这样划分价值既全面又灵活，可以在一个事物上划分出多种价值。例如吃饭的价值，"吃什么"与人的生物存在相关，显现的是生存价值；"怎么吃"具有文化的因素，与人的智慧存在相关，显现的是思想价值；"跟谁一起吃"与人的社会存在相关，显现的是交往价值。仅在吃饭这样一件事情上就能划分出三类价值。按照内在价值的类型划分事物的价值既严密又简单，这也表现了从人的存在出发说明价值的优越之处。

从人的存在出发说明价值还有一个更突出的优点，可以借此摆脱价值相对主义的困扰。价值相对主义夸大价值的相对性，只承认在某种情况下对某个人的相对价值，而否认在任何情况下对任何人的绝对价值。如果只着眼于在事物上显现的外在价值，那么不得不承认价值相对主义的说法是有道理的。事物的价值具有明显的相对性，表现出因人而异、因时而变的特点。某个事物对这个人有重要的价值，对另一个人却没有什么价值；在这个时期有很大的价值，到另一个时期却失去了价值。要把价值固定在事物上是非常困难的，因为事物的价值会随着人的存在的变化而变化，缺乏足够的稳定性。同样的事物未必对所有的人都有价值，而此时有价值的事物未必永远具有价值。价值相对主义看到了外在价值的相对性，以此为依据否认有普遍、永恒的绝对价值。价值相对主义的极端表现是价值虚无主义。价值虚无主义不仅否认普遍、永恒的价值，甚至否认个别、暂时的价值，把一切价值都看做是虚幻的东西。价值相对主义和价值虚无主义对社会文化有很大的危害，它们消解诸如道德、信仰等美好的价值，使人找不到稳定、可靠的高远目标。现代文化就深受价值相对主义和价值虚无主义的困扰，造成了"精神家园"荒芜的现象。

如果仅仅从事物的角度理解价值，把事物的价值与事物自身相混同，那么就无法回应价值相对主义的质疑。价值相对主义正是利用人们把价值和事物相等同的弱点，根据事物的价值因人而异、因时而变的特性，否定价值的绝对性。我们从人的存在出发理解价值，把价值区分为内在价值和外在价值，这样就可以回应价值相对主义提出的价值相对性问题，同时也能够为价值的绝对性找到内在的依据。从外在价值可以说明价值的相对性。事物的价值不是事物本身固有的东西，而是由人的存在映现出来的价值。同一个事物对这个人显现出这样的价值，对那个人显现出那样的价值，出现这种情况并不奇怪。因为不同的人把不同的内在价值映现到事物上，所以就出现了事物的价值因人而异的情况。同一个事物在这个时候对人显现出价值，而在另一个时候对人不再显现价值，这也是非常正常的。因为一个人在不同时期把不同的内在价值映现到事物上，所以就出现了事物对人显现的价值因时而变的情况。我们在事物上看到价值因人而异、因时而变的特性，这只能说明外在价值是相对的，而不能说明内在价值也是相对的。

在人的存在蕴涵的内在价值上可以看到价值的绝对性。内在价值具有最大的普遍性，所有人的存在都蕴涵完全相同的价值。不管一个人是谁，也不管他的存在状况怎样，其生物存在都蕴涵生命、健康和快乐的价值，其智慧存在都蕴涵真、善、美的价值，其社会存在都蕴涵尊严、权利和友爱的价值。人与人在社会地位、贫富程度、教育状况上有很多差异，但是这些差异并不能改变人的存在蕴涵内在价值的一致性。富有的人并不比贫穷的人蕴涵更丰富的价值，高贵的人也不比低贱的人蕴涵更高级的价值。而且人的存在蕴涵的内在价值非常稳定，不论在什么情况下都不会发生变化。我们只要把考察价值的目光穿过外在价值而达到内在价值，就可以看到以人的存在为根源的价值具有普遍性和永恒性，也就是说具有绝对性。

有人在比较不同民族、不同时代的价值生活时，看到不同民族维护着不同的价值，不同时代追求着不同的目标，据此把各民族和各时代的价值都看做是相对的，怀疑有适合整个人类的普遍价值。这种看法也是着眼于外在价值得出的。如果不是停留在外在价值上，而是深入到内在价值中，就会在价值的多样性中发现统一性，在价值的变易性中发现稳定性。不论哪个民族、哪个时代的人，其存在都蕴涵着相同的内在价值。人的存在蕴涵的内在价值不受肤色、语言、文化的影响，也不会随着时间的流逝而变化。不同民族和不同时代的人之所以有不同的价值生活，那是因为面对的事物有所差异，把相同的内在价值映现到不同的事物上，显现出具有民族特色和时代特征的外在价值。尽管显现在事物上的外在价值是不完全一样的，但是蕴涵于人的存在的内在价值是一样的。因为人们的存在蕴涵着相同的内在价值，所以在价值生活上有内在的相通之处。东方人的价值生活并非完全不同于西方人的价值生活，现代人的价值生活也不是彻底脱离古代人的价值生活。人们在不同价值生活中追求的外在价值，最终可以统一到相同的内在价值上。不论对哪个民族和哪个时代来说，生命、健康和快乐都是人的生物存在维护的价值，真、善、美都是人的智慧存在追求的价值，尊严、权利和友爱都是人的社会存在向往的价值。在外在价值上可以看到某个民族、某个时代侧重的具体价值，而在内在价值上则能看到这些民族、这些时代共同维护的普遍价值。从内在价值的角度来看，人类具有普世的、永恒的价值。正是凭借这样的价值，民族文化之间才能相互沟通和交流，人类文化才能结成一个统一的体系。

　　价值相对主义只看到了显现在事物上的外在价值，而没有发现蕴涵在人的存在中的内在价值，根据外在价值的相对性就得出了一切价值都是相对的结论。把这个结论放在外在价值上还算是正确的，但是用来概括全部的价值就犯了以偏概全的错误。外在价值并不是最根本的价值，它只是内在价值的外在表现。即使外在价值也不完全是相对的，有许多事物向不同的人显现出相同的价值。比如说食物、真理、正义的价值对任何人都是同样重要的。在纷繁多样、变化纷纭的外在价值背后还有作为根据的内在价值，内在价值具有绝对性和稳定性，它保证了不同外在价值之间的一致性和统一性。当然，内在价值的绝对性并不能使人们避免在价值评价和价值选择上遇到差异和冲突，这是因为价值评价和价值选择涉及人对价值的认识，而对价值的认识会受多种因素的影响，其中包括文化因素的影响，这些因素导致不同的人对价值有不同的理解和认识，造成人与人之间为了各自认为重要的价值而产生分歧和争执。我们在外在价值上必须承认价值的相对性，而在内在价值上应该肯定价值的绝对性。只有把这两个方面结合起来才能说明复杂的价值现象。关于价值的绝对性或相对性的问题，比较合理的说法是，作为根据的内在价值具有绝对性，作为表现的外在价值具有相对性，而现实的价值是绝对性和相对性的统一。

　　至此，我们已经从人与价值的关系对人的存在问题做了总体的解答。在解答的过程中对人是什么、人如何存在于价值世界、如何映现事物的价值，以及人的存在蕴涵哪些内在价值等问题都做了简要的说明。但是至此所作的说明还只是概述性的，许多问题还没有来得及做详细的讨论。在接下来的内容中将分别从生物存在与生存价值、智慧存在与思想价值、社会存在与交往价值的具体联系中更细致地阐明人与价值的关系，并且对一些重要的价值做重点的考察和分析。在完成这些基础性工作之后，将在最后一部分从人的存在映现价值的角度集中探讨人的存在意义问题。

第一章　人存在于价值世界之中

第二章　生物存在与生存价值

1.人的生物存在表现为身体的生存活动。身体应有 三种状态：生命状态、健康状态和快乐状态。

　　人的存在首先是自然的存在，即作为自然世界的生物而存在。在此基础上才有人的其他存在形式。人的智慧存在依赖人的生物存在，只有在生物存在得以确立的前提下，人才会成为智慧的存在物。人的社会存在也以人的生物存在为先决条件，而且自始至终都受人的生物存在的制约。如果把人的存在比喻成一座三层结构的宝塔，那么最下面一层是生物存在，最上面一层是智慧存在，而中间一层是社会存在。第二层和第三层必须建立在第一层的基础之上，而不能像空中楼阁那样悬浮于没有基础的半空中。显而易见，没有人的生物存在就不会有人的现实存在，当然也就不会有人的智慧存在和社会存在，更谈不上人是映现价值的存在者了。

　　关于人是一种生物的事实，自然科学已经做了很多说明。从人类的起源来说，它是自然界长期发展进化的产物。在地球数十亿年的变化过程中最先出现的是低级生物，低级生物逐步进化为高级生物，高级生物的一个种——类人猿——最终进化为人类[1]。到目前为止人类是地球上最高级的生物。人

------

[1]　达尔文的生物进化论科学地说明了人类的起源，但是同时也把人降低为生物。由此带来的一个后果是，再也无法借助于神创说来给人的存在赋予意义了。

类的高级之处表现在具有高度发达的思维能力。很多动物都有感知外界环境的神经系统，动物越高级其神经系统也越复杂，对外界环境的感知能力和应变能力就越周全。人类的神经系统具有复杂的结构和强大的机能，特别是拥有一个具备高度发达思维能力的神经中枢——人的大脑。正是凭借着独有的思维能力，人类成为自然万物中最有智慧的存在物。但是，人类不论多么高级，多么有智慧，作为一种自然存在物，一刻也离不开自然世界。从人的身体构成来说，人就是自然世界的一部分。人的身体由各种具有不同功能的器官构成，器官由各种生物组织构成，生物组织由各种细胞构成，细胞由各种生物大分子构成，而生物大分子由各种物质元素构成。构成人体的物质元素与构成其他生物的物质元素没有什么本质的区别，只不过在构成形式上更加复杂而已。现代科学已经比较充分地证明了人是一种高级生物，在起源和构成上没有任何神秘之处。

在自然世界的范围内，人的存在是生物存在。人的生物存在从静态来看就是人的身体。人的身体是一种生物体，像其他生物体一样，也要以吃喝、消化、排泄等方式新陈代谢，与周围环境进行物质和能量的交换。人的身高、体重、相貌、血型等生理方面的特征代表的是人的生物存在，生理学和医学在研究人的存在时侧重的就是这种存在形式。人的身体既包括生理的方面，也包括心理的方面，诸如喜怒哀乐等都表现人的生物存在。心理并不是人所独有的特征，其他高等动物也具有心理，因此说人的心理属于人的生物存在。至于比心理更复杂的思维则属于人的智慧存在，这是其他任何生物都不具备的特征。人的生物存在从动态来看就是人的生存活动。人的生存活动包括各种生理活动和心理活动，以及与生理和心理活动密切相关的其他活动。例如吃饭、喝水、呼吸、睡眠、生育、生产等都是人的生存活动。人的生存活动以满足身体的需要为目标，或者直接满足人的生理和心理的需要，或者为满足这些需要创造物质条件。人的生存活动有些是不自觉的活动，例如呼吸就是这样的生存活动；有些是自觉的活动，例如物质生产活动有明确的目的和计划，属于自觉的生存活动。在这些活动中最能代表人的生存活动的是物质生产活动，借助于这样的活动人的生存活动与其他生物的生存活动有了重大的区别。

衡量人的生物存在的状况要以身体的状态为根据。人的身体有三个层次的状态，其中每个层次都有一种良好的状态：第一层次的良好状态是生命状态，即身体保持生物特性的状态；第二层次的良好状态是健康状态，即身体保持正常机能的状态；第三层次的良好状态是快乐状态，即身体在心理上表现出来的愉悦状态。当人的身体同时处于生命、健康和快乐的状态时，他的生物存在就具有非常良好的存在状况，相反则是有待提高的状况。身体的良好状态不仅表现人的生物存在应有的状况，而且还折射出人的生物存在所蕴涵的内在价值。下面就对它们分别做一些简要的说明。

首先看一看生命状态。简单地说，这种状态就是作为生物活着的状态。生物和非生物的根本区别就在于这个状态，拥有生命的存在物就是生物，没有生命的存在物就是非生物。当人保持生命状态的时候是一个生物，具有生物所特有的活性特征，比如自我生长、自我运动等等。人这种特殊的生物还具有按照自己的意愿自主感知、自主行动的能力。我们每天都在呼吸、吃喝、感知、行动等等，这就是保持生命状态的现实表现。生命是人的生物存在本身固有的，它不是外在于人的东西。但是人作为一种生物不可能永远保持生命状态，到了一定时候会失去这种状态，那时人再也不能作为生物存在了，当然也就不能作为人存在了。生命是人的生物存在的肯定状态。只要保持这种状态人就作为现实的人而存在，而失去这种状态时就再也不能作为活生生的人存在了。在这个意义上可以说，生命状态是人的存在的标志。人们通常总是根据生命状态确定一个人是否存在，当人保持生命状态时就说这个人是存在的，而丧失生命状态时就说这个人已经不存在了。人的生命只有一次，其他东西失去了还有可能找回来，而生命失去之后就再也找不回来了。对于人的存在来说生命是无比重要的东西，没有什么东西能够比生命还要重要。

与生命状态相反的是死亡状态。生命状态意味着人的现实存在，而死亡状态意味着人的存在的消失。生命状态是人的存在的"有"，死亡状态则是人的存在的"无"。这就像数学中的正数和负数一样，二者的性质是完全相反的。如果说生命状态是人的生物存在的肯定状态，那么死亡状态就是人的生物存在的否定状态。我们可以用白天和黑夜比喻生命和死亡这两种状态。当人保持生命状态的时候，如同处在白天一样，在阳光普照下可以看到大千世界的美妙景象；而当人处于死亡状态的时候，如同处在黑夜一样，看不到一丝亮光，被无边无际的沉寂和虚无所笼罩。在生命状态下人拥有自己的一切，但在死亡状态下人丧失自己的全部，包括智慧、财富、权力、荣誉等等。毫无疑问，在生命状态和死亡状态之间，生命状态才是人应该保持的存在状态。可是一切有生命的存在物最终都会死亡，人作为一种生物也不能改变这个可悲的结局。人的生命之所以是无比珍贵的，就是因为有死亡的对比和威胁。假如人可以长生不死，永久地存在下去，那么谁也不把生命当一回事了。人在存在过程中一直受到死亡的威胁，因此必须想方设法保持生命状态，这样才能维持自己的现实存在。

其次说一说健康状态。人的生物存在保持生命状态还不够，在此基础上还应该保持健康状态。健康状态就是生物机体具备正常机能的状态。例如，身体的各个部分没有疾病，各个器官都能发挥正常功能，这样的状态就是健康状态。人的生物存在只有在保持健康时才能表现出应有的活力，而失去健康之后就会丧失这样的活力。比如人在患病的时候，不能支配身体，感觉痛苦不堪，在这种状况下正常生活就会受到影响。健康状态本来是人的生物存在的正常状态。一般说来，人在刚刚出生时就处于健康状态，而且在一生的大部分时间里应该能保持这样的状态。可是由于疾病和衰老等原因，人也有可能失去健康。失去健康则是人的生物存在的非正常状态。对于人的生物存在来说，保持身体健康也是非常重要的。如果人只有生命而没有健康，那么生命就失去了许多光彩。只有健康的生命才是最美好的，这样的生命才代表人的存在的应有状态。人在正常情况下都能拥有健康，健康似乎不是难以获得的东西，所以拥有健康时往往不太重视健康的重要性，而一旦失去健康才意识到健康其实比财富、地位、名誉更重要。

与健康状态相反的是疾病状态。当一个人罹患疾病的时候，身体的机能受到影响，不能像正常人一样自如地活动，严重的时候还会危及生命。人的身体毕竟是一个生物体，会因为各种原因而导致疾病。自然世界中存在一些对人体有害的病菌，人体感染上这些病菌就会罹患疾病。例如感冒病毒是一种有害病菌，人感染上它就会出现头痛、咳嗽、乏力等不适症状。人的身体也会自然衰老，某些器官可能出现功能衰竭，某些部位可能发生病变，等等。这些原因都会使人的身体丧失健康状态，而处于疾病状态。健康状态是人的生物存在的正常状态，疾病状态则是异常状态。疾病有生理上的疾病和心理上的疾病，不论哪种疾病都会给人的存在造成困难和障碍。在疾病状态中人的身体不能发挥正常的机能，缺乏应有的生命活力，不仅影响正常的生活，还会引起痛苦的体验。身患疾病的人最渴望的是健康，希望尽快地使身体恢复到正常的状态。在健康和疾病的对比中可以清楚地看到健康的重要性。只有保持健康，人的存在才会有良好的存在状况。

最后再看一看快乐状态。对于人的存在来说，快乐也很重要。快乐是人的生理和心理的愉悦状态。快乐与人的复杂的神经系统相关，是人在存在过程中体验到的快感。人的快乐通常都与外部感官相关联，经过外部感官形成心理上的快感。快乐既不是单纯的生理反应，也不是单纯的心理体验，它是生理和心理活动的综合产物。快乐不是人所独有的存在状态，其他神经系统比较完备的动物也能体验快乐。例如动物在获得食物的时候表现出兴奋的状态，在做游戏的时候表现出愉快的样子。虽然人的快乐与人的思维活动有一定的联系，但是在总体上仍然属于人的生物存在的状态，与其他高等动物的快乐有相似的表现形式。人在吃可口美食的时候也会有兴奋的表现，在做游戏的时候也会体验到快感。快乐是人的生物存在的积极状态，总是以身体的某种积极变化表现出来，诸如愉快的笑容、兴奋的声音、手舞足蹈的动作等等。即使是内心的快乐，也会引起生理上的变化，通过身体的相应形态表现出来。快乐是一种美好的体验，表现人的生物存在的积极状态。快乐与人的心理活动保持着紧密的联系，更容易被人的认识所把握。人们对快乐的感受远远多于对生命和健康的感受，由于这个缘故快乐成为最受人们关注的存在状态。

与快乐状态相反的是痛苦状态。人的生理和心理并非总是处于快乐状态，有时也会陷入痛苦状态。例如人在饥饿、劳累、忧愁、生病的时候会有痛苦的感觉。痛苦的感觉非常不舒服，令人难以忍受。谁也不会喜欢痛苦。然而，痛苦又是不能完全避免的，谁都会品尝一些痛苦的滋味。人的痛苦有生理上的痛苦和心理上的痛苦，生理上的痛苦常常是由于身体的疾病和伤害引起的，心理上的痛苦往往是由于内心的烦恼和失望导致的。当人患病的时候会体验到生理上的痛苦，当欲望得不到满足时会体验到心理上的痛苦。快乐是人的生物存在的积极状态，而痛苦是人的生物存在的消极状态。人在快乐的状态下能够积极地感受生活的美好，而在痛苦的状态下会对一切持悲观的态度。在痛苦状态与快乐状态之间，当然快乐状态才是人的存在应有的状态。人的存在应该是快乐的，而不应该是痛苦的，避免痛苦而追求快乐属于人的正常要求。但是快乐也是有限度的，不应该毫无节制地追求最大的快乐。如果生理和心理上的快感超过人体所能承受的极限，就不可避免地对人的身体产生负面的影响。在追求快乐时，应该把快乐保持在与人的实际需要相一致的水平上，这样的快乐才真正代表人的存在的积极状态。

　　人的生物存在处于这样三种状态中，即生命或死亡、健康或疾病、快乐或痛苦。生命和死亡相互对立，生命是人的生物存在的肯定状态，死亡是人的生物存在的否定状态。健康和疾病相互斗争，健康是人的生物存在的正常状态，疾病是人的生物存在的异常状态。快乐和痛苦相互矛盾，快乐是人的生物存在的积极状态，痛苦是人的生物存在的消极状态。这些存在状态分别处于三个层次上：生命和死亡处于最内层次，它们决定人的生物存在的有和无；健康和疾病处于中间层次，它们代表人的生物存在是正常的还是异常的；快乐和痛苦处于最外层次，它们表现人的生物存在是积极的还是消极的。在这些状态中，生命、健康和快乐是良好的状态，是人的存在应该追求和维护的状态；死亡、疾病和痛苦是不好的状态，是人的存在应该避免和消除的状态。人的生物存在自觉或不自觉地趋利避害，把维持生命、保持健康和获得快乐作为活动的最终目的。人的生物存在必然要维护良好的存在状态，形成这种要求就像水往低处流一样自然。如果人的身体不仅维持着生命、保持着健康，而且体验到适度的快乐，那么人的生物存在就拥有最佳的存在状况。对于人的生物存在来说，拥有这样的存在状态已经达到了最高要求。

　　我们通过以上考察可以看到，生命、健康和快乐是人的生物存在所追求的三件最重要的东西。当人拥有生命的时候就能现实地存在，保持健康的时候就能正常地存在，获得快乐的时候就能积极地存在。生命、健康和快乐是人的身体的三种状态，它们不在于外在事物上面，而在于人的生物存在之中。离开人的身体去找生命、健康和快乐是找不到的。可是，人的存在本身不能独自达到或维持这些状态，必须借助于外在的自然物才能实现。生命，没有外在自然物的支持就会失去；健康，缺少必要的条件就不能保持；快乐，借助于外物的刺激才能形成。当外在的自然物维持人的生命、保持人的健康、给人带来快乐时，它们就通过生命、健康和快乐的重要性成为重要的东西。自然世界中有许多对人的生物存在很重要的东西，例如食物、衣服、住房等，这些事物成为人们追求的目标。这些事物本身无所谓重要或不重要，它们不过是自然世界中的一些普通事物。只是由于它们与人的生物存在的生命、健康和快乐状态发生了关联，所以才成为比其他事物更重要的东西。

食物、衣服、住房等外在事物对人的存在的重要性，不同于生命、健康和快乐本身的重要性。有许多外在事物对于人的存在无疑是非常重要的，没有这些事物人的存在就没有保障。可是，不管外在事物多么重要，它们的重要性与人的存在本身的生命、健康和快乐的重要性是不可同日而语的。我们可以说食物、衣服、住房等外在事物对人"有用"，但是不能说生命、健康和快乐对人"有用"。因为有用的东西都是外在的东西，可以把它们当做手段来利用。而生命、健康和快乐不是外在的东西，也不是达到其他目的的手段，它们本身就是人的生物存在应有的状态。我们可以把食物、衣服、住房等事物与人的存在分开，但是不能把生命、健康和快乐看做是人的存在之外的东西。我们可以拿自己的食物、衣服、住房等物品与别人相交换，但是不能拿自己的生命、健康和快乐与别人相交换。我们需要评价外在事物是重要还是不重要，但是无须评判生命、健康、快乐是重要还是不重要。生命、健康和快乐的重要性是不言而喻的，人只要不失去理智就能清楚地意识到它们的重要性。

生命、健康、快乐的重要性又以人的存在本身的重要性为根据。正是因为人的存在本身是重要的，所以人的存在所包含的生命、健康和快乐才是重要的。如果人的存在没有任何重要性，就像一粒沙子或者一株草芥一样无足轻重，那么从属于人的一切事物也就不值得一提了。人的存在本身的重要性不仅使人的生命、健康和快乐具有了重要性，而且通过生命、健康和快乐使食物、衣服、住房等外在事物也成为重要的东西。当我们探寻外在自然物何以重要时，最终可以把根据追溯到人的存在之中。

2. 人的生物存在蕴涵的内在价值是生命、健康和快乐。各种生存价值都以这些内在价值为根据。

人的生物存在决定了人必须存在于自然世界中。在自然世界中存在，人必须依赖周围的自然物。一个很简单的道理，人要生存就必须吃饭、喝水和呼吸空气。人所吃的食物、所喝的淡水和所呼吸的空气都是自然世界的自然物。这些自然物对于人的生存来说是不可缺少的。正是在多种自然物的有力支持下，人的生物存在才得以维持，人的其他存在形式才获得坚实的基础。在自然世界中有许多自然物对人的生物存在产生重要的作用。其中，有些自然物给人提供身体所需的营养，例如粮食、蔬菜、淡水、空气等等；有些自然物给人带来便利，减轻身体的劳累，例如农业生产使用的农具、工业生产使用的设备等等；还有一些自然物让人体验到舒适和愉快，例如汽车、电视、冰箱、空调等等。从人的生物存在的角度来看，这些自然物无疑具有重要的价值。自然物对人的生物存在显现出的价值与人的生存活动密切相关，这类价值可以称为生存价值。

本来，自然物只作为事实而存在，本身没有任何价值可言。比如说空气和淡水在地球上已经存在了数十亿年的时间，在大部分时间里和其他自然物一样自然而然地存在，既不能说它们比其他自然物更重要，也不能说其他自然物比它们更有价值。它们只是在人作为人存在之后才具有了维护人的生物存在的生存价值，成为比其他自然物更重要的东西。自然物作为事实和作为价值的最大区别在于，作为事实是独立于人而存在的，而作为价值是依赖于人而存在的。自然物作为事实与人的存在没有直接的关系，不管有没有人存在，也不管有谁存在，它们都会一如既往地按自己的本性存在。即使那些由人创造的自然物也是如此，在被创造出来之后就不再依赖人的存在。自然物作为价值则不然，它们自始至终依赖人，离不开人，一旦离开人就会失去所有的价值。人的存在不能决定自然物的事实，却可以决定自然物的价值。只有在人的生物存在面前自然物才会具有生存价值，在远离人的生物存在的地方自然物就没有这种价值。自然物之所以显现出生存价值，当然与其自身的事实存在有一定的关系，但是从价值根源来说是由于人的生物存在。

人的生物存在是通过"映现价值"的方式使自然物显现出生存价值的。映现价值是一个形象的说法，就像一盏灯照亮黑暗的物体使之显现出颜色一样。事物本来没有价值，是人的存在把自身蕴涵的内在价值投射到事物上，事物才显现出了价值。人的生物存在本身蕴涵着一些内在价值，这些内在价值投射到具体的自然物上，与自然物的具体特性相结合，显现为自然物所具有的生存价值。比如说生命是人的生物存在蕴涵的一个内在价值，这个内在价值投射到用于维护生命的粮食、淡水、空气等自然物上，于是在这些自然物上就显现出以生命价值为根据的生存价值。假如人的生命本身没有任何价值，那么粮食、淡水、空气等自然物还会有什么价值呢，人们去追求这些自然物又有什么意义呢？从根源上说，正是因为人的生命具有生存价值，所以用来维护人的生命的自然物具有了生存价值。生存价值不是自然物本身固有的价值，而是首先蕴涵在人的生物存在之中，再由人的生物存在映现到自然物上，在自然物上显现出来的价值。

生存价值有三个内在价值，即生命、健康和快乐。这三个内在价值分别与人的生物存在应有的三种良好状态相对应。人的生物存在应有的第一种良好状态是生命状态，与此相对应的内在价值是生命；应有的第二种良好状态是健康状态，与此相对应的内在价值是健康；应有的第三种良好状态是快乐状态，与此相对应的内在价值是快乐。人作为一个生物而存在，应该尽量维护生命、健康和快乐的状态，只有在维持生命状态时其存在才是现实的存在，在保持健康状态时其存在才是正常的存在，在达到快乐状态时其存在才是积极的存在。人的生物存在应该是现实的、正常的和积极的存在，而不应该是虚无的、异常的和消极的存在。现实存在的要求指向的是生命的价值，正常存在的要求指向的是健康的价值，积极存在的要求指向的是快乐的价值。人的生物存在在其生存期间保持生命状态，生命的价值蕴涵在生物存在之中。虽然未必时时处于健康和快乐的状态，但是健康和快乐作为价值已经蕴涵在人的生物存在之中。即使对于一个失去健康或者没有快乐的人来说，健康和快乐仍然是其生物存在所蕴涵的价值。总之，生命、健康和快乐是人的生物存在蕴涵的内在价值，它们是一切自然物具有生存价值的内在根据。

生命、健康、快乐的价值映现到具体自然物上，在自然物上显现出来的价值是生存价值的外在价值。虽然内在价值作为价值不依赖外在事物，但是必须映现到具体事物上才能显现为现实的价值。这就像一束光没有发射出来之前不是实际的光，内在价值在映现为外在价值之前也是无法把握的。人们在追求价值时往往不直接追求内在价值，而是追求更容易发现和把握的外在价值。比如说快乐是内在价值，人的身体需要体验快乐。可是人在自身生物存在的范围内并不能直接实现快乐的价值，必须借助于给人带来快乐的外在事物才能获得快乐的价值。生命和健康的价值也不适合直接作为追求目标，只有在那些维护生命和健康的具体事物上才能找到具体的生命价值和健康价值。如果人直接去追求生命、健康和快乐的价值将会一无所获，这样无法达到维持生命、保持健康和体验快乐的目的。但是借助于一顿饭、一件衣服或一处住房就可以很简单地实现生命、健康和快乐的价值。从外在价值体现内在价值的角度来说，外在价值也是非常重要的，不能因为人的存在蕴涵内在价值就忽略外在价值。当然，反过来只强调外在价值而忽略内在价值也是错误的。

生存价值的外在价值首先显现在那些直接满足人的生存需要的自然物上。例如食物直接给人提供人体所需的物质和能量，具有生存价值。食物上显现的价值属于生存价值的外在价值。食物本来作为事实而存在，通过给人的身体提供物质和能量发挥肯定人的作用，借助于生命、健康和快乐的价值显现出重要的价值。其他直接满足人的生存需要的自然物也有这样的价值，其价值也属于生存价值的外在价值。例如水、空气和药品就是如此。药品不是直接给人提供营养的，它所提供的是人体战胜疾病的物质。生病的人正当其健康受到危害的时候，药品能够发挥巨大的作用，显现出非常重要的生存价值。药品的价值以健康的价值为根据，因为维护人体的健康，所以具有生存价值。食物、水、空气、药品等自然物对人的生物存在有很重要的价值，这是毫无疑问的。可是，有一点是不应该忘记的，它们在没有人存在的时候没有任何价值，在人的生物存在的映现下才显现出生存价值。我们在追求生存价值时可以直接去获取这些自然物，但是在探究其价值时必须追溯到生命、健康和快乐的价值上。

生存价值的外在价值不仅显现在像食物这样与人的生物存在直接相关的自然物上，还显现在间接相关的自然物上。例如用于生产粮食的农具具有的价值就是间接显现的价值。在农业生产中农具发挥着重要的作用，利用农具可以生产出更多的粮食，更好地满足人对食物的需求。农具本身不能直接给人提供物质和能量，但是通过生产粮食具有了肯定人的生物存在的价值。农具的价值以粮食的价值为根据，而粮食的价值又以生命、健康和快乐的价值为根据。粮食可以维持人的生命、保持人的健康，还能给人带来快乐，所以粮食具有生存价值，进而用于生产粮食的农具也具有了生存价值。在生产粮食过程中发挥作用的所有自然物都通过粮食的价值而获得价值。例如土地、雨水、阳光、肥料等等，都具有肯定人的生物存在的生存价值。自然物的价值在量上也有区别，越能维护人的生命、健康和快乐，其生存价值就越大，相反就越小。对于原始农具和现代农具的价值不能等量齐观，一台现代的联合收割机当然比一把原始的镰刀具有更大的生存价值。因为现代农具比原始农具的效率更高，能够生产出更多的粮食，而且能够更大程度地减轻人在身体上的劳累，更有利于维护生命、健康和快乐，所以显现出来的生存价值更大一些。其他对人的生物存在发挥间接作用的自然物也是如此，最终都依据生命、健康和快乐的内在价值而显现出生存价值。

自然物不完全是自然产生的，还有很大一部分是人根据自己的需要和愿望创造出来的。由人创造的自然物一般叫做人造物。但是由于其存在形态与自然产生的自然物没有根本的差别，所以仍然可以当做自然物看待。例如天然生长的树木和人工种植的树木是没有太大差别的，它们都按相同的自然本性存在，都属于自然世界的存在物。如果说人创造的自然物有什么特殊性的话，那就是更符合人的需要，更能显现生存价值。自然产生的自然物并不完全符合人的需要，人们就按自己的目的创造新的自然物，以此满足自己的需要。人们在创造自然物之前要对其价值作出评估，只有认为具有价值才把它现实地创造出来。在判断人造自然物的价值时也以生命、健康和快乐的价值为根据。人在创造自然物时把生命、健康和快乐的价值映现到创造物上，使之显现出相应的外在价值。例如人们种植粮食，其目的是给人的身体提供营养物质，在粮食上显现出生命的价值；制作一双鞋，其目的是保护人的双脚，在这双鞋上显现出健康的价值；建造一座房子，其目的是给人遮风挡雨，让人免受寒冷和风雨带来的痛苦，在这座房子上显现出快乐的价值。人创造的自然物一开始就能满足人的需要，但是这种自然物的价值也不是事物本身固有的，也是在人的生物存在的映现下显现出来的。

人的生物存在不仅把生存价值映现到自然世界的自然物上，也映现到文化世界和人类世界的存在物上。例如文化世界中的科学知识也具有生存价值。人们把科学知识运用到物质生产中，生产出更多、更好的物质产品。因为这些物质产品可以满足人的生存需要，因而科学知识向人的生物存在显现出了生存价值。科学知识的生存价值也是在人的生物存在的映现下显现出来的，其内在根据同样也是生命、健康和快乐的价值。再如人类世界中的某些制度也具有生存价值。合理的分工也能像科学技术一样提高生产效率，给人带来更多、更好的物质产品，借助这些物质产品对生命、健康和快乐的维护曲折地显现出肯定人的生物存在的价值。科学知识和社会制度在人的生产活动中发挥积极作用，以物质产品为中介向人的生物存在显现出生存价值。它们的生存价值是通过人的生物存在与智慧存在、社会存在之间的内在联系间接地显现的。在生存价值的序列中，文化世界和人类世界的事物显现的生存价值属于更间接的价值。在这些事物上直接显现的价值是其他种类的价值而不是生存价值。同样的道理，自然物也能显现生存价值之外的价值。例如一朵花既可以在人的生物存在的映现下显现出生存价值，也可以在人的其他存在形式的映现下显现出审美的思想价值和表达情谊的交往价值。

我们在众多的生存价值中可以看到这样的价值秩序：生物存在本身蕴涵着三个内在价值，即生命、健康和快乐，这些内在价值映现在外在的自然物上，与自然物的具体特性相结合显现为具体的外在价值。自然物的生存价值最终都以生命、健康和快乐的价值为根据，不能维护人的生命、健康和快乐的自然物是没有生存价值的。但是它们的价值并不是处在同一个层次上，有些外在价值离内在价值更近，更直接地显现内在价值，而有些外在价值离内在价值较远，只是间接地显现内在价值。像食品、饮料、药品、服装等自然物直接满足人的生存需要，直接地显现出生命、健康和快乐的价值；而像农具、机床、钳子、冰箱等自然物则是间接地服务于人的生物存在，只能间接地显现生存价值的内在价值。还有一些自然物与人的生物存在的关系非常曲折，以至于不太容易看清它们的价值与生命、健康和快乐的联系。比如说砌在墙上的一块砖头，它经过许多中介才会对人的生物存在产生作用。虽然其价值最终也是内在价值的外在显现，但是这样的关系不是用三言两语就能说清楚的。在这些有价值的自然物之外是没有价值的自然物，它们只作为事实而存在，不在价值世界的范围之内。如果把人的存在比喻成一盏灯，就比较容易理解以人的生物存在为中心"辐射"生存价值的情况。人的生物存在放射出生存价值之光，在它的照耀之下周围的自然物显现出生存价值，离这盏灯较近的自然物显现的生存价值比较明显，较远的自然物显现的价值不太明显，而超出灯光照耀的范围、远离人的生物存在的自然物则不显现出生存价值。

如果从自然物显现的外在价值来看，那么生存价值的种类是多种多样的。有一种自然物就可以划分出一种生存价值，而自然物的种类是无法详细统计的。比如说食物的种类就有很多，生活在不同地区的人们吃的食物是不一样的，中国人吃的是中餐，西方人吃的是西餐，其他地区的人吃的是具有自己地方特色的食物。每一种食物都有独特的生存价值，它的价值是其他食物无法完全代替的。例如有人偏好某种口味的食物，虽然吃其他口味的食物也能维持生命和健康，但是不能获得同样程度的快乐。仅在食物这种自然物上就显现出如此多样的生存价值，在所有自然物上显现的生存价值是数不胜数的。根据自然物显现的外在价值确定生存价值的种类是不太容易的，很难对生存价值作出条分缕析的分类。如果只是根据自然物的种类划分价值，那么一种自然物只能看做是一种价值，不能准确地区别在自然物上显现的多种价值。在自然物上不仅可以显现生存价值，也可以显现其他种类的价值，把自然物的价值简单地归结为生存价值是不妥当的。例如一件衣服，有人用它来御寒，即把生命、健康、快乐的价值映现在这件衣服上，它显现出来的是生存价值；有人把它作为漂亮的装饰品，它显现出来的是与审美相关的思想价值；也有人把它作为身份和地位的标志，这时它又显现出与尊严相关的社会价值。从这件衣服的角度来看，这些价值都是"衣服的价值"，不能细致地区分其中的生存价值、思想价值和交往价值。

如果根据人的生物存在蕴涵的内在价值来划分生存价值，那么可以把所有生存价值都归结为以下三种：第一种是维持生命的价值，第二种是保持健康的价值，第三种是给人带来快乐的价值。凡是显现生存价值的自然物，其价值必定属于这些种类。如果某个自然物既不能维护人的生命和健康，也不能给人带来快乐，那么这个自然物肯定没有生存价值。自然物的生存价值不会超过内在价值的种类，只能是这三种价值中的某一种，或者是其中几种价值的综合。一般来说，自然物的价值都不是某一种价值的简单显现，而是两种或三种价值的有机综合。例如在药品上显现出的是生命的价值和健康的价值，在服装上显现出的是健康的价值和快乐的价值，而在食物上同时显现出生命、健康和快乐的价值。按照内在价值的种类划分生存价值不仅非常清晰，而且更容易把握各种价值的优先次序。根据人的生物存在应有的状态可以这样排列内在价值的顺序，生命的价值高于健康的价值，而健康的价值又高于快乐的价值。显现在自然物上的外在价值也有相应的等级秩序：最重要的自然物是维持人的生命的自然物，其次是保持人的健康的自然物，最后才是给人带来快乐的自然物。只要把生存价值的优先次序记在心中，就能在令人眼花缭乱的生存价值中找到最有利于自身存在的自然物。

我们已经根据人的生物存在蕴涵的生命、健康、快乐的内在价值说明了在自然物上显现的生存价值。这样说明自然物的价值有很多好处，不仅可以更清楚地划分自然物价值的种类，而且可以更合理地解释自然物的价值因人而异的相对性特征。自然物的价值不是固定不变的，对于这个人有价值的自然物对于另一个人可能没有价值，这段时间有价值的自然物过了一段时间可能会失去价值。例如药品对生病的人有很大的价值，而对没病的人没有同样大的价值。这是因为生病的人把内在的生命和健康的价值直接映现在药品上，于是药品就显现出重要的生存价值，而没病的人只是把生命和健康的价值间接地映现在药品上，在药品上没有显现出那么大的价值。人在不同的时刻有不同的存在状态，由此映现的价值有所差异。例如人在饥饿的时候在食物上映现的价值非常大，而在吃饱之后在食物上映现的价值比较小。我们在考察生存价值时经常遇到这种现象。有人由此得出价值完全因人而异、因时而变的结论。如果从外在价值来看生存价值的确具有相对性，但是深入到内在价值就可以看到生存价值具有绝对性。生存价值都以生命、健康和快乐为根据，而这三个内在价值是绝对的，对于任何民族、任何时代的人来说都是不会改变的重要价值。自然物以其相对的外在价值显现的是具有绝对性的内在价值。只要把握住内在价值就不会把价值看做是完全相对的东西，能够在外在的相对性中看到内在的普遍性和永恒性。

3. 对比关于事物价值的两种理解方式，可以看出从人的生物存在出发理解自然物的价值更合理。

对于自然物的价值，有两种理解方式：一种方式是从人的存在出发理解自然物的价值，把自然物的价值看做是根源于人的存在的价值；另一种方式是从自然物本身出发理解自然物的价值，把人的存在看做是依赖自然物价值的存在。从人的存在出发理解价值和从自然物出发理解价值有很大的差异，不仅对价值形成不同的看法，而且对人的存在地位也产生不同的认识。

人们习惯于从自然物出发去看价值，认为自然物的价值就是自然物本身。这样理解价值非常直观，把价值直接等同于承载价值的自然物。例如苹果的价值就是苹果本身，衣服的价值就是衣服本身，汽车的价值就是汽车本身，如此等等。如果把自然物的价值与自然物相等同，就可以根据自然物的存在判定价值的存在。有一个苹果就有一个苹果的价值，有一件衣服就有一件衣服的价值，有一辆汽车就有一辆汽车的价值。人们通常就是这样理解价值的，把追求价值看做是追求自然物本身，把拥有自然物看做是拥有自然物的价值。从自然物出发理解价值既简单又方便，并且与人们的常识相一致。可是这样理解价值并不准确，其最大问题是忽视了人的存在，把价值看成是由自然物本身决定的东西。按照这种理解，不管是否有人的存在，也不管有谁的存在，只要自然物存在着，自然物的价值也就存在着。这样看待人与价值的关系，势必把价值等同于人的存在所依赖的自然物，而把人看做是追逐外在价值的自然存在物。

其实，从自然物的角度来看自然物，自然物永远是单纯的事实存在，在自然物上根本找不到价值。以苹果为例，从苹果本身可以看到苹果的形状、大小、颜色等等，也可以把苹果切开看到苹果内部的果肉和果核，还可以进一步用仪器分析苹果的物质成分，但是从苹果本身无论如何也看不到苹果的价值。如果从自然物的角度看人与自然物的关系，人也是一种自然物，人与自然物的关系就是自然物与自然物的关系。从苹果的角度看它与人的关系，人是吃苹果的生物，苹果满足的是生物的需要，人与苹果的关系不过是一种自然关系。苹果既可以满足一个人的生理需要，也可以满足一只猴子的生理需要。从苹果的角度来看，满足一个人的生理需要与满足一只猴子的生理需要没有什么区别。对于苹果而言，苹果与猴子的关系是自然关系，苹果与人的关系同样也是自然关系。从自然物的角度只能看到自然物满足人的生理需要的事实，而看不到自然物的价值。只有转换视角，从人的存在出发看自然物，才能看到自然物上显现的价值。

从自然物的角度看价值，必定要把价值看做是自然物固有的东西。然而在自然物上除了形状、大小、重量、质地等属性之外，并没有一个叫做"价值"的自然属性[1]。在事物上看到价值必须有一个条件，即人的存在。这就像看物体的颜色必须有光一样，在没有一丝光亮的情况下是无法看到物体颜色的。当人作为人存在的时候，自然物的属性满足人的生存需要，从人的存在蕴涵的生命、健康和快乐的价值中得到根据，此时自然物向人显现出价值。在没有人存在的时候，虽然自然物的属性保持不变，但是因为没有价值的来源，自然物不能显现出价值。在人类产生之前，自然世界的许多事物早已存在了，可是由于没有人的存在，此时的事物没有价值可言。只有在人类产生之后，进入人的存在范围并对人的存在产生作用的自然物才显现出价值。在人类活动不能到达的地方也存在着许多自然物，由于这些自然物与人的存在没有明显的联系，也不会对人显现出价值。可见，价值并不是自然物固有的东西，而是与人的存在密切相关的东西。自然物的价值是因为人的存在而显现的价值，从根源上说是人的存在使自然物具有了价值。

关于自然物的价值有一种很容易迷惑人的叫法——"有用性"。人们通常就是在"有用性"的含义上理解自然物的价值。许多满足人的生存需要的自然物都表现出有用性。例如食物可以维持人的生存，所以是有用的东西；工具可以给人带来便利，所以是有用的东西；木材可以用来建造房屋，所以也是有用的东西。从表面看有用性属于自然物本身，因为有用性总是和自然物结合在一起。当自然物存在的时候才会存在有用性，当自然物不存在的时候就不存在有用性。由于有用性必定通过自然物表现出来，所以人们很自然地认为有用性就是自然物本身固有的属性。但是仔细分析一下就会发现，自然物的有用性与其他固有属性是不同的，固有的属性不管有没有人都会存在，而有用性只有在人存在的情况下才会表现出来。如果一个自然物与人的存在没有任何联系，对人的存在没有发挥任何作用，那么这个自然物是不具备有用性的。有用性是自然物的一种特殊属性，其特殊性在于相对于人的存在才会显现出来。如果把自然物的形状、大小等固有属性叫做第一属性，把颜色、气味等与人的认识相关的属性叫做第二属性，那么可以把有用性这种

第二章　生物存在与生存价值

---

[1] 价值属性说认为价值是事物本身固有的属性或功能，只要事物的属性不发生变化，事物的价值就会保持不变。这种价值理论能够解释一些事物的价值，但是不能解释复杂的价值现象。例如同一个事物对于不同的人具有不同的价值，对于价值的相对性就无法用价值属性说来解释。

依赖人的存在的属性叫做第三属性[1]。只有在人作为人存在的前提下，从人的角度才可以看到自然物的有用性。即使把自然物的价值叫做"有用性"也改变不了自然物必须对人而言才是价值的基本道理。

在对价值的日常理解中，从有用性理解自然物的价值未尝不可，但是不能忘记了人的存在是自然物表现有用性的前提。例如把一个苹果的有用性仅仅理解为满足生理需要，而不管它满足的是人的生理需要，还是其他生物的生理需要，那么这个苹果的有用性并不能代表它的价值。对于自然物的有用性应该限定为面向人的存在的有用性，这样才能看到自然物的有用性是与人的存在不可分割的属性。如果把自然物的有用性归结为自然物本身，那么必然导致把价值归结为自然物的结果。人们反复看到某些自然物对人总是表现出有用性，于是逐渐忽略了有用性与人的存在的内在联系，而把有用性看做是事物本身固有的属性。把有用性归结为自然物本身固有的属性，就不能把人的存在作为自然物有用性的前提，相反会把人的存在作为自然物有用性的结果。在"有用性"的含义上理解价值有很大的局限性，不能包含思想价值和交往价值中那些超功利的价值。如果按照是否有用来衡量道德的价值，那么道德的价值就被贬低成实用价值了。从有用性理解自然物的价值并不是一个好的办法，最好的办法是从人的存在映现价值的思路理解自然物的价值。

自然物本身没有价值，那么自然物上的价值又是从哪里来的呢？对此可以这样解释：自然物上的价值是人的存在映现出来的。人的生物存在蕴涵着三个价值，即生命、健康和快乐的价值。这三个价值属于生存价值的内在价值，是一切自然物具有生存价值的内在根据。只要自然物发挥出维持人的生命、保持人的健康或给人带来快乐的作用，就借助于生命、健康和快乐的价值而具有了生存价值。自然物形成价值的过程就是人的存在映现价值的过程。人的存在把生存价值的内在价值"投射"到外在自然物上，在自然物上就显现出生存价值的外在价值。我们在自然物上看到的价值不是自然物本身的价值，而是人的存在蕴涵的内在价值在自然物上的显现。这样解释自然物的价值虽

---

[1] 洛克提出物体具有三种性质，其中第一种性质是物体本身固有的性质，第二种性质是借助第一种性质在人的心中产生各种感觉的能力，第三种性质是改变其他物体的能力（参见洛克：《人类理解论》上册，关文运译，商务印书馆 1959 年版，第 98—109 页）。

然与人们的常识不一致，可是只有这样解释才能说明复杂的价值现象。例如对于价值的相对性就无法从自然物本身来说明，如果价值是自然物本身固有的东西，那么自然物的价值就不应该出现因人而异、因时而变的情况。对于这样的价值现象以人的存在为根据才能作出合理的解释。在自然物上显现出来的是生存价值的外在价值，其价值根据是人的存在蕴涵的生命、健康和快乐的价值，其现实表现是包含其所有特性的自然物本身。在明确了自然物的价值来自于人的存在之后，为了直观起见把自然物本身当做价值看待也是可以的。

从人的存在出发看自然物的价值，不能在利用自然物的含义上理解自然物所显现的价值。如果从人利用自然物的角度看人与自然物的关系，那么会看到人的存在依赖于自然物，而自然物的存在不依赖于人；在没有人存在的时候自然物会照样存在，而在没有自然物存在的情况下人却无法生存。带着利用自然物的企图看人与自然物的关系，必定把自然物看得比人本身还要重要。这样看待人与自然物的关系，实际上是把人理解为一种自然存在物，而没有真正理解人是使自然物具有价值的存在者。因此，从人的存在出发看自然物的价值，还必须对人的存在方式作出新的解释。在自然世界中人作为生物而存在，其存在方式是满足生存需要的生存活动。其他生物也以生存活动的方式存在，这种存在方式并不能使自然物具有价值。人有一种独特的存在方式，也就是映现价值。人作为人而存在，其存在本身蕴涵着内在价值。人的存在把内在价值映现到外在事物上，使之与事物具体特性相结合，在事物上显现为外在价值。自然物上的价值就是在人的生物存在的映现下显现出来的生存价值。如果不从利用自然物的角度看自然物的价值，就可以理解人的存在是自然物具有价值的根源，进而更深刻地认识自然物对人所显现的价值。

从人的存在出发看价值和从自然物出发看价值，这是两个极端。那么，是否可以采取一个中间路线，从人与自然物的结合看价值呢？在价值哲学中有一种价值理论就是这样解释价值的，它把价值看做是人和事物结成的关系[1]。按照这个理论，当自然物满足人的需要或对人产生作用时，在人与自

---

[1]　价值关系说在主客体关系的框架内能够以需要为依据合理地解释自然物的价值。但是这个价值理论有一个缺陷，它只能解释功利性的生存价值，而不能解释超功利性的思想价值和交往价值。例如道德的价值是超功利性的思想价值，价值关系说会把它解释成满足人的心理需要的功利性价值。这种理论在总体上属于功利主义的价值理论。

然物之间形成一种特殊的关系——价值关系，处于这种关系中的自然物就具有了价值。自然物具有价值依赖两个方面的因素，一个方面是自然物本身具有特定的属性，另一个方面是人有相应的需要。某个自然物恰好具有一种属性，而人恰好需要具有这种属性的自然物，于是两个方面一拍即合，自然物的价值就产生了。这个理论把人的需要和自然物的属性看做是价值的两个同等重要的根据，其中人是主动的根据，自然物是被动的根据。这样解释价值似乎更全面，既考虑了人的因素，也考虑了物的因素。但是，这里有一个根本性问题还需要进一步解答。自然物以其属性满足人的需要，这本来是自然关系，与自然物满足其他生物的需要是一样的。为什么满足人的需要就是价值关系，而满足其他生物的需要就不是价值关系呢？要解答这个问题，必须给人的存在赋予特殊的地位，以保证人与自然物的关系不仅是事实关系而且还是价值关系。如此一来，还是要把人的存在作为价值的最终根源。

自然物的价值既与自然物的存在有关，也与人的存在有关，在人和事物的结合点上才会形成具体的价值。把这个结合点看做是人与自然物的价值关系也未尝不可。然而对于人与自然物的关系必须从人的角度去理解，否则看到的只是事实关系而不是价值关系。从物的角度看物与人的关系，这种关系的性质是由物所决定的，物与人的关系不过是物与物的关系。在物与物的关系中，人也作为物存在。例如对于人与椅子的关系，如果从椅子的角度来看，这个关系就是物与物的关系。在一把椅子上既可以放置一个人，也可以放置一个箱子，不论在椅子上放置什么东西，放置上去的东西都是物体。从椅子的角度来看，看不出人与其他物体有什么本质的区别，只不过形状有点怪异罢了。如果不转变从物出发看人与自然物关系的视角，那么无论如何也看不到这种关系具有属人的性质。而在不属人的关系中根本找不到价值。只有从人的存在出发看人与自然物的关系，才会看到这个关系具有属人的性质，在属人的关系中才会发现自然物对人显现的价值。再以人和椅子的关系为例。如果从人的角度去看，椅子是为人所用的东西，此时它不再是普通的自然物，而是向人显现出价值的用具。选择看事物的角度非常关键，从物的角度看不到价值，而从人的角度就可以看到价值。从人的角度看价值其实就是把人的存在作为价值的前提。

如何理解自然物所表现的价值，关键还在于如何理解人的存在。如果把人理解为自然存在的生物，那么只能从人的生存所依赖的自然物出发看人与自然物的关系，这样只能看到人的存在受制于自然物，而看不到人的存在使自然物显现出价值。仅仅把人作为一种生物看待时，就会把自然物放在比人更重要的位置上。以这种方式理解人的存在，连人自身的地位都无法给予充分肯定，更不要说以人的存在给事物赋予价值了。任何一种自然物都没有给其他自然物赋予价值的资格，人作为一种自然存在的生物也不例外。人之所以能够使其他自然物显现出价值，不是因为人是自然世界中最高级的自然物，而是因为人作为人而存在着。价值与人相关，有人就有价值。我们把人理解为映现价值的存在者，这样就看到人处于价值世界的中心，各种自然物都向人显现出价值。人作为映现价值的存在者与作为利用自然物的存在物有很大的差别，作为利用自然物的存在物只能依赖于自然物，而作为映现价值的存在者可以赋予自然物以价值。把人看做是超越一切存在物的最高存在者，再从人的存在出发去看事物的价值，这样就可以从根本上把握事物所显现的价值。

我们强调人是一个特殊的存在物，人的存在使自然物显现出价值，但并不否认人是自然世界的一个生物，也不忽视人的生存必须依赖其他自然物。人在任何时候都不能改变作为生物的存在形式，必须借助于周围的自然物才能维持自己的存在。因此，在日常生活中人必须把自己当做一个生物来看待，按照生物本性所要求的方式去生存。例如饿了就要吃饭，渴了就要喝水，累了就要休息，病了就要看医生。不过，人不应该把自己仅仅看做是一个生物，还应该给自己的存在赋予更高的地位。人凭借什么给自己的存在赋予更高的地位呢？最常见的方式是根据人具有高度发达的思维能力，把人看做是高于其他所有动物的高级生物。可是把人看做是具有高度发达思维能力的动物，仍然没有把人和其他动物完全区分开来，这样的人只不过是比其他动物更聪明而已。我们把人置于价值世界之中，赋予人主宰价值世界的地位。这样就可以在人和其他存在物之间划出一条明确的界线。在价值世界中人处于中心的位置，其他存在物围绕在人的周围，在人的存在的映现下显现出价值。只有在价值世界中才能充分肯定人的存在地位，并借此把人的存在与其他存在物的存在严格地区别开来。

从人的存在出发看自然物的价值，可以消除见物不见人的弊端。把人的存在看做是自然物价值的根源，在面对自然物价值的时候就不会忘记人的存

第二章　生物存在与生存价值

在，能够通过确认自然物的价值而肯定人的存在意义。从人的存在蕴涵的内在价值说明自然物显现的价值，可以看到自然物的价值以人的存在为根据，这样就不会把价值与人的存在割裂开来，价值物就不会成为与人对立的东西。如果从物的角度看价值，价值被当做是自然物的固有属性，不是价值以人的存在为根源，而是人的存在以价值为前提。这样看待自然物与人的关系，就会把人看做是依赖自然物的生物，无法赋予人的存在以优先的地位。当人们把自然物作为价值看待时，就会以自然物为追求目标，而忽略人的存在及其蕴涵的内在价值，难免出现舍本逐末的事情。有人把获得自然物视为最高的目的，为此不惜损害健康，甚至危害生命，以为获得了自然物就获得了价值。殊不知自然物的价值只是派生的价值，人的存在蕴涵的内在价值才是根本的价值。人应该追求事物所显现的外在价值，但是不应该违背人的存在蕴涵的内在价值。追求外在价值不过是手段，最终的目的是维护或实现内在价值。只要内在价值得到了维护和实现，人的存在就得到了充分的肯定。

从人的存在出发看自然物的价值，不会把价值完全归结为生存价值。人不仅是自然存在物，而且是智慧存在物和社会存在物。人的智慧存在映现出思想价值，其内在价值是真、善、美；人的社会存在映现出交往价值，其内在价值是尊严、权利和友爱。从自然物的角度看价值，只能看到生存价值，而很难看到思想价值和交往价值。当人们把自然物的价值当做唯一追求目标时，思想价值和交往价值就被忽略了，或者以扭曲的形式表现在自然物上。例如有人通过占有自然物维护自己的尊严，尊严的价值就被扭曲为外在的财富；有人把真、善、美的价值归结为物质利益，其结果是不能真正获得真、善、美的价值。从人的存在出发看价值，在事物上不仅能够发现根源于人的生物存在的生存价值，也可以看到根源于人的智慧存在的思想价值和根源于人的社会存在的交往价值。以人的存在蕴涵的内在价值为导向去追求显现在事物上的外在价值，就能更全面地获得生存价值、思想价值和交往价值，使自己的价值生活更加丰富和充实。

从自然物出发还是从人的存在出发，最重要的区别在于对人的定位不同。从自然物的角度看价值，人处于边缘的位置上；从人的存在看价值，人处于中心的位置上。有些人在现实的价值生活中过分关注自然物的外在价值，而看不到一切价值的根源都在于人自身，以至于把获得自然物当做存在的目的，而忘记了人的存在本身才是真正的目的。如果不能把人的存在作为最高的目的，就不能给人的存在赋予最高的地位，也不能领会人超越其他存在物的存在意义。肯定人的存在地位和承认自然物的重要性是一致的。自然物对于人的存在具有肯定的作用。例如食物、水、空气、衣服等等，这些自然物是人的生存所必需的东西，缺少这些东西人就无法正常地生存下去。这些自然物显然是非常重要的，任何有点理智的人都不会怀疑这一点。外在的自然物之所以重要，根源还在于人的存在本身是重要的。如果人的存在没有什么意义，那么自然物也就没有什么价值了。人的存在是自然物具有价值的根本前提，离开人的存在，自然物没有任何价值。不是自然物给人的存在赋予意义，而是人的存在给自然物赋予价值。对人的存在地位肯定得越充分，在自然物上看到的价值就越重要。提高人的存在地位并不是贬低自然物的重要性，恰恰相反，只有提高人的存在地位才能抬高自然物的重要性。正是因为人的存在具有至高无上的地位，所以那些维护人的生命、健康和快乐的自然物才有如此重要的价值。

4. 需要是生物存在的内在要求，欲望是需要的表达形式。对于超出实际需要的欲望应该加以适当的限制。

人的生物存在有一些普遍、稳定的内在要求，即需要。例如人饥饿的时候要求吃饭，口渴的时候要求喝水，寒冷的时候要求取暖，疲劳的时候要求休息，生病的时候要求医疗，如此等等。人提出这样的要求是非常自然的，这是由人的生物存在所规定的。吃饭和喝水是为了补充身体所需的物质和能量，取暖是为了保护身体不受寒冷的侵袭，休息是为了消除身体的疲劳和心理的紧张状态，医疗则是为了恢复身体的正常机能。这些要求的具体内容各不相同，但是最终目标是一致的，都是为了维护人的生物存在的良好状态。概括起来说，人的生物存在有三种基本需要：第一种需要是维持生命的要求，第二种需要是保持健康的要求，第三种需要是体验快乐的要求。这些需要是每个社会的人都有的普遍需要，而且是每个时代的人都不会改变的永恒需要。人的其他存在形式也有各自的内在要求，智慧存在的内在要求是使心灵达到真、善、美的境界，社会存在的内在要求是在尊严、权利和友爱上得到他人的承认。生物存在的内在要求是自然身体的要求，与其他两类内在要求具有不同的基础。为了便于区别起见，我们用"需要"这个概念专指生物存在的内在要求，而不称呼智慧存在和社会存在的内在要求。

人的需要根源于人的存在，所以用需要说明价值与从人的存在出发说明价值有相通之处。在价值哲学中有一种价值理论就是这样理解价值的，认为事物的价值就是事物满足人的需要。如果某个事物能够满足人的某种需要，那么这个事物就有价值；否则没有价值。具体说到自然物的价值就是满足人的生物存在的生存需要。例如食物、衣服、住房能够满足人的生存需要，所以这些自然物对人具有生存价值。这样解释事物的价值非常简单，而且与人们的常识也比较一致，可是把价值看做是满足需要还不够深刻，不能深入地揭示人的存在是事物具有价值的根源。根据事物是否满足人的需要判定事物是否具有价值，尽管也考虑到了人的因素，但并不能避免把价值归结为事物的属性或事物与人构成的关系。根据需要说明价值，很容易看到事物对于满足需要的不可或缺性，不由自主地把事物的存在看得比人的存在更重要。用需要说明价值还有另外一个麻烦，这个麻烦是由于需要经常和欲望纠缠在一起而产生的。如果不能区别需要和欲望就很容易迷失真正的价值，而把虚假的、微小的价值当做真正的、重大的价值去追求。

需要和欲望既有联系又有区别。需要是人的存在的内在要求，而欲望是对需要的主观表现。例如维持生命是源自于生物存在的需要，为了维持生命想吃面包和牛奶则是表达这种需要的欲望。需要是由人的存在的实际状况规定的，与主观意识没有直接关系。不管人是否意识到自己的内在要求，他作为生物存在都有维持生命、保持健康和体验快乐的需要。欲望则是由人的意识提出来的，当然会受认知、意志、情感等主观因素的影响。如果以满足需要作为判定事物价值的标准，那么大体上还能够比较准确地衡量价值，可是以满足欲望作为判定价值的尺度，就不可避免地受主观意识的影响，对事物的价值很可能作出错误的评价。在价值哲学中有一种价值理论把欲望或情感看做是价值的根据，认为凡是欲望指向的事物或者引起情感的事物都具有价值[1]。按照这种价值理论，当人非常喜欢某种东西时，不管这个东西是否对人有用或有益，都是有价值的。以主观的欲望或情感判定事物的价值是很不可靠的，会忽略某些对人的存在至关重要的价值，而把本来没什么价值的事物看得比什么都重要。把欲望或情感作为价值的根据，价值就失去了客观稳定的基础，谈论价值也就没有什么意义了。

需要和欲望都是人的要求，但是二者有根本的区别，需要是由人的存在本身决定的客观要求，而欲望是由人的意识表达的主观要求。人的需要非常稳定，既不受主观意识的影响，也不受外在事物的影响。不论人掌握了什么样的知识和观念，形成了什么样的情感和意志，也不管人拥有什么样的生活条件，经历过什么样的人生路程，他的需要都不会发生丝毫的变化。人的欲望表现出很明显的主观性，以欲念、愿望、理想的形式提出自己的要求，而不是原原本本地表达需要的要求。有些事物对人的存在具有非常重要的作用，本应成为欲望的对象，可是欲望对此却视而不见。例如清洁的空气对于维持生命、保持健康是无可替代的，可是人的欲望在通常情况下不会把获得清洁的空气作为自己的目标。而有一些事物与人的存在没有直接的关系，对人的存在没有什么价值，可是欲望却把它当做重要的东西去追求。欲望应该以需要为根据，这样的欲望才如实地表达人的实际要求。然而，实际上欲望经常偏离需要，用自己的要求取代人的内在要求。当人不能用实际的需要约束欲望，反而被欲望所左右时，欲望就会把人带到远离需要的目标上，让人忽视身边最重要的价值。

人的需要其实非常单纯，就生物存在的需要来说不过是维护身体的生命、健康和快乐的状态。只要人的生命得以维持、健康得以保持、快乐得以体验，生物存在的需要就得到了全部满足。在需要提出的要求中并不包含用什么事物、以什么方式满足需要的内容。人的欲望则非常复杂，它提出的要求更具体、更多样，因而也更难满足。比如说人对于食物的欲望，不仅要求食物富含营养，而且要求食物有可口的味道、诱人的色泽等等。需要的种类

---

[1] 价值情感说肯定人对于价值的决定地位，却把价值归结为人的主观意识或情感。这样看待价值就是把价值当成了主观的东西。例如逻辑实证主义把价值判断看做是表达情感的判断，而情感是没有真假的，于是以此为借口否定能够对价值作出有意义的判断。

很少，而欲望的种类很多。一种需要通常借助多种欲望表现出来。例如保持健康的需要既表现在吃饭、喝水的欲望中，也表现在休息、治疗的欲望中，还表现在穿衣、娱乐的欲望中。而一种欲望也可能同时表现出多种需要。例如吃饭的欲望并不单纯是为了保持健康，同时也是为了维持生命和体验快乐。尽管欲望的种类数不胜数，但它们最终都是少数几种需要的外在表现。从少数几种需要衍生出无数种欲望，这就像从有数的内在价值中派生出无数个外在价值一样。从人的需要出发可以看到内在价值的一致性，而从人的欲望出发可以看到外在价值的丰富性。当然，从欲望出发看到的外在价值是不完整的，如同管中窥豹一样只能看到其中的一小部分。即使如此，看到的外在价值也是十分丰富的。

需要和欲望还有一个显著的区别，需要不涉及具体的事物，而欲望指向具体的事物。例如保持健康的需要只提出不要丧失正常状态的要求，而没有提出吃某种食物、进行某种锻炼或服用某种药物的要求。凡是指向具体事物的要求都是由表达需要的欲望提出来的。为了保持健康的需要，有人想吃富含营养的食物，有人想参加增强体质的健身运动，有人想服用延年益寿的药物，这些要求指向了具体的事物，因而属于欲望。欲望总是指向某种事物，或者指向现实存在的事物，或者指向想象的事物，总之依靠具体的事物才能明确地表达自己的要求。出现在人的显意识和潜意识中的要求都是想要获得某种事物的欲望，在这种要求背后隐藏着的保障人的存在的要求才是需要。需要作为内在要求没有具体的对象，而欲望作为外在要求有明确的对象。根据这一点就可以把需要和欲望区别开来。欲望是需要和外在事物之间的中介，它一方面把需要作为根据，另一方面把外在事物作为目标，犹如一座桥梁把需要和外在事物连接起来。如果不是欲望把需要的内在要求转换为对具体事物的外在要求，那么人的存在与外在世界之间就不会有明确的意向性关系。在这个意义上说，欲望对于人的存在也发挥着重要的作用。

需要是欲望的根据，欲望是需要的表现。由于需要本身非常模糊，没有提出具体的要求，所以欲望在表现需要时就要加入新的内容，对于满足需要的事物和满足需要的方式都作出具体的要求。欲望通过在需要的基础上加入新的内容使人拥有了具体的追求目标，然而这样的欲望可能偏离了实际的需要。我们只要考察一下人的欲望就会发现，欲望并非都是对需要的真实表现，有些欲望离实际需要很远，甚至与实际需要背道而驰。例如在寒冷的冬天选择衣服，为了御寒而想穿温暖、舒适的棉衣，这样的欲望与实际的需要是一致的；为了炫耀富有而想穿昂贵的动物皮毛大衣，这样的欲望与实际的需要有些脱离；而为了满足虚荣心想穿夏天才能穿的时髦服装，这样的欲望就违背了实际的需要。欲望理应以需要为根据，不折不扣地表现实际的需要。可是，人的欲望受主观意识的影响，并不完全遵从需要的指示，常常给人提出更难完成的任务。满足需要是比较容易的，而满足欲望则不那么简单。欲望并不保持在实际需要的水平上，会提出远远高于实际需要的要求。人们通常在欲望的指导下追求价值，因为欲望总是不断地提高追求的目标，结果使人们常常处于得不到"价值"的烦恼之中。

如果没有人的欲望，人的需要无法表达，但是有了欲望，人的需要可能被扭曲。正是在欲望与需要的这种关系中价值变成了难以把握的东西。人们在需要的命令下去寻找价值，可是给人带路的是欲望。欲望接受了需要下达的指令，却不完全按照需要的指令办事，对需要的指令擅自修改，加入一些原本没有的内容。在欲望的带领下确实可以发现让人心动的东西，欲望就指着这个东西告诉人：这就是你正在寻找的价值。当然，欲望并非总是给人指错价值，很多情况下也能把人引向正确的目标。特别是在需要比较迫切的情况下，欲望作为向导还是比较可靠的。例如当人饥饿的时候，人的需要下达了加急的指令，此时欲望把人带到能够马上获得的食物面前，让人看到最重要的价值。在需要的命令比较宽松的情况下，欲望就会擅自加入自己的东西，把人引向与实际需要比较远的目标上。人们有些时候无法分辨欲望是否表达了实际需要，草率地把欲望看做是实际的需要，由此导致把不重要的价值看做是重要的价值，甚至把虚假的价值当做是真实的价值。如果不能及时把虚假的价值和真实的价值辨别清楚，人就有可能被虚假的价值所迷惑，不能发现和获得真实的价值。

人的需要是有限的，而欲望是无限的。只要具备必要的物质生活条件，人的维持生命、保持健康、体验快乐的需要就能得到满足。即使体验快乐的需要也不是无限的，只要达到一定的程度也可以得到满足。人的欲望则是没有止境的，并不以正常需要的满足为限度。人对事物的欲望往往超出实际的需求，这种情况在物质财富的追求上就表现得相当明显。人的欲望不会长期停留在同一个水平上，会一级又一级地向上增长。一种欲望满足之后又提出新的欲望，新的欲望满足之后又会提出更新的欲望。要想满足人的全部欲望是不可能的，因为欲望在本性上是永不知足的，并不以获得某种东西为最后的极限。所谓"欲壑难填"讲的就是欲望的无限性。常常听到有人这样说，如果得到某个东西就满足了，再不会有其他要求了。可是，当人获得这个东西之后并不会就此罢休，还会形成新的欲望，还会说出同样的话。欲望是没有极限的。只要对欲望不加以限制，欲望就会超越现有的水平，向更高、更难达到的目标跃进。满足欲望的道路是漫长的，每次似乎都看到了欲望的终点，但是在欲望得到满足之后，前面的道路又被延长了。顺着欲望指引的道路走下去，永远也达不到终点。人在满足不断增长的欲望的过程中，会迷失在追随外物的道路上，无法弄清人的存在究竟应该追求什么。

由于欲望自身没有限度，所以应该用理智加以节制。古今中外有许多思想家都强调节制欲望的重要性。如果对欲望不加以节制，欲望就会脱离需要，甚至走向需要的反面。这就像河水，不修筑堤坝的话就会到处泛滥，给人造成危害，而修筑了堤坝之后，河水就不会泛滥，而且可以造福于人。节制欲望并不是限制所有的欲望，只是限制那些与需要不一致的欲望。欲望是无法完全消除的，因为人的需要必须通过欲望来表现。假如消除了一切欲望，人的需要就无法表现出来，也无法得到有效的满足。在一个合适的限度之内，欲望不仅是正当的，而且是必需的，应该给这部分欲望留下空间，尽量满足这些正当的欲望。应该节制的是与人的需要相违背或过分夸大人的需要的欲望，这样的欲望得到满足并不能给人带来真正的价值，反而会掩盖人应该追求的价值。柏拉图把人的欲望区分为必要的欲望和不必要的欲望，必要的欲望是无法克制的或对人有益的欲望，不必要的欲望是可以戒除的并且对人有害的欲望。[1]伊壁鸠鲁对欲望也作了类似的区分，他说："有些欲望是自然的和必要的；有些欲望是自然的但不是必要的；还有些欲望既不是自然的也不是必要的，而是由虚幻的观念所产生的。"[2]从需要的角度来看，

---

[1] 参见《柏拉图全集》第2卷，"国家篇"，王晓朝译，人民出版社2003年版，第565—566页。

[2] 苗力田:《古希腊哲学》，中国人民大学出版社1989年版，第653页。

必要的欲望就是根源于人的需要的欲望，不必要的欲望是超出并违背人的需要的欲望。对于必要的欲望应该予以肯定，而对不必要的欲望应该加以限制。对不必要欲望的追求会影响必要欲望的满足，节制不必要的欲望有利于更好地满足必要的欲望。

彻底的禁欲主义不近人情，而完全的纵欲主义不合理智。对于欲望应该加以区别，满足那些应该满足的欲望，限制那些应该限制的欲望。以需要为根据并且不违背其他价值的欲望都应该得到满足。例如吃饭、喝水、穿衣的欲望直接以维持生命、保持健康、体验快乐的需要为根据，这些欲望是对人的生存需要的真实表现，应该尽量满足这样的欲望。即便是单纯为了享受快乐的欲望也不能一概拒绝，只要这样的欲望不违背其他需要，也应该以合适的方式给予适度的满足。但是，对于违背实际需求的欲望就要加以限制，通过自我克制阻止这些欲望得到满足。例如吸烟、酗酒的欲望违背保持健康的需要，也有悖于维持生命的需要，应该限制和消除这样的欲望。还有那些不顾生命和健康的需要而追求过度享乐的欲望也是不合理的，不应让这些欲望肆意泛滥，否则会对人的存在造成重大的伤害。欲望有正当的欲望和不正当的欲望，正当的欲望是基于人的需要的欲望，而不正当的欲望是违背人的需要的欲望。如果不考虑人的实际需要，只从欲望本身来看，那么欲望只有强烈和不强烈的区别，而没有正当和不正当的区别。欲望从来不会承认自己的错误，只要提出来就要求得到满足，而不管是否与需要相一致。人只有从自己的存在出发看待自己的需要，再从自己的需要出发衡量自己的欲望，这样才不会被打着"需要"旗号的不正当欲望所迷惑，可以理智地对待欲望以及欲望所追求的东西。

人的需要内在于人的生物存在之中，其正当性以人的存在为依据。人存在着就要维持生命、保持健康和体验快乐，满足这些需要可以维护人的正常存在。因此，这些基本需要是正当的，应该得到比较充分的满足。人的需要的正当性并不受社会的道德和法律的检验，相反社会的道德和法律应该从人的需要中寻找根据。当我们把需要和欲望区分开之后就可以很从容地解释需要的正当性，不再使需要的正当性受到欲望不正当性的拖累。不仅如此，还可以进一步为部分欲望的正当性做辩护，把正当的欲望从理智的批评下解救出来。正当的欲望与需要相一致，理智应该承认这样的欲望，并且应该为满足这样的欲望提供帮助。人的欲望以生物存在的需要为根据，同时也会间接地涉及人的智慧存在和社会存在。欲望在提出自己的追求目标时，还应该考虑智慧存在和社会存在的要求，若能把生物存在的需要和其他存在的要求结合起来，这样的欲望就具有更多的正当性。相反，违背智慧存在和社会存在的要求，即使符合生物存在的需要，其正当性也会大打折扣。在满足欲望时选择什么样的方式也很重要。满足欲望的方式也应该是正当的，否则也会给欲望的满足抹上不光彩的污点。只有欲望本身是正当的，而且满足欲望的方式也是正当的，如此满足欲望才是无可挑剔的。

　　人的需要基于人的生物存在，因而与蕴涵于人的生物存在的内在价值相一致。那些能够满足需要的事物是有价值的，其价值的根据是人的自然存在的内在价值，即生命、健康和快乐。欲望的根据是需要，可是欲望常常超出需要的限度，所以根据能否满足欲望判断事物的价值是不太可靠的。如果欲望与需要相一致，真实地表达了需要，那么满足欲望的事物是有价值的，可以从生物存在的内在价值中获得价值的根据。如果欲望与需要不一致，欲望超出了需要或者违背了需要，那么满足欲望的事物是没有价值的，甚至会破坏价值。人在欲望的指引下未必能够找到真正的价值，把一些看似有价值的东西当做真正有价值的东西，这就像把所有黄色的东西都当做金子看待一样，到头来可能一无所获，甚至会失去已经拥有的真正价值。以理智检查欲望十分必要，把真实表现需要的欲望和扭曲表现需要的欲望区分开，肯定真实表现需要的欲望，而限制扭曲表现需要的欲望，这样就可以使欲望的满足与价值的实现统一起来。对于真实表现需要的欲望也应该加以适当的节制，不论多么正当的欲望都不能放纵。一旦放纵欲望就会失去对欲望的控制，人无法成为欲望的主人，反而成为欲望的奴隶。

　　从满足需要的角度看价值与从满足欲望的角度看价值有很大的区别。从满足欲望的角度会看到外物的重要性，会把价值归结为外物本身。这种情况与从外物的角度看价值很相似，都会把外物本身当做是价值。从满足需要的角度看事物的价值，会看到人的存在的实际需要是价值的根据，会把价值与人的存在联系起来。这种情况与从人的角度看价值相一致，都把人的存在作为事物具有价值的根据。从需要出发会看到人的存在的根源地位，用人的需要衡量事物对人的价值；而从欲望出发会受到外物的强烈吸引，把人的存在看做是追求外物的存在。在大多情况下欲望都是由外物激发出来的，比如看到美味的食物就会产生吃的欲望，看到漂亮的衣服就会形成购买的欲望。根源于需要的欲望容易满足，而由外物激发的欲望是无穷无尽的，很难得到全部的满足。当人被欲望所支配的时候，除了欲望所指向的目标之外什么也看不到，甚至会忘记人的存在本身。人一旦被欲望所支配，就不能在欲望所指向的外物面前获得应有的地位，不自觉地陷入"人为物役"的境地。因此，要想把握真实的价值就必须从需要出发去看事物的价值，而不能把衡量价值的任务托付给主观的欲望。只有根据是否满足需要来衡量事物的价值才能把握住真实而非虚假的价值。

5. 快乐是最耀眼的价值，但不是最重要的价值。以恰当的方式获得适当的快乐才是真正的快乐。

快乐是重要的价值，是人所共求的目标。一个人不论生于什么社会，不论处于什么阶层，不论具有什么信仰，不论接受什么教育，都会把快乐作为自己追求的重要目标。尽管人们对如何才算快乐、如何获得快乐有不同的看法，但是追求快乐的殷切心情是没有太大差别的。没有人能够完全漠视快乐，也没有人愿意完全失去快乐，即使过苦行生活的人也会寻找自己的快乐，只不过他们寻找的快乐与普通人寻找的快乐有所不同而已。人们有些时候会忽视健康和生命的重要性，但是一刻也不会忽视快乐的重要性。人们为了获得快乐愿意付出很大的代价，比如辛劳和财富等等，即使为此忍受一些痛苦也心甘情愿。在人们的心目中快乐占据着非常高的位置，它甚至被看做是一切价值中最为重要的价值，是一切价值的最终归宿。鉴于快乐受到人们如此的重视，我们就把快乐单独拿出来考察一番，看一看它在价值谱系中到底处于什么位置，说一说人通过什么途径才能获得真正的快乐。

人的生物存在应该具有的良好状态是生命、健康和快乐。其中生命和健康属于生理状态，快乐属于心理状态。人的心理状态以生理状态为基础，快乐依赖于生命和健康。没有生命的话，快乐无从谈起；没有健康的话，快乐无以为继。从人的生物存在来说，生命和健康比快乐更根本，而快乐是生命和健康的积极表现。由于快乐属于心理状态，比生命和健康更容易被人的意识所察觉，更经常地表现在欲望之中。人们更容易感受到快乐，而较难感受到生命和健康。只有在生命出现危机、健康受到损害的时候，才会认识到生命和健康比快乐更重要。人们总是这样，在健康的时候看不到健康的重要性，失去健康之后才意识到健康是快乐的基础；在生命静静流逝的时候无视生命的意义，生命所剩无几的时候才知道生命的价值比所有的快乐加在一起还要大。关于生命、健康和快乐的关系，可以作这样一个比喻。人的整个生物存在就像一棵树，其中生命是根，健康是叶，快乐是花。当树上开出美丽花朵的时候，人们把注意力都放在了花朵上，赞美花朵的美丽，歌唱花朵的芬芳，而对于树根和树叶是不怎么特别在意的。可是，没有根就不会有花朵的美丽，没有叶也不会有花朵的芬芳，花朵的美丽和芬芳都要以根的发达和叶的茂盛为前提。快乐是人的生物存在绽放出来的最美丽花朵，然而这个花朵只能绽放在由生命和健康支撑的枝头上。

维持生命、保持健康和体验快乐是人的生物存在的三种基本需要。这三种需要有等级的差别，其中维持生命的需要是最高的需要，保持健康的需要是其次的需要，最后才是体验快乐的需要。在满足需要时，首先应该满足维持生命的需要，因为生命是人的生物存在的前提。如果生命得不到保障，健康和快乐也就无从谈起了。然后应该满足保持健康的需要，人只有在健康的时候才能体验到快乐。在前两种需要大体上得到满足的情况下，再来满足体验快乐的需要。体验快乐的需要也是人的内在要求，在合适的时候应该给予适当的满足。完全忽视和排斥对快乐的需要是不合理的。但是在满足体验快乐的需要时，不应该把这种需要看做是最高的需要，更不应该看做是唯一的需要。如果忽视前两个需要的满足，只追求满足体验快乐的需要，那么体验快乐的需要也得不到真正的满足。以违背前两种需要的方式满足对快乐的需要，更无异于饮鸩止渴，即使获得一点快乐也很快被痛苦所抵消。例如以吸食毒品的方式体验快乐，不仅得不到真正的快乐，而且会危及健康乃至生命。在满足对快乐的需要之前，首先应该满足对生命和健康的需要，只有这样才可以更好地满足对快乐的需要。为了满足维持生命、保持健康的需要，必要的时候可以牺牲一些快乐。例如一个人生病了，健康和生命遇到了危机，为了保全生命和恢复健康，忍受打针、吃药的痛苦是值得的。

　　人的快乐以人的生物存在为基础，最简单的表现形式是感官的快乐。例如皮肤接触柔软的东西感到舒服，眼睛看到漂亮的物体感到悦目，耳朵听到美妙的声音感到悦耳，等等。这类快乐是由外物的刺激引起并由人的感官直接获得的。感官的快乐非常浅显，是许多高等动物都能感受的快乐，像大猩猩、猴子、狗等动物也有这样的快乐。对于人的生物存在来说，感官的快乐当然也很重要，满足这种需要也能使人达到积极的存在状态。虽然感官的快乐属于低级的快乐，是与其他动物共有的快乐，但是不能因此而拒绝和排斥它，在生存活动中应该适当地追求这种快乐。当然，人的快乐不仅有感官的快乐，还有其他更复杂、更高级的快乐。更高级的快乐与人的思维活动密切相关，是人所独有的快乐。这种快乐形式有别于感官的快乐，可以称之为内心的快乐。内心的快乐包括由于欲望得到满足而形成的快乐，这也是人们在日常生活中最感兴趣、最津津乐道的快乐。

　　人的需要包括体验快乐的需要，所以欲望也会表现这种需要。欲望不仅积极地表现体验快乐的需要，而且把这种需要作为最重要的表现内容。欲望即使在表现维持生命和保持健康的需要时，也总是夹带进体验快乐的要求。例如吃饭的欲望主要表现的是维持生命和保持健康的需要，可是欲望在表现这些需要时常常以体验快乐为目标。体验快乐的需要之所以受到欲望的特别眷顾，是因为快乐属于心理状态，而欲望具有主观的形式，所以欲望更容易也更愿意表达对快乐的需要。很多时候人的欲望都以享受快乐为主要目标，而维持生命和保持健康只作为从属的目标。由于欲望如此重视体验快乐的需要，因而欲望几乎成了这种需要的专有表达方式。欲望在表达需要时很容易脱离实际的需要，这一点在表达体验快乐的需要时表现得尤为明显。欲望总是夸大对于快乐的需要，不仅把体验快乐作为最高的需要，而且在快乐的名目下附加上许多自己杜撰的要求。

　　在快乐和欲望之间有着非常复杂的关系。体验快乐的需要是欲望所要表现的内容，而满足欲望本身就是体验快乐的一种主要方式。欲望得到满足就会给人带来满足感，这种满足感是一种快感，能够使人从中体验到快乐。而欲望得不到满足就会造成失落感，这种失落感是一种痛感，会引起人的痛苦体验。不论是什么欲望，即使是一种微不足道的欲望，只要得到满足就能带来快乐。人的欲望并非都直接指向快乐，但是在达到欲望所指向的目标时都会使人感到满意和快乐。作为一个极端的例子，受虐狂有被人虐待的欲望，连这样的欲望得到满足也能使他体验到一种快乐。满足欲望和体验快乐混杂在一起，让人很难分清哪些欲望是真正表现实际需要的欲望，哪些欲望是应该加以限制和予以回绝的欲望。借着快乐和欲望的这种混乱关系，欲望更加无所顾忌、为所欲为，打着快乐的名义到处招摇撞骗。对于以快乐为掩饰的欲望很难拒绝，为了体验快乐就会屈从欲望的要求。如果把满足欲望作为体验快乐的唯一途径，那么对欲望就只能听之任之，不会加以任何防范，欲望就会更加胆大妄为，提出更多不合理的要求，于是体验快乐的需要就完全淹没在享受快乐的欲望之中了。

从人的实际需要来看，体验快乐的需要是有限度的。虽然快乐是人的生物存在的积极状态，但是人不能长时间处于极度的快乐状态。快乐的状态是一种兴奋状态，过度的兴奋和长时间的兴奋都会造成神经系统的疲劳和损伤，甚至永久地损害身体的健康。快乐的状态不是必须连续维持的状态，在这一点上快乐不同于生命和健康。在痛苦和快乐之间还有一种平和的状态，处于这种状态时人既不痛苦也不快乐，这样的平和状态也是人的生物存在的良好状态。其实，人体验快乐的需要并不是那么多，只要获得必要的快乐就够了。人的欲望追求愈来愈多的快乐，那是欲望任意夸大的结果。人追求快乐的欲望是没有止境的，达到了较高程度的快乐还不满足，还要追求更高程度的快乐，达不到极度兴奋的状态不肯罢休。任由欲望发展而不加限制的话，欲望会不顾身体的承受能力，把快乐状态推向极端。例如酗酒的人就是在欲望的驱使下，追求更刺激、更强烈的快乐体验，结果导致一发不可收拾的后果。人的欲望是没有尽头的，一个欲望刚刚满足，另一个欲望又会出现，要满足所有的欲望是不可能的。人在欲望刚刚满足的时候会体验到快乐，可是这种快乐不会持续多久，也许只保持几秒钟的时间，为了重新体验快乐就不得不再去满足欲望。人的欲望不会在同一个水平上简单地重复，而是要不断地提高。一种欲望得到满足之后，再满足同样的欲望已经不能产生同样的快乐，必须满足更高程度的欲望才能体验到快乐。人为了追求快乐的新鲜感不断地提高欲望的目标，于是欲望就像滚雪球一样不断地增大，变得越来越远离实际的需要。

人在追求快乐时往往陷入一个怪圈，为了体验快乐就要满足欲望，而欲望得到满足之后还要提出更新、更高的欲望，其结果是欲望变得越来越难以满足，获得的快乐越来越少。这就像喝咸水解渴一样，喝咸水是为了解渴，可是喝完之后感觉比以前更渴了，不得不去喝更多的咸水。在这个恶性循环之中，人的干渴不仅没有减轻，反而变得更加严重了。人若把快乐托付给欲望，就很难走出这个怪圈。通过满足欲望的方式追求快乐，有可能获得快乐，也有可能遭遇痛苦。当欲望得到满足时给人带来的是快乐，而欲望得不到满足时给人带来的是痛苦。在欲望不断膨胀的过程中，总有一些欲望是无法满足的，欲望膨胀得越厉害，不能满足的欲望就越多，人就会感觉到越多的痛苦。要走出这个怪圈就要把欲望控制在合适的范围之内，这样欲望就容易得到满足，人就能够体验到更多的快乐。如果对欲望不加任何限制，任由欲望提出越来越高的要求，那么欲望就会变得很难满足，人就会体验到更多的痛苦。人所遭受的痛苦，除了一部分是由现实的苦难造成的痛苦之外，大部分是因为欲望得不到满足而形成的痛苦。人本来是要通过欲望实现快乐的，可是在追求欲望的过程中却遭受到许多痛苦，这是以满足欲望的方式寻求快乐不可避免的结局。

中国有句古话，叫做"知足常乐"。这是一句很有道理的格言。知足就是满足于自己已有的东西，不再提出更多的要求。当人没有太多欲望的时候，在平常的生活中就能体验到快乐。例如吃饭，当人对生活的要求不是很高，不追求珍馐美味的时候，吃家常便饭就会感到满足，能够从中体验到快乐。知足并不是消除人的一切欲望，更不是否定人体验快乐的需要。知足的态度并不反对那些直接表现需要的欲望。在没有饭吃的时候不会反对吃一顿饱饭的欲望，在没有衣服穿的时候不会反对得到一件衣服的欲望，在没有房子住的时候不会反对得到一处房屋的欲望。知足以满足基本需要为前提，只限制那些远离需要的欲望。知足之所以常乐的基本原理是，人把欲望控制在合适的范围内，欲望比较容易得到满足，人就能够从中体验到更多的快乐。不论人有什么样的欲望，只要得到了满足就能获得快乐。在这一点上依赖更高条件的"昂贵"欲望和只依赖普通条件的"低廉"欲望没有多大的差别，满足低廉的欲望获得的快乐并不逊于满足昂贵的欲望获得的快乐。人追求太高的欲望很难得到满足，不仅不能获得快乐，而且还有可能遭受痛苦，那么何不转而专注于在目前条件能够满足的较低欲望，在较低欲望的满足中寻求触手可及的快乐呢？"知足常乐"这个格言，指出了一条既简单又可靠的寻求快乐的道路。然而遗憾的是，人们更愿意听从自己的欲望，而不愿意听从古老的格言。

人在欲望的引导下追求快乐，就会把快乐寄托在外物上。本来体验快乐的需要没有指明特定的对象，多种多样的事物都可以给人带来快乐。例如吃一顿家常饭菜可以获得快乐，穿一件普通衣服可以获得快乐，玩一种简单游戏可以获得快乐，等等。因为人的快乐需要没有指向特定的对象，所以快乐的获得并不依赖特定的外物。而人的欲望指向特定的外物，只有获得这个外物才会感到满意。例如某人有获得一串名贵项链的欲望，这个欲望必须用名贵的项链来满足，换其他任何物品都不能使她感到称心如意。看一看那些不太快乐的人，他们大多是因为没有获得欲望指定的外物而感到不快乐的。本来希望拥有一件漂亮的衣服或某种可爱的物品，可是自己偏偏得不到这样的衣服或物品，于是感到很不满意，并因此而不快乐。人们通常都以满足欲望的方式寻求快乐，而欲望是否满足要看能否获得特定的外物，这时是否拥有外物就成了人是否获得快乐的关键。拥有欲望指定的外物，欲望就得到满足，人就获得快乐，否则欲望得不到满足，人也很难体验到快乐。一旦把满足快乐需要的希望寄托在外物上，人就失去了对自己快乐的控制能力，外物成为决定人是否快乐的主宰力量。

把快乐寄托在外物上就会迷失快乐的根源。如果深入地分析人的快乐和外物的关系，就会发现人的快乐其实不是由外物决定的。同样一个事物未必给人带来同样的快乐，而不同的事物却可以让人体验到同样的快乐。我们观察儿童在玩耍时如何获得快乐就可以明白这个道理。在儿童玩耍时玩具只是一个道具，不论是什么样的玩具，只要全身心地投入到玩耍之中就能体验到快乐。即使把泥土、木棍作为玩具也能获得快乐，不一定非要玩高档的电子游戏才能获得快乐。在最简单的玩具上获得的快乐与在最高级的玩具上获得的快乐没有太大的区别。人的快乐并不依赖特定的外物，没有这个外物可以由其他外物代替，借助于不同的外物可以体验到同样的快乐。关于什么人最快乐的问题，大多数人都认为富有的人一定最快乐，其理由是富有的人拥有很多财富，能够获得更多满足欲望的外物，借助这些外物可以享受到更多的快乐。然而实际情况未必如此，富有的人也许抱有更多、更大的欲望，由于这些欲望得不到满足而正在苦恼之中。而相对贫穷的人虽然不是非常富有，拥有的外物不是很多，但是足以满足平常的欲望，能够获得源源不断的快乐。只要贫穷没有影响到基本生存需要的满足，贫穷的人也可以像富有的人一样快乐，甚至比富有的人更快乐。快乐与外物没有必然的联系，外物只是让人产生快乐的条件。人只要不被欲望固定在特定的事物上就能在多种事物上找到自己的快乐。

人的很多快乐都是通过满足欲望获得的，可是也有一些快乐是通过超越欲望获得的。例如人在探索和发现真理时形成的快乐，在得到别人的承认和夸奖时获得的快乐，在爱一个人或被一个人所爱时体验到的快乐，这些快乐在层次上高于满足欲望获得的快乐。利用外物满足欲望所获得的快乐比较接近于感官的快乐，属于内心快乐中最表层的部分。内心的快乐还有更深层的部分，这部分快乐远离人的欲望，甚至与人的欲望完全对立。内心深处的快乐也以人的生物存在为根据，但与人的智慧存在保持密切的联系。人的心灵在理解行动的高远意义时体验到一种快乐，这种快乐属于内心快乐的最深层部分。例如一个人甘愿牺牲自己的利益去帮助有困难的人，当他理解自己的行动具有的道德意义时，就会形成这种快乐。这种快乐与获得物质利益产生的快乐是不同的。人在审美时获得的快乐也与欲望无关，也属于内心深处的快乐。由外物满足欲望形成的快乐比较浅薄，持续的时间比较短暂，必须不断地用外物刺激感官或满足欲望才能延续快乐的状态。内心深处的快乐不受外物的直接影响，因此非常深沉，而且能够保持较长时间。比如说那位在他人遇到困难时提供帮助的人，他只要思考这件事情的意义就可以不断地体验到快乐，这种快乐的持久性是借助美食获得的快乐无法相比的。内心深处的快乐不依赖外物，是最值得人去追求的快乐。古今中外的许多思想家都强调内心的快乐，而轻视感官的快乐。例如亚里士多德认为思想的快乐高于感觉的快乐，伊壁鸠鲁学派认为心灵的宁静比感官的快乐更重要。

人的快乐有依赖外物的，也有不依赖外物的，相应地追求快乐就有两条不同的途径。一条途径是获取和占有外物，利用外物刺激感官或满足欲望，以此体验快乐。这是一条最容易走的途径，许多人都通过这个途径寻找快乐。另一条途径是在内心中深入地理解某种事物的价值或某种行动的意义，形成美好的感受，从中体验到快乐。例如一个人做一件为更多的人谋得福利的工作，他在理解这件工作的意义时就可以在内心深处体验到快乐。这种快乐是通过提升心灵的境界实现的。一般来说，只要理解自己行动的意义就能获得一些快乐，但是只有理解到深刻、长远的意义才能体验到更大的快乐。通过外物满足欲望获得的快乐直接而强烈，而通过理解价值和意义获得的快乐深沉而绵长。人所能拥有的外物总是有限的，而且外物在使用过程中还会不断地消耗和减少，因此把外物作为快乐的源泉不可避免地遇到难以为继的困境。人在内心中对意义的理解是没有限度的，即使在一件平凡的小事上也能发现伟大的意义，而且反复地理解意义也不会使意义消失，所以把理解意义作为快乐的源泉是永不枯竭的。人通过外物追寻快乐往往找不到多少快乐，其中还总是掺杂着欲望得不到满足的痛苦。而在内心深处追寻快乐可以发现更多的快乐，其中还包括理解自己的存在意义而形成的最珍贵的快乐。

伊壁鸠鲁学派认为快乐就是"身体的无痛苦和灵魂的无纷扰"[1]。这里指出了获得快乐的两个前提条件，一是在身体上没有痛苦，二是在精神上没有烦恼。人在饥饿、寒冷、劳累、生病的时候，身体感到痛苦，这时是很难体验快乐的。而在生气、失望、彷徨、迷茫的时候，精神出现烦恼，这时也不能体验到快乐。人要更好地体验快乐就要消除身体上的痛苦和精神上的烦恼。消除身体上的痛苦必须借助于必要的物质条件，例如凭借食物消除饥饿，利用衣服抵御寒冷，通过休息解除劳累，借助药品治疗疾病，等等。只要具备了身体所需的物质条件，就能够免除身体痛苦给体验快乐造成的障碍。至于精神上的烦恼是很难用外物消除的。只有找到产生烦恼的根源，然后对症下药才能解决问题。人在精神上的烦恼大多都与欲望相关，当人的欲望得不到满足的时候，精神上就会感到烦恼。消除这种烦恼大概只有两种方式，一种方式是尽量地满足所有的欲望，以避免出现欲望得不到满足的情况，这样就不会产生烦恼了。可是人的欲望是不断膨胀的，要满足全部的欲望是不可能的，由于欲望过多而产生的烦恼是无法消除的。另一种方式是通过限制欲望达到消除烦恼的目的。只要节制不断增长的欲望，把欲望控制在合适的限度之内，使欲望与现实的条件相适应，这样就能保证大部分欲望都能得到满足，减少出现由于欲望得不到满足而导致的烦恼。前一种方式是扬

---

[1] 伊壁鸠鲁在致美诺益凯的信中说："当我们说快乐是终极的目标时，并不是指放荡的快乐和肉体之乐，就像某些由于无知、偏见或蓄意曲解我们意见的人所认为的那样，我们认为快乐就是身体的无痛苦和灵魂的不受干扰。"（转引自苗力田:《古希腊哲学》，中国人民大学出版社 1989 年版，第 649 页）

汤止沸的解决方式，后一种方式是釜底抽薪的解决方式。从治本的角度说，节制欲望是消除烦恼、获得快乐的最佳方式。

快乐是人的生物存在应有的状态，也是值得人维护的一种美好价值。人在生活中应该追求快乐，既要追求感官上的快乐，也要追求内心的快乐。人追求和享受快乐是天经地义的，这一点可以从人的生物存在中找到根据。只要不把快乐当做生活的唯一追求，不追求那些与其他价值相冲突的快乐，那么享受快乐是合情合理的。在追求快乐时应该选择正当的方式，通过正当方式获得的快乐才能保持美好的性质。以其他方式追求快乐也能获得快乐，甚至能够获得很强烈的快乐，但是在追求快乐的过程中会破坏其他需要的满足，这样追求快乐失去的价值也许比获得的价值更多。追求快乐的方式有优劣之分，应该尽量以最合理的方式追求快乐。例如，以取笑别人的方式获得快乐不如以帮助别人的方式获得快乐，以大量消费的方式享受快乐不如以劳动创造的方式享受快乐，以感官体验快乐不如以内心体验快乐，等等。追求快乐的方式也会影响最终获得的快乐。如果追求快乐的方式违背其他价值，那么快乐本身的价值就会失色不少；如果实现快乐的方式符合其他价值，那么快乐的价值就会增色很多。以不正当方式获得的快乐不是完美的快乐，要达到完美的快乐就要保证追求快乐的方式是正当的。追求快乐并不单纯是能否获得快感的问题，它还涉及人应该如何存在的大问题。

6. 物质生活是与人的生物存在相对应的基本生活。拥有适度充裕的物质条件是过上美好生活的基础。

人的存在及其过程构成人的生活。根据人的不同存在方式，可以把人的生活区分为物质生活、精神生活和社会生活[1]。物质生活与人的生物存在相

[1] 亚里士多德把人的生活区分为三种，享乐的生活、公民大会或政治的生活以及沉思的生活（参见亚里士多德：《尼各马可伦理学》，廖申白译，商务印书馆 2003 年版，第 11—13 页）。其中享乐的生活是物质生活，公民大会或政治的生活是社会生活，沉思的生活是精神生活。

对应，是人的生物存在及其过程；精神生活与人的智慧存在相对应，是人的智慧存在及其过程；社会生活与人的社会存在相对应，是人的社会存在及其过程。物质生活、精神生活和社会生活是人的生活的三个组成部分，三者共同构成人的完整生活。在这三个部分中，物质生活居于基础地位，制约着人们的精神生活和社会生活。我们现在就来简单地考察一下物质生活，看一看物质生活是一种什么样的生活，其中包括哪些重要的生存价值。

物质生活是以人的身体为中心的生活。人的身体是人的生物存在的载体，身体的要求和活动表现人的生物存在。对于人的生物存在来说，最根本的任务是生存，即维持生命、保持健康和体验快乐。物质生活中进行的各种活动都属于生存活动，都直接或间接地为满足人的身体的需求服务。例如吃、喝、住、穿等消费活动满足人的生理需求，保障身体的正常生理机能；玩耍、游戏等娱乐活动满足人的心理需求，使身体保持或达到愉快的心理状态；种植、放牧、渔猎、加工等生产活动是为满足生理和心理的需求提供必要的物质条件。消费活动、娱乐活动和生产活动都离不开人的身体，都是围绕着人的身体的需求展开的，目的无非是更好地维护人作为生物的存在。不论人的物质生活发展到什么程度，不管吃什么、用什么、玩什么，其中心自始至终离不开人的身体。尽管人的物质生活有复杂的社会形式和精致的文化成分，与动物的生存活动直接满足身体的需求有所区别，但是只要揭去这些表面的修饰部分，就会发现人的物质生活原来就是用来保持或达到身体良好状态的生存活动。

在物质生活中，人要满足三种基本需要，即维持生命、保持健康和体验快乐。如果这三种需要得到了满足，那么人的身体就处于良好的状态。人的许多活动都以满足这些需要为内在动力。为了满足这些需要，人进行吃、喝、住、穿等消费活动，进行玩耍、游戏等娱乐活动，进行种植、放牧、渔猎、加工等生产活动。消费活动和娱乐活动直接满足维护生命、健康和快乐的需要，而生产活动创造出便利、有效的物质条件，间接地满足人对生命、健康和快乐的需要。人们有许多具体的追求目标，诸如获得某件物品，吃到某种食物，穿上某种服装，住上某种房屋等等。这些具体目标的背后有一个更根本的目标，那就是使身体维持或达到生命、健康和快乐的状态。正是因为背后的根本目标有意义，所以那些具体目标才值得追求。人们在营造物质生活方面下了很多功夫，创造出越来越多的物质产品，发明出越来越好的医疗技术，建造出越来越舒适的生存环境。这一切不是为了别的目的，只是为了更好地满足人对生命、健康和快乐的需要。随着现代物质生活的发展，人的生存条件已经得到了显著的改善，不仅为满足生命和健康的需要提供了有效的保障，也为满足快乐的需要准备了丰富的条件。

在物质生活中，外在自然物是满足人的生存需要的必要条件。人的吃、喝、住、穿等生存活动都要依赖相应的自然物，缺少相应的自然物，这些活动就无法正常地进行。如果没有食物，人就无法去吃；如果没有饮料，人就无法去喝；如果没有房屋，人就无法去住；如果没有衣服，人就无法去穿。人的生存活动是面对外在自然物的活动，依靠自然物才能维持身体的生命和健康，借助自然物才能获得感官上的快乐。任何一个存在于现实生活中的人都知道食物、饮料、房屋、衣服等自然物的重要性，都会把获得这些自然物作为物质生活的主要内容。外在的自然物制约着人的物质生活。物质生活能否继续下去，就要看有没有足够的自然物。缺少足够的粮食、水和其他必要的物品，人的物质生活就会陷入困境。物质生活的状况是由人所拥有的自然物来衡量的，只有拥有足够自然物的物质生活才是富足的，而缺少自然物的物质生活则是贫乏的。

物质生活所依赖的自然物就是物质生活资料。物质生活资料既包括食物、衣服、住房等物质生活不可或缺的必需品，也包括汽车、电器等使人生活更舒适、更愉快的奢侈品。必需品对于人的物质生活最重要，借助于它们才能满足基本的生存需要。如果缺少必要的食物、衣服、住房等物品，人的物质生活会非常艰难。奢侈品不是物质生活所必需的物品，没有奢侈品，物质生活也能进行下去。奢侈品的主要作用是给人的物质生活提供更多的方便和舒适。例如汽车、飞机给人的出行提供方便，空调、冰箱给人的生活提供舒适，等等。必需品的作用是维护人的生命和健康，并给人带来适度的快乐，而奢侈品的作用是满足人的感官要求，使人获得更多感官上的快乐。人在物质生活中提出的要求，大多不是出于生命和健康的需要，而是为了获得更多的快乐。即使为了生命和健康的需要，也都要贴上"快乐"的标签。人为快乐而追求舒适的物质生活，要求获得更多的消费品，于是大量的物质产品被生产出来，物质生活淹没在一大堆消费品中，变得越来越奢侈，越来越臃肿。

人们追求越来越多的物质生活资料，这往往不是出于实际的需要，而是出于不断膨胀的欲望。人的实际需要大体上是固定的，拥有必要的物质生活资料就能得到满足。例如人体每日需要一定数量的营养，人在摄取营养时，达到所需数量就够了，超出所需数量不仅是无益的，而且是有害的。欲望以人的需要为根据，要表现需要提出的要求。可是欲望并不以实际需要为限度，总是夸大实际的需要，提出更高、更难满足的要求。人对物质生活资料的需要是有限的，而对物质生活资料的欲望则是无限的。不管物质生活已经多么富足，人的欲望还是会提出更高的要求，追求更多、更好的物质生活资料。现代社会的物质生活已经达到较高的水平，物质生活资料已经相当丰富，基本的生存需要能够得到满足，但是人们并不因此而知足，对现有的物质生活仍然不太满意，要求获得更多、更好的物质生活资料。在人们不断膨胀的欲望中，保障生命和健康的要求已经退居次要的位置，而体验感官快乐的要求占据主要的位置。感官快乐都是短暂的快乐，需要不断地用外物来刺激感官，为了获得这样易逝的快乐，就要具备更多、更新的物质生活资料，所以对物质生活提出越来越高的要求。

在物质生活中物质生产占据基础的地位。人用来满足生存需要的自然物，很多都不是自然界直接提供的，而是人按照自己的要求改造过的东西。物质生产的作用就是改变自然物使之更好地满足人的需要。自然界中的自然物不能完全满足人的要求，人就通过有目的的生产活动创造出更适合自己要求的产品。自然界不能提供丰富的粮食、合身的衣服，更不要说舒适的住房、整齐的街道、快速的汽车了。在如今的物质生活中几乎找不到纯粹自然的东西，连饮用水都是经过工业加工并通过管道输送的人工产品。人们使用的大多数物质生活资料都是在物质生产活动中创造出来的。自从工业革命以来，人们改造自然世界的能力大大提高，带来了社会物质生活的巨大变化，其最明显的表现是物质生活资料的极大丰富。随着科学技术的快速发展和物质生产能力的不断提高，可供消费的物质产品在种类和数量上越来越多，发达社会的人们过上了相当富裕的物质生活。但是由于地区差距、分配不均等原因，世界上还有一些人尚未摆脱绝对的贫困，缺失足够的粮食、饮用水和药品，经常受到饥饿、寒冷、疾病的威胁，更有甚者一些儿童因为营养不良、水源污染而过早地夭折。人类已经掌握的物质生产能力已经为消除贫困提供了基本条件，只要解决物质生产的地区差距、分配不均等问题，就能使所有的人都享受到物质生产发展带来的成果。

从现代社会的整体状况来看，物质生产能力甚至有些过剩，创造出来的物质产品远远多于人们的实际需求。为了使社会物质生产不出现停滞，就要鼓励人们进行消费，于是形成了以消费带动生产的"消费社会"。用于满足实际需要的消费是有限的，不能更有力地推动社会的物质生产。为了扩大消费就要刺激人们的欲望，让人们追求超出实际需要的更多物质产品。现代社会里充斥着各种商品的广告，这些广告生动形象地描绘出所谓的美好物质生活。人们本来不安分的欲望受到不断的激发，对物质生活的方便、快捷、舒适提出更高的要求。在消费欲望的推动下，社会物质生产活动有了新的动力，创造出花样翻新、数量丰富的物质生活资料。在现代社会里，人们的消费对象不限于物质产品，还包括某些精神产品。一些电影、电视、书籍、报刊就是专门用来消费的精神产品。人们在消费这些精神产品的时候能够获得快乐，但不是内心的快乐，而只是感官的快乐。例如电视上的一些低俗的娱乐节目给人带来的就是这样的快乐。这样的精神产品在引起感官快乐这点上，与物质产品没有太大的区别。所以，也应该把这种精神产品的价值看做是生存价值。在消费社会里，消费具有重要的地位，它不仅是满足生存需要的方式，更重要的是人存在于世界的一种体现。有些人无法从其他途径确证自己的存在，只好通过占有和消费物质产品获得存在感。但是正当人们快乐地享受大量消费品的时候，社会的物质生活出现了一个巨大的隐忧。物质生产要消耗自然资源，也会对周围环境造成污染。在大量生产、大量消费的过程中，不可避免地出现资源枯竭、环境污染等问题。这些问题的出现给现代社会的消费主义生活模式敲响了警钟。

人们的物质生活相互连接在一起，这样的物质生活又叫做经济生活。在经济生活中维持人的生物存在的自然物有一个更好听的名字——"财富"。财富的实际内容是用于满足生存需要的生活资料和生产资料。例如直接满足人的生存需要的粮食、衣服、住房等，间接满足人的生存需要的土地、矿产、工具等，这些都是财富。财富的自然内容千差万别，可是社会形式是统一的。不同的财富之间可以相互转换，拥有一种财富就等于拥有了其他财富。社会财富有一个著名的代表——金钱。金钱的作用是一般等价物，利用它可以交换各种财富。在以分工和交换结合起来的社会里，金钱已经成为最重要的生存条件，有了金钱就可以获得自己需要的东西，需要粮食的时候可以用来交换粮食，需要住房的时候可以用来交换住房。作为商品出售的所有东西，都可以利用金钱去换取。在现代社会里大多数物品都成为了商品，甚至人的劳动力也被当做商品拿出来销售。金钱不过是薄薄的一张纸币，可是在它的背后粘连着多种多样的生存条件。由于金钱和财富在物质生活中占据着如此重要的地位，所以人们在衡量物质生活时往往以金钱和财富的多少为标准，而忘记了物质生活的核心是人的生物存在，生存需要的满足程度才是衡量物质生活的标准。把金钱的多少作为衡量物质生活的标准，就会使物质生活渐渐远离人的实际需求，不断地掏空其自然内容，只留下空洞的社会形式。

物质生活中的各种物质生活资料都有价值，它们的价值都属于根源于人的生物存在的生存价值。这些物质生活资料有益于人的生物存在，或者维持人的生命，或者保持人的健康，或者给人带来感官的快乐。它们的价值是生存价值的外在价值，表现的是人的生物存在蕴涵的生命、健康和快乐这三个内在价值。物质生产资料也有价值，其价值通过创造物质生活资料间接地表现出来。毫无疑问，金钱和财富也有价值。金钱和财富的价值比较复杂，其中既表现生存价值，也表现交往价值。人们重视金钱和财富，不仅是因为金钱和财富能够满足生存需要，还因为金钱和财富能提高自己的社会地位。金钱和财富的价值有两个根源，一个是人的生物存在，另一个是人的社会存在。金钱和财富的价值不是单一的价值，而是综合的价值，同时表现着生存价值和交往价值。它们表现的生存价值和交往价值有内在联系。人以金钱和财富表现自己的社会地位，无非表明他的生物存在比其他人拥有的生存条件更优越。在物质生活的范围内，金钱和财富属于生存价值，其价值的根据在于人的生命、健康和快乐。

当生存价值表现为金钱和财富时，获得了"永恒价值"的外衣，似乎成了独立于人的价值。金钱和财富可以用来交换各种物质生活资料，只要拥有金钱和财富就等于拥有了各种物质生活资料。人们比较容易看清物质生活资料的价值与人的生物存在的关系，但是很难看清金钱和财富的价值也以人的生物存在为根源。人们通常认为，只要是金钱和财富就有价值，不是对某一个人具有价值，而是对所有人都有价值。在商业社会里，金钱和财富的重要性的确太明显了，有了金钱和财富就可以过富足的物质生活，没有金钱和财富就只能过贫穷的物质生活。人们为了保障自己的物质生活，必须想方设法获得金钱和财富，并且要把金钱和财富储藏起来，以待将来使用。人们不仅把金钱和财富本身看做是价值，还把金钱和财富看做是其他价值的源泉，甚至认为获得了金钱和财富就是获得了幸福。由于对金钱和财富有这样的看法，于是对金钱和财富顶礼膜拜，最终形成金钱至上的拜金主义观念。当人给金钱和财富赋予如此重要的地位时，相应地就降低了人自身的地位，看不到是人的存在使金钱和财富具有价值的，反而认为金钱和财富使人的存在具有了意义。

金钱和财富对于人的生活的确非常重要，这是任何面向生活的人都能看到的事情。不过，金钱和财富本身并不是价值，它们的价值必须以人的存在为前提。如果没有人的存在，没有人的生存需要，那么金钱和财富没有任何价值。金钱和财富的价值最终通过肯定人的生物存在表现出来。人利用金钱和财富可以获得满足生存需要的生活资料，借助生活资料可以维持自己的生存，因此金钱和财富才表现出价值。如果金钱不能购买商品，财富不能用来使用，那么金钱和财富没有价值可言。金钱和财富所表现的生存价值以人的生命、健康和快乐为根据，是从内在价值中派生出来的外在价值。金钱和财富的重要性是人的生命、健康和快乐的重要性的表现。不论金钱和财富多么重要，也没有人的生命、健康和快乐重要。金钱和财富都是外在的价值，失去了金钱和财富不会失去全部的生存价值。而生命、健康和快乐则是内在的价值，是一切生存价值的根源。金钱和财富的价值与生命、健康和快乐的价值是无法相提并论的，没有生命、健康和快乐，金钱和财富还有什么价值呢？

从目的和手段的关系来看，金钱和财富不过是人的手段，而人是金钱和财富的目的。金钱和财富对人的存在发挥积极作用才有价值，不能发挥积极作用就没有价值。金钱和财富本身并不是价值，在人的存在的映照下才对人显现出价值。人们从金钱和财富本身看它们的价值，认为只要金钱和财富存在，金钱和财富的价值就会存在。这样看待金钱和财富的价值，它们的价值就脱离了人的存在，变成不受人的存在制约的价值。把金钱和财富看做是独立于人的价值，其结果是人不再是金钱和财富的目的，而金钱和财富变成了人的存在的目的。在某些人的眼中只有金钱和财富，用金钱和财富换算一切价值，根据能否增加金钱和财富衡量人的劳动的价值，甚至把金钱和财富看做是人的存在是否有意义的标准。从金钱和财富的角度理解它们的价值，会忽视人的存在对于金钱和财富价值的根源地位，反而把金钱和财富置于比人更高的位置上。从人的存在出发理解金钱和财富的价值，金钱和财富是人的存在的手段，人是金钱和财富的主人，而从金钱和财富出发理解价值，金钱和财富是人的存在的目的，人就成了金钱和财富的奴隶。

社会以金钱和财富分配生活必需的东西，没有金钱和财富就无法正常地生活。所以，人必须以劳动或其他方式谋取金钱和财富，以此来保障自己的生存条件。即使那些痛骂金钱使人堕落的人也不能完全放弃金钱，也要以金钱与他人交换各种物质产品。金钱和财富作为价值是无可指责的，应该指责的是人们对待金钱和财富的态度，以及获取金钱和财富的方式。如果谁把金钱和财富看做是生活的唯一追求目标，而对真理、道德、名誉、友情等等一概弃之不顾，那么这样对待金钱和财富的态度就是有问题的。一旦把金钱和财富当做唯一的价值，就不能感受到其他很多美好的价值。这就如同捡了芝麻丢了西瓜一样得不偿失。如果对金钱和财富的追求以损害其他价值为代价，那么追求金钱和财富的方式就是不合理的。例如有人以损人利己的方式追求金钱和财富，有人以违法乱纪的途径积累金钱和财富，这些追求金钱和财富的方式都是不合理的。此外，以偷窃、欺骗、掠夺等方式追求金钱和财富也是不合理、不正当的，理应受到应有的谴责和惩罚。追求金钱和财富的愿望的正当性并不能使追求金钱和财富的方式也获得正当性。因为追求金钱和财富的方式还会涉及其他价值，是否正当还要看获得金钱和财富时是否没有破坏其他美好的价值。

人不仅是自然存在物，同时还是智慧存在物和社会存在物。人的生物存在映现出生存价值，而智慧存在映现出思想价值，社会存在映现出交往价值。人作为一种生物存在，追求生存价值是合情合理的，但是不能把生存价值看做是唯一的价值，还应该追求思想价值和交往价值。追求思想价值和交往价值不仅拓展了价值的领域，而且有助于抑止由于追求单一生存价值而导致的偏颇。把金钱和财富看做是一切价值，为了获得金钱和财富而忽视其他价值，这是追求单一生存价值造成的消极后果。为了体验快乐而过度追求欲望的满足，也是因为看不到其他价值，把生存价值看做是唯一价值造成的。从金钱和财富等外物出发看价值，无法看到生存价值之外的其他价值。只有从人的存在出发考察价值，把人还看做是智慧存在物和社会存在物，才会看到除了生存价值之外还有思想价值和交往价值。一个人不论获得多少生存价值，也不能弥补思想价值和交往价值的缺失。生存价值只能肯定人的生物存在，而不能肯定人的智慧存在和社会存在。

人对于生存价值的渴望和追求植根于人的生物存在之中。人的生物存在应有的生命、健康和快乐都是重要的价值。生命无疑是一切价值中最重要的价值，凡是能预见死亡的人都知道生命是无比重要的。健康的价值也不是难以发现的价值，只要身体出现不适或病痛，人就能充分意识到健康的重要性。至于快乐的价值与人的欲望最接近，所以最受人们的关注。在各种价值中，生存价值最容易得到人的重视，与此相应的是物质生活更受人的关注。人们最关心的生活常常是物质生活，对物质生活的追求占据最优先的位置。人们往往忽视精神生活，有时也会轻视社会生活，但是从来不会怠慢物质生活。有一些人轻视物质生活，追求精神生活，这样的人被视为与众不同的人。从大多数人的观念来看，物质生活是最真实的生活，其他生活都有些虚无缥缈。由于有这样的认识，所以很多人都把精力用在营建富裕、舒适的物质生活方面，用集聚起来的大量财富把自己紧紧地包裹起来，这样才感觉到踏实和满意。当人把生活看做是像衣服一样外在的东西时，就很容易看到物质生活的重要性。然而，人的生活并不是人的存在之外的东西，而就是人的存在的现实表现。如果把人的存在作为出发点去看生活，就不会出现一叶障目的狭隘看法，会看到精神生活和社会生活也是生活的重要组成部分。在精神生活里可以感受思想价值，在社会生活中可以发现交往价值，这些价值也像生存价值一样蕴涵于人的存在之中，也是人的生活中的重要价值。

人们都希望过高质量的生活。可是生活质量不完全是由物质生活水平决定的，精神生活和社会生活的状况也制约生活的质量。富足的物质生活只表明物质生活水平较高，但不能表明整个生活水平都高。如果物质生活是富足的，而精神生活是空虚的，社会生活是狭隘的，那么这样的生活还称不上是

第二章 生物存在与生存价值

高质量的生活。高质量的生活不仅要求物质生活富足，基本的生存需要得到充分的满足，还要求精神生活充实，对外在世界和自己的存在有更多的认识，而且社会生活广阔，与其他人建立起和谐的社会关系。人要全面地提高生活质量，只靠赚取金钱、积累财富是办不到的。金钱和财富可以提高物质生活的水平，但不能提高精神生活的质量，也未必能够提高社会生活的质量。要提高精神生活的质量，必须发挥思维能力进行思考，通过探索真、善、美提升心灵的境界。要提高社会生活的质量，必须扩大社会交往，通过与他人建立和谐的关系肯定自己的社会存在。当物质生活、精神生活和社会生活的水平都得到提高时，人的生活的整体质量才会得到全面的提高。高质量的生活应是三种生活的统一，即比较宽裕的物质生活、比较充实的精神生活和比较和谐的社会生活。

当我们从人的存在出发考察物质生活时，就可以像整理杂货铺一样理清凌乱的物质生活。人的生物存在决定了人必须过物质生活，必须获取必要的物质生活资料以满足基本的生存需要。人在物质生活中最应该重视的是维持生命和保持健康的需要，同时也应该适当地满足体验快乐的需要。体验快乐的需要很容易被欲望所夸大，成为永无止境的需求，所以应该对这种需求加以必要的限制，使之保持在合适的限度之内。人的物质生活只要能够满足基本生存需要就够了，这样的生活已经能够保障生命和健康，也为体验快乐准备了必要的条件。为了更富足、更舒适而追求奢华的生活，并不能给生命和健康带来更多的保障，而且会使人沉溺于感官享乐之中，影响人对生活的价值产生更多的感受。物质生活并不是生活的全部，除了物质生活之外还有精神生活和社会生活。人要追求更美好的生活就不能停留在物质生活之中，而要超越生物存在的层次去追求更高的精神生活和社会生活。

第三章　智慧存在与思想价值

1. 人的智慧存在表现为心灵的思想活动。心灵追求三种境界：真的境界、善的境界和美的境界。

帕斯卡尔说：人只不过是一根苇草，但人是一根能思想的苇草[1]。有智慧，能思想，这是人与其他存在物的最重要区别。除了人之外的存在物都没有智慧，不能自觉地认识外在世界，不能自主地反思自身存在，只能按照天性或本能自然地存在。人能够把自己与其他存在物区别开来，从自己的角度思考外在世界，在外在世界中把握自己的存在。人也遵循自己的天性和本能，但是人能够自觉地认识天性和本能，并且能够利用智慧弥补天性和本能的不足。人借助自己的智慧，不仅获得了更好的生存条件，而且形成了超越生物存在之上另一种存在形式——智慧存在。

现在，我们把眼光从人的生物存在转向人的智慧存在，看一看人的智慧存在是怎样的存在，这种存在映现出了哪些重要的价值。

人作为智慧存在物，存在于文化世界之中。文化世界是由各种知识、观念、意象构成的，这些知识、观念、意象通常以理论、学说或作品的形式表现出来。文化世界中有很多种知识，有关于自然的知识，例如物理学、化

---

[1]　参见帕斯卡尔：《思想录》，何兆武译，商务印书馆 1985 年版，第 157—158 页。

学、生物学、地理学的知识；有关于社会的知识，例如社会学、政治学、经济学、管理学的知识；有关于人的心理的知识，例如心理学的知识；也有合乎逻辑地构造出来的知识，例如数学的知识。各种知识从不同侧面和不同层次回答了世界是什么的问题。文化世界中的观念则主要回答人应该如何存在的问题。这些问题包括人应该追求什么目标，应该遵循什么规则，等等。例如人生观念回答人应该如何度过一生，道德观念回答人应该做什么和不应该做什么，自由、平等、公正的观念告诉人应该建设和维护什么样的社会。文化世界中的意象一般都表现为艺术作品，例如绘画、雕塑、音乐、舞蹈等等，这些艺术作品可以给人提供审美的意象。文化世界是一个广袤而深邃的世界，在这里可以找到与人的智慧存在相关的各种事物。文化世界就像一个摆满货物的超级市场，当然这里摆放的不是琳琅满目的商品，而是各种各样的知识、观念和意象。

文化世界中的知识、观念和意象是特殊的存在物，它们没有外形，没有重量，也不占据物理空间，看起来似乎是虚无缥缈的东西。然而，这些事物的存在是不容置疑的，对人的作用也是实实在在的。知识、观念和意象不是自然的事物，是一代又一代的人创造出来的。它们最先出现在创造者的头脑中，然后固化到文化世界中。这样形成的知识、观念和意象，虽然离不开整个人类的精神，却可以离开个别人的精神，具有一定的客观性。对于某个特定的人来说，已经存在的知识、观念和意象是外在事物，不能用意识随意地改变它们。文化世界中的知识、观念和意象都以符号的形式存在，其中最普遍、最重要的符号是语言文字。正是因为人类发明了语言文字，所以能够把发现或创造的科学知识、人文观念、审美意象等文化成果积累下来，营造出内容丰富、形式多样的文化世界。知识、观念和意象不是符号本身，而是隐藏在符号的形式背后的内容。人只能借助符号把握文化世界的存在物，不能解读符号就无法获得其中的知识、观念和意象。平时文化世界中的知识、观念和意象处于沉寂的状态，只有当人解读它们并把它们引入思想之中，它们才被激活，成为实际发挥作用的知识、观念和意象。有时知识、观念和意向也保留在人的记忆中，它们作为文化世界的"副本"而存在。

文化世界是不同于自然世界的另一种世界。人在这个世界的存在不同于在自然世界的存在。在自然世界中，人以其身体存在着；而在文化世界里，人以其心灵存在着。人的心灵不是指神秘的灵魂，而是指现实的思维、意识和精神。人具有高度发达的思维能力，能够思考外在世界和自身的存在，能够把握知识、观念和意象，这就是人的心灵的表现。人的心灵离不开人的身体，若没有身体及其大脑和神经系统，就不会有思维、意识和精神，也不会有孤零零的心灵。可是，不能因此把人的心灵还原为身体的一部分，例如看做是大脑和神经系统。也不能把心灵等同于大脑和神经系统的功能，否则机器人也可能具有"心灵"。心灵是比身体更高一个层次的存在，不能用物理学或生理学的方法说明心灵是什么。在文化世界中人不能用身体存在，因为文化世界不是物理世界，没有容得下人的双脚的地方。人只能以其心灵把握知识、观念和意象，以思想的方式遨游于文化世界之中。人以其身体存在于自然世界中，此时人的存在是生物存在；又以其心灵存在于文化世界中，此时人的存在是智慧存在。在文化世界中，人不是具有高度发达思维能力的生物，而是拥有智慧的思想者。

从静态来看，人的智慧存在是人的心灵；而从动态来看，人的智慧存在是人的思想活动。人的思想活动都是围绕着"问题"展开的。人的心灵会思考许多问题，有些问题是关于外在世界的，例如世界中某个事物的存在状况是怎样的，这个事物与其他事物有什么区别，这个事物与其他事物有没有共同之处，同类事物有没有一般的本质，其发展有没有必然的规律，等等；有些问题是关于人的存在的，例如人存在于什么样的世界之中，人的存在状况是怎样的，人应该如何存在，人的存在有什么意义，等等；还有一些问题是关于思想本身的，例如人能否认识外在事物，认识的过程是怎样的，认识的结果如何检验，等等。人所面对的问题是无穷无尽的，只要去思考就会发现许许多多的问题。即使对于一件小小的事情，也可以提出一大堆问题。在人的心灵思考的各种问题中，有些问题比较简单，凭借经验就可以解答，而有些问题比较复杂，必须动用全部智慧才能解答；有些问题有确定的答案，可以作出唯一的解答，而有些问题没有确定的答案，必须根据具体情况做不同的解答。世界是无限广大的，人要思考的问题是无穷多样的，而人的思维能力是有限的，不可能在短时期内解答所有的问题。人在思考世界和自我存在的过程中有可能遇到一些难问题，由此会产生内心的困惑和矛盾。内心的困惑和矛盾会使人感到思想上的痛苦。但是人不能因此放弃思想活动。因为人的智慧存在只能通过思想活动表现出来，不思考问题就不能确证自己是智慧存在物。

人的心灵在思想的时候，能够获得正确的知识、高远的观念和生动的意象。正确的知识可以使人对世界有更准确的把握，高远的观念可以使人对行动的意义有更充分的理解，生动的意象可以使人形成良好的审美感受。对于人的心灵来说，获得这样的知识、观念和意象非常重要。否则心灵就有可能陷入蒙昧的状态，被虚假的知识、卑劣的观念和丑陋的意象所占领，不能正确地认知事物的事实，不能高远地阐释行动的意义，不能生动地领略事物形象的气韵。人的心灵获得正确的知识就可以消除虚假的知识，形成了高远的观念就可以抵御卑劣的观念，领略了生动的意象就可以回避丑陋的意象，由此从蒙昧的状态中解脱出来，达到智慧存在应有的明智状态。当人的心灵中充溢着正确的知识、高远的观念和生动的意象时，如同黑暗的房间里点亮了灯一样光明，就像浑浊的河水经过沉淀一样清澈。人的心灵渴望正确的知识、高远的观念和生动的意象，如同人的身体渴望用来维护生命、健康和快乐的自然物一样殷切和执著。

人的心灵在获得正确的知识、高远的观念和生动的意象时达到三种美好的境界：在获得正确的知识时达到的是"真"的境界，在获得高远的观念时达到的是"善"的境界，在获得生动的意象时达到的是"美"的境界。真、善、美是人的心灵的三种美好境界。下面就对这三种境界分别做一些简要的说明。

真是人的心灵正确地认知事实达到的境界，即"真实"境界。人在认识某个事物时，形成与这个事物相一致的认知，此时心灵正确地把握了事实，达到了真的境界。人所面对的事实通常是关于思想之外的客观事物的，例如桌子的形状、水的特性、原子的结构、运动的规律，等等。心灵把这些事实作为认知目标，形成相应的感觉经验和理论知识。如果感觉经验与事实相符合，理论知识与事实相一致，那么获得的认知就是正确的，心灵的境界就是真的境界。人在思想中还会遇到另一种事实，这种事实虽然不是外在事物，却也不得不承认它们的存在。例如数学研究的数和形就是这样的事实。对于这种事实不能用感觉把握，只能通过理性去思考。在以抽象思维和逻辑思维思考这种事实时，只要严格地遵守逻辑规则，最后得出的结论也是正确的，心灵达到的境界也是真的境界。除此之外，还有一种与语言相关的事实。例如，作者写下一句话，读者来理解这句话，对于读者来说，这句话包含的语义是确定的事实。如果读者理解的语义与作者的原意相符合，那么读者的心灵中就产生了正确的认知，达到了真的境界。人的心灵面对三种事实：外在的事实可以称为经验事实，逻辑推理确定的事实可以称为逻辑事实，语言表达的事实可以称为语义事实。不论对于哪一种事实，心灵都追求获得正确的认知，而一旦获得正确的认知，心灵就达到了真的境界。

真的境界有高低层次之分，低层境界是常识之真，高层境界是理智之真。常识之真是凭借经验就能达到的心灵境界，而理智之真是必须通过理性才能达到的心灵境界。例如，一个人根据日常观察就能获知苹果落地的现象，这属于常识之真；牛顿通过研究这种现象揭示出万有引力定律，这属于理智之真。常识之真也包含一些正确的内容，至少是反映了事物的表面现象。然而，常识之真毕竟是浅薄的，不能使人的心灵达到更高的境界。任何一个感官健全的人都能毫不费力地达到常识之真，而要达到理智之真还要下一番功夫才行。人具有高度发达的思维能力，只要经过适当的学习和训练，都有可能达到理智之真。然而，要真正达到理智之真，还必须付出艰苦的努力。只有经过长期的思考和探索，从大量的现象中揭示出一般的本质，从偶然的联系中概括出必然的规律，这样才能揭示最深刻、最普遍的事实，达到心灵所追求的理智之真。这就像挖一口井一样，轻而易举挖出的浅水井很容易干涸，而费尽辛苦挖出的深水井能够经受干旱的考验。理智之真比常识之真更难达到，而一旦达到了就可以更好地提升心灵境界。

人的心灵在认知事实的过程中，并非总是能够达到真的境界。有时候会出现认知偏离事实的情况，导致心灵被错误的认知所蒙蔽。如果心灵被错误的认知所蒙蔽，不仅不能达到"真"的境界，反而跌入"假"的深渊。"假"也是心灵的一种"境界"，这种境界比无知还要低一些，与真的境界处于完全对立的两极。真是心灵正确地认知事实达到的境界，而假是心灵错误地把握事实堕入的境界。例如关于一只鹿，如果形成"这是一只鹿"的认识，那么认知与事实相符合，心灵达到的是真的境界；如果形成"这是一匹马"的认识，那么认知与事实相违背，心灵堕入假的境界。当心灵处于假的境界时，对事实的认知是混乱不清的，而处于真的境界时，对事物的认识是清楚明白的。由于事物的复杂性和认识能力的局限性，人的心灵很难一下子正确地认知事实，难免被一些貌似合理的虚假知识所蒙蔽。虚假的知识不仅不能正确地揭示事实，而且还混淆真的认知和假的认知，阻碍人的心灵达到真的境界。人的心灵喜欢真，而痛恨假，真才是心灵追求的目标。虚假的知识可以蒙蔽一时，但不能永远蒙蔽下去，心灵最终可以辨别出真和假，形成更正确、更全面、更深入的认知，从而逐渐逼近"真"的最高境界。

善是人的心灵高远地阐释意义达到的境界，即"善良"境界。人的心灵不仅要把握事物的事实，还要思考人的行动的意义。人的行动的意义不属于事实，无法用认知的方式把握，只能通过阐释的方式理解。阐释行动的意义，既可以从个人的利益出发，也可以从他人和社会的利益出发；既可以用生存需要作为尺度，也可以用道德观念作为标准。依据不同的出发点和衡量尺度，可以对行动的意义作出不同的阐释。只要对行动的意义作出有依据的阐释，把握了行动具有的某种意义，心灵就借此达到了善的境界。例如一个人去帮助那些有困难的人，这个人对自己的行动意义给予积极阐释，认为这样做是应该的，而不帮助有困难的人则是不应该的，此时他的心灵的境界就是善的境界。善的境界通常都与道德相一致。一般来说，以社会公认的道德原则衡量人的行动，阐释行动的高远意义，这样就能使心灵达到善的境界。善的境界并非专指道德观念阐释的境界，只要对行动的意义给出积极的阐释，都可以使心灵达到善的境界。善的境界也并非只有直接阐释行动的意义才能达到，阐释事物的价值，或者阐释人的存在意义，也可以达到善的境界。阐释事物的价值和人的存在意义，其实是间接地阐释人的行动的意义。人还可以推己及人地阐释他人行动的意义，甚至可以拟人化地阐释其他生物活动的意义，心灵借此也能够达到善的境界。

善的境界也有高低层次之分，低层境界是根据个人利益阐释行动的意义，高层境界是根据道德原则阐释行动的意义。例如做一件帮助他人的事情，如果从帮助他人能给自己带来好名声的角度来阐释，只能达到善的低层境界；如果从"己欲立而立人、己欲达而达人"[1]的道德原则来阐释，就可以达到善的高层境界。以个人利益阐释行动的意义也是有道理的，心灵也能

---

[1]《论语·雍也》。

达到善的境界，不过只能达到善的低层境界。只有站在他人和社会的立场上，以更高的道德原则阐释行动的意义，才能达到善的高层境界。以个人利益阐释意义和以道德原则阐释意义，二者并非总是一致，某些情况下会发生冲突，符合个人利益的行动未必符合道德原则，而符合道德原则的行动未必带来个人利益。在阐释意义出现冲突的情况下，放弃个人利益而遵从道德原则，在利益上会遭受一些损失，但是能够使心灵达到善的更高境界。心灵在达到善的低层境界时，可以产生类似欲望得到满足的满足感，而达到善的高层境界时，可以获得心灵的崇高感和充实感，甚至可以形成孟子所说的"浩然之气"。想使心灵达到善的低层境界还是比较容易的，只要知道自己的利益是什么，再根据自己的利益阐释行动的意义就可以了。而想使心灵达到善的高层境界就比较困难，必须超越个人的利益，克服为己的功利打算，以更高尚的道德原则或信仰原则阐释行动的意义。

人的心灵在阐释行动的意义时，并非总是能够达到善的高层境界，有时候连善的低层境界也达不到，而是走向善的反面，坠入"恶"的深渊。"恶"也是心灵的一种"境界"，不过这种境界与善的境界有天壤之别。善是对行动意义的高远阐释，而恶是对行动意义的卑劣理解。例如，一个人为了发泄个人的愤恨而诅咒他人遭受灾难，此时这个人的心灵就处于恶的境界。仇恨和愤怒是让心灵失去理智而堕入恶的深渊的最常见原因。在这种情况下人的心灵对行动的意义也做了阐释，不过其阐释完全背离了心灵对善的追求。有些人把恶的行动当做善的行动来理解，不把这样的行动看做是罪恶，相反却看做是引以为傲的荣耀。之所以出现这种颠倒黑白的情况，大多都是因为心灵被卑劣的观念所蒙蔽，不能把握阐释意义的高远依据而导致。对于善和恶可以这样形容，善是善良的天使，恶是恶毒的魔鬼。善良的天使引领人走向光明，而恶毒的魔鬼把人带向黑暗。人在高远观念的引导下会作出高尚的事业，而在卑劣观念的指引下会干出罪恶的勾当。为了避免被卑劣的观念所误导，就应该接受高远的积极观念。有了高远观念的引导，人的心灵就能够明辨是非，扬善抑恶，达到善的高层境界。

美是人的心灵生动地领略气韵达到的境界，即"美妙"境界。气韵既不是事物的事实，也不是行动的意义，而是审美形象的风采。例如中国山水画具有一种悠远的意境，这种意境就是能引起心灵共鸣的气韵。气韵离不开审美形象，可是又不能归结为审美形象。对于审美形象表现的气韵，不能以认知的方式把握，也不能以阐释的方式理解，只能以领略的方式接受。心灵领略气韵大多都要通过感官，没有感官的知觉就无法感知审美形象。可是仅有感官的知觉是不够的，还要有心灵的其他思想活动，包括联想、想象等等，借助这些思想活动才能领略到审美形象的气韵。虽然在领略气韵的过程中不需要抽象思维和逻辑思维，但是不能缺少其他理性因素的参与。领略气韵总体上属于思想活动，而不是简单的情感活动。在领略气韵时人的心灵会感受到美。在不同的审美对象上，人的心灵感受到的审美意象有所不同。例如，面对山清水秀的自然风光时，可以感受自然的美；在聆听旋律优美的音乐时，可以感受音乐的美；在观赏婀娜多姿的舞蹈时，可以感受动作的美；在参观一座气势雄伟的建筑时，可以感受建筑的美；在理解一个简洁而深刻的物理学定律时，可以感受思想的美；在品评杰出人物的伟大事业时，可以感受人生的美。从外在审美对象来看，美的形态是多种多样的。可是从心灵领略的气韵来看，对美的不同感受达到了相同的境界，即怡然自得的美妙境界。

美的境界也有高低层次之分，低层境界是通过感官直接感受的美，高层境界是由内心体悟的美。人看到美好的事物都会产生美感。有一些美感只是感官上的直接感受，在内心中没有引起相应的回响；还有一些美感则传递到内心深处，引起心灵的整体共鸣。在前一种情况下心灵达到的是美的低层境界，在后一种情况下心灵达到的是美的高层境界。例如，两个人到一处湖光山色的地方游览，其中一个人只感受到风景的优美，而另一个人通过这些美景体悟到人生之美。第一个人只达到了美的低层境界，第二个人则达到了美的高层境界。如果对美的感受停留在看到的景色或听到的声音上，不能超越当下的感官知觉，不能领略更大、更深的气韵，那么对美的感受是浅显的，尚未达到高层的审美境界。据说孔子在齐国听了韶乐之后竟然陶醉得"三月不知肉味"[1]，那样的审美感受才能使心灵达到至纯、至美的境界。人在审美时，如果心灵中形成的审美意象只是审美对象的简单再现，那么心灵达到的不过是美的低层境界。只有心灵中的审美意象超越眼前的审美对象，形成

---

[1]《论语·述而》。

更典型、更纯粹的内在意象，产生更崇高、更幽远的审美感受，这时心灵才达到美的最高境界。

人的心灵在领略气韵时并非总能感受到美，有时候也会感受到丑。丑也是心灵的一种境界，不过这种境界是坏的境界，与美的境界完全相反。心灵在感受美的时候会伴随愉快的心情，而在感受丑的时候会产生难受的心情。例如在一处风光秀丽、景色怡人的地方，人感受的是美，心情是愉快的，而到一处破烂不堪、遍地垃圾的地方，人感受的是丑，心情是消沉的。如果用不同的色调和色彩表示美和丑，那么要用明快的色调、鲜艳的色彩表示美，而用阴郁的色调、灰暗的色彩表示丑。如果一个人经常感受到美，对世界和人生就有积极、乐观的态度，而长期被丑的意象所感染，对事物和自我就会产生消极、悲观的情绪。美和丑究竟哪个好，只需用眼睛就可以作出回答。人的眼睛总是寻找美的东西，而努力回避丑的东西。不论一个人有多么独特的审美眼光，也不会把丑作为欣赏的对象，也会像其他人一样追求美的事物。任何人的心灵都喜欢美而讨厌丑，就像喜欢真而讨厌假、喜欢善而讨厌恶一样。远离丑的东西而追求美的事物，这也是人的智慧存在的一种表现。在美的感受中不仅心灵的境界得到了提升，而且人的智慧存在也得到了完善。

我们把真、善、美看做是心灵的境界。这种看法与通常的看法有所不同。人们通常认为真、善、美是心灵追求的外在目标，它们就像矿藏一样存在于心灵之外的某个地方。例如把真看做是隐藏在事物背后的真理，把善看做是贯穿在观念和行动之中的美德，把美看做是依附在事物外面的悦目的属性。把真、善、美看做是心灵追求的目标没有问题，但是不能把真、善、美当做心灵之外的东西，否则无法说明真、善、美与人的心灵的内在联系。这里有一个关键问题：如果没有人的心灵和思想活动，难道还有真和假、善和恶、美和丑的存在吗？一旦把真、善、美看做是心灵之外的东西，就必须承认不管是否有心灵及其思想活动，真、善、美都会存在。然而，所谓的真假、善恶、美丑都是对于人的心灵而言的，离开人的心灵和思想活动，就谈不上什么是真的或假的，什么是善的或恶的，什么是美的或丑的。心灵在认知事实的时候，有些认知是正确的，有些认知是错误的，所以才有真和假的区别；在阐释意义的时候，有些阐释是高尚的，有些阐释是卑劣的，所以才有善和恶的对立；在领略气韵的时候，有些领略是生动的，有些领略是不生动的，所以才有美和丑的差异。只要从根源上思考真、善、美以及假、恶、丑，就会发现它们都在人的心灵之中，是人的心灵所达到的境界。真是正确地认知事实达到的境界，善是高远地阐释意义达到的境界，美是生动地领略气韵达到的境界。人的心灵追求真、善、美，其实就是追求达到真、善、美的境界。如果达到了真、善、美的境界，也就获得了真、善、美。

人们还把真看做是正确的知识，把善看做是高远的观念，把美看做是生动的意象。这样看待真、善、美也不准确。不论从知识、观念和意象的来源来看，还是从其发挥作用的途径来看，它们都不能离开人的心灵和思想活动。心灵在认知事实时达到真的境界，由此形成的知识是正确的知识；在阐释意义时达到善的境界，由此提出的观念是高远的观念；在领略气韵时达到美的境界，由此创作的意象是生动的意象。这些知识、观念和意象都是心灵及其思想活动的产物。它们发挥作用也必须通过心灵的思想活动，参与到思想活动中才能提升心灵的境界，使之达到真、善、美。由于这些知识、观念和意象与心灵的真、善、美境界相关联，所以它们被看做是真的、善的和美的。说一种知识是真的，指的是这种知识可以把心灵提升到真的境界；说一种观念是善的，指的是这种观念可以把心灵提升到善的境界；说一种意象是美的，指的是这种意象可以把心灵提升到美的境界。真的知识不等同于真，善的观念不等同于善，美的意象也不等同于美。这就像白色的墙并不等同于白色一样。把正确的知识、高远的观念和生动的意象称做真、善、美，这仅仅是从它们与心灵境界的关系而言的。真正的真、善、美只能在于人的心灵之中，在人的心灵之外找不到鲜活的真、善、美。

人的智慧存在的最重要目标是使心灵达到真、善、美的境界。真、善、美对于人的智慧存在，就像生命、健康、快乐对于人的生物存在一样，它们都属于人的存在的根本要求。人作为有智慧的存在物，必然要求正确地认知事物的事实、高远地阐释行动的意义、生动地领略形象的气韵。人在思考外在事物的时候希望获得正确而深刻的认知，在思考自己行动的时候希望掌握行动体现的高远意义，在审视事物形象的时候希望获得带有愉悦体验的审美感受。对真、善、美的向往和追求是人的心灵固有的习性。这种习性不是经过后天学习得来的，自心灵开始思想时就已经具备了；在岁月的流逝中也不会丧失，它会自始至终伴随人的智慧存在。人只要作为智慧存在物就不会停止思想，只要不停止思想就不会放弃对真、善、美的追求。心灵只有达到真、善、美的境界才是光明和充实的，否则就处于黑暗、空虚的状态。心灵的空虚比肠胃的饥饿还让人难受，人为了消除心灵的空虚就要把握知识、观念和意象。正确的知识、高远的观念和生动的意象是消除心灵空虚的"精神食粮"。当心灵借助这些"精神食粮"达到真、善、美的境界时，人的智慧存在就处于完满的状态。

对真、善、美的追求是发自人的智慧存在的内在要求，任何外在的干扰都不能打消心灵达到真、善、美的渴望。人的心灵只要在思想，就会追求真、善、美，而排斥假、恶、丑。不论是伟大的思想家，还是普通的劳动者，其智慧存在的要求都是一样的，都合乎本性地寻求真而躲避假、接近善而远离恶、创造美而消除丑。人对真、善、美的追求是一种普遍的追求，不论哪个民族的人都会把正确地认知事实、高远地阐释意义、生动地领略气韵视为思想的任务，积极地提升心灵的境界使之达到真、善、美。人对真、善、美的追求还是一种永恒不变的追求，不论哪个时代的人都会热情地歌颂真、善、美，不懈地追求真、善、美。人们对真、善、美的热爱源自于人的智慧存在本身。只要人没有丧失感受和思想的能力，就一刻也不会停止对真、善、美的追求。尽管人们对什么知识是真的，什么观念是善的，什么意象是美的，有不同的认识和理解，但是对于人应该追求真、善、美的看法是一致的，在这里没有民族的和时代的差异。

2. 人的智慧存在蕴涵的内在价值是真、善、美。各种思想价值都要以真、善、美的价值为根据。

人作为一个有智慧的存在物，以思想的方式存在于丰富多彩的文化世界之中。在文化世界中有许多值得人去学习和探索的知识、观念、意象，例如数学原理、物理定律、哲学观念、道德准则、艺术形象等等。这些知识、观念和意象都是美好的东西，能够对于人的存在发挥有益的作用，因此说它们是有价值的事物。知识、观念和意象不是自然物，不能直接用来满足人的生存需要。即使能够间接地满足人的生存需要，也必须借助具体的自然物实现。它们的价值主要不是向人的生物存在显现的，而是向人的智慧存在显现的。正确的知识可以让人对世界有准确的认知，高远的观念可以使人对行动意义做积极的阐释，而生动的意象可以给人带来美的感受。知识、观念和意象的价值都与人的思想活动相关联，所以我们把这类价值称为思想价值。

任何价值都不能脱离人的存在，思想价值也不例外，只能向人的存在显现出来。知识、观念和意象可以借助文字、图像、声音等记录下来，但是在人的心灵之外并没有实际的价值。记录在纸张、画布、光盘上的文字、图像、声音等等，只是代表知识、观念、意象的符号，它们不能自动地发挥作用和显现价值。只有当人主动地去解读这些符号，把其中的知识、观念和意象还原到思想中时，这些知识、观念和意象才会对人的心灵发挥实际的作用。有一些用失传的文字记录的知识、观念和意象，已经没有人能够解读它们了，它们就不能参与人的思想活动，不能显现出思想价值。即使用当前正在使用的语言记录的知识、观念和意象，如果没有人去学习和理解它们，它们也不会自动对人的心灵发挥作用，也不能显现出思想价值。在文化世界中有一些知识、观念和意象显现出思想价值，这是因为有人在学习和理解它们，它们被引入到现实的思想过程中，实际地提升了心灵的境界。从可能性上说，只要知识是正确的，观念是高远的，意象是生动的，都可以对人显现出价值。可是从现实性来看，只有少数参与思想活动，并实际地提升心灵境界的知识、观念和意象，才真正地显现出思想价值。

思想价值是在人的智慧存在的映现下显现出来的价值。本来文化世界中的知识、观念、意象都以符号的形式存在，附着于纸张、画布、光盘等自然物上，不具有实际的思想价值。人作为有智慧的存在物，凭借心灵的理解能力阅读这些符号，重现或再造符号所表达的含义，把握相应的知识、观念和意象，从而使之显现出思想价值。文化世界中有很多知识、观念和意象，但是并非所有的知识、观念和意象都能向人显现出思想价值，那些没有被人理解的部分就没有实际的价值。我们有时会看到这种情况，有些深刻的知识不能被人所掌握，有些合理的观念不能被人所接受，有些优美的意象不能被人所欣赏。从这些知识、观念和意象的本身来看，它们都是正确的、高远的、生动的东西，可是因为无人掌握、接受和欣赏它们，它们就无法向人显现出价值。虽然文化世界中有很多美好的知识、观念和意象，然而由于人的思想没有足够的能力，心灵没有足够的空间，所以不可能接纳所有的知识、观念和意象。那些停留于心灵之外的知识、观念和意象，不管它们多么正确、多么高远、多么生动，都不能对人的智慧存在发挥作用，没有实际的思想价值可言。知识、观念和意象的价值不是它们自身固有的价值，是在人的智慧存在的映现下显现出来的价值。如果没有人的智慧存在和思想活动，那么知识、观念和意象不过是一串符号，不具有实际的思想价值。

文化世界的知识、观念、意象是以往思想活动的成果，在其发现者或创造者的心灵中曾经显现过思想价值。在发现者或创造者用文字、图像、声音把思想中的知识、观念和意象固定下来的那一刻起，这些知识、观念和意象就以符号的形式进入了文化世界。进入文化世界的知识、观念和意象脱去了随意性和主观性，具有了稳定性和客观性。然而，它们一旦离开人的思想活动的领域，就变成外在于心灵的东西，失去了鲜活的思想价值。只有当另一些人来到文化世界找到它们，并通过其思想活动把它们引入心灵之中，它们才会重新对人的智慧存在显现出思想价值。我们举一个读书的例子。作者在写书的时候把思想中的知识、观念和意象记录在书本上。记录在书本上的知识、观念和意象是一些文字符号，与作者心灵中的知识、观念和意象有不同的存在形态。思想中的知识、观念和意象具有实际的思想价值，而书本上的知识、观念和意象并不具有同样的思想价值。书本上的文字符号不过是一些物理的记号，在没有人阅读它们的时候不产生任何作用，不具有丝毫的思想价值。只有当读者来读这本书的时候，书上的文字符号被读者所理解，在读者的思想活动中形成相应的知识、观念和意象，此时这些知识、观念、意象才会重新焕发出思想价值。一本书究竟能给读者带来什么样的思想价值，这不完全是由作者和书本决定的，根据读者解读出来的知识、观念和意象才能确定实际的思想价值。

理解事物的价值，最大的障碍是把价值等同于事物的思维习惯。对于理解知识、观念和意象的价值，这种思维习惯的影响更大。人们总是认为，只要是正确的知识、合理的观念、美好的意象，不论对于谁，不论在什么情况下，都是有价值的。如此看来，知识、观念和意象的价值外在于人的心灵及其思想，不管人的心灵是否在思想，甚至不管有没有人存在，知识、观念和意象总是具有价值。把思想价值看做是知识、观念、意象本身固有的价值，不能解释为什么同样的知识、观念和意象对不同的人显现出不同的价值。例如，同样一种数学知识，对于能够理解它的人有更大的价值，而对于不能理解它的人没有实际的价值；同样一条道德规范，对于自愿接受它的人有更大的价值，而对于拒绝接受它的人没有多大价值；同样一幅音乐作品，对于能够欣赏它的人有更大的价值，而对于不能欣赏它的人没有多少价值。把思想价值看做是固定不变的价值，这是把个人的价值普遍化、把当下的价值永恒化造成的误解。如果把思想价值看做是在人的智慧存在之外的价值，那么就会把人的智慧存在看做是从属的存在，无法充分肯定人在价值世界的主宰地位。

从人的智慧存在出发看思想价值，可以看到内在价值和外在价值的区别。内在价值是人的智慧存在蕴涵的价值，外在价值是从内在价值中派生出来的价值。人的智慧存在的最根本要求是达到真、善、美的境界，因此思想价值的内在价值就是真、善、美。而外在价值是以真、善、美为根据，显现在知识、观念、意象以及其他一些事物上的具体价值。

我们以生存价值的内在价值为参照，很容易就能理解思想价值的内在价值。生存价值是由人的生物存在映现的价值。人的生物存在静态地表现为人的身体，而人的身体有三种状态，即生命或死亡、健康或疾病、快乐或痛苦，其中生命、健康和快乐是身体应有的状态。生命、健康和快乐作为价值是人的生物存在本身蕴涵的价值，所以它们成为生存价值的内在价值。思想价值是由人的智慧存在映现的价值。虽然人的智慧存在不同于人的生物存在，但是蕴涵内在价值的情况非常相似。人的智慧存在静态地表现为人的心灵，人的心灵有三种境界，即真或假、善或恶、美或丑，其中真、善、美是人的心灵应有的境界。真、善、美作为价值是人的智慧存在本身蕴涵的价值，因而它们成为思想价值的内在价值。

要理解真、善、美是智慧存在蕴涵的内在价值，关键是不能把真、善、美看做是外在的东西。如果把真、善、美看做是存在于世界的某个地方，等着人去寻找的东西，那么无论如何也不能把它们看做是内在价值，而只能看做是外在价值。我们从人的智慧存在出发分析真、善、美，揭示出真、善、美是心灵达到的美好境界——真是心灵正确地认知事物的事实达到的境界，善是心灵高远地阐释行动的意义达到的境界，美是心灵生动地领略形象的气韵达到的境界。这样就可以说明它们的价值是内在于智慧存在的价值。真、善、美作为内在价值不依赖外在的知识、观念、意象，不管文化世界中有没有正确的知识、高远的观念、生动的意象，真、善、美永远是价值。人的存在只要还是智慧存在，心灵就会追求达到真、善、美的境界。即使一个人正在被错误的知识所欺骗、被卑劣的观念所误导、被丑陋的意象所困扰，其心灵达到真、善、美境界的要求也不会发生丝毫的变化。人的心灵也追求外在的知识、观念和意象，但是不以获得知识、观念和意象为最终的目的。最终的目的是达到真、善、美的境界。对于人的智慧存在来说，真、善、美的价值是终极的、永恒的内在价值。

各种知识、观念和意象都有价值，它们的价值以真、善、美的价值为根据，属于思想价值的外在价值。人的心灵追求真、善、美的境界，而要达到真、善、美的境界，就必须以正确的知识、高远的观念、生动的意象为思想内容。心灵只有根据正确的知识认知事实才能达到真的境界，根据高远的观念阐释行动的意义才能达到善的境界，通过生动的意象产生美的感受才能达到美的境界。真、善、美的境界不是靠心灵的自我构造就能达到的，必须依赖外在的知识、观念和意象。如果没有合理的知识、深刻的观念、丰富的意象，心灵就不能展开积极的思想活动，不能认知事实、阐释意义、领略气韵，无法达到真、善、美的境界。正像人的身体靠自然物维护生命、健康和快乐的状态一样，人的心灵借助各种知识、观念和意象提升到真、善、美的境界。知识、观念和意象是人的心灵需要的"精神食粮"，心灵获得这些"精神食粮"才可以消除"饥饿"的状态。当人获得既正确又深刻、既合理又丰富的知识、观念和意象时，心灵就可以全面地把握外在世界，深刻地理解自己的存在，达到真、善、美统一的最高境界。

真、善、美的价值是内在价值，知识、观念、意象的价值是外在价值。外在价值不论多么重要，也必须到内在价值中寻找根据。正是因为真、善、美是价值，所以知识、观念、意象才有价值。知识、观念、意象的价值是通过提升心灵的境界，使心灵达到真、善、美而体现出来的。判断知识、观

第三章 智慧存在与思想价值

念、意象是否具有思想价值，就看它们是否提升了心灵的真、善、美境界。如果能够提升心灵的境界，不管有没有其他方面的价值都会具有思想价值，相反不能够提升心灵的境界，不管有其他方面的什么价值也不会具有思想价值。有一些错误的知识、卑劣的观念和丑陋的意象，不仅不能提升心灵的境界，反而会降低心灵的境界，使心灵陷入假、恶、丑的境地。这样的知识、观念和意象没有思想价值，或者说只有反面的思想价值。只有现实地提升心灵的境界，使心灵达到真、善、美，这样的知识、观念和意象才显现出现实的思想价值，才值得人们去学习和掌握。人们平时评价知识、观念和意象的价值时，其实也是以心灵达到的境界为指标。因为正确的知识可以使心灵达到真的境界，所以称这种知识是真的；因为高远的观念可以使心灵达到善的境界，所以称这种观念是善的；因为生动的意象可以提升心灵的美的境界，所以称这种意象是美的。"真的"、"善的"、"美的"，这是对知识、观念、意象价值的最高评价。

从外在价值来看，思想价值有明显的相对性。一种知识在某一时期显得非常重要，可是到了另一个时期却不见得有那么重要，甚至被人们彻底遗忘，成为完全没有价值的东西。例如古代巫术中包含一些朴素的知识，这些知识在当时发挥过重要的作用，可是在科学知识出现并得到普及之后，巫术的知识就成为落后的知识，失去了原有的价值。一种观念，例如道德观念，在不同民族生活中的价值有很大的差异。对于某个民族来说天经地义的道德观念，在另一个民族那里可能被看做是毫无道理的东西。比较不同民族的文化就会发现，民族文化的最主要差异出现在观念上。由于接受的观念不同，所以对行动意义的阐释也会不同，为此要去追求不同的价值目标，创建不同的生活方式。人们在知识上很容易取得一致，但是在观念上经常发生冲突。一种意象也不是对所有人都显现出同样的思想价值。不同人的审美趣味会有一些差异，带着这种差异去领略气韵，在同样的意象上可以感受到不同的美。在知识、观念、意象这三类外在价值中，知识的相对性最弱，意象的相对性最强，而观念的相对性则最醒目。人们可以在科学知识上保持一致，在审美意象上相互宽容，但是在人文观念上总是争论不休。关于什么样的人生观念是最好的，什么样的道德观念是最善的，什么样的政治观念是最合理的，存在很大的争议。从具体的外在价值来看思想价值的确表现出非常明显的相对性，可是这些外在价值并不是根本的价值，根本的价值是蕴涵在人的智慧存在中的真、善、美的价值。真、善、美的价值是普遍的、永恒的价值，不受具体知识、观念、意象价值相对性的影响。从思想价值的内在价值来看，思想价值具有绝对性和稳定性，值得各个社会、各个时代的人去追求和创造。

人的智慧存在是一切思想价值的最终根源。智慧存在蕴涵真、善、美的价值，真、善、美的价值映现到知识、观念、意象上，显现为具体的外在价值。在具体的外在价值上有真、善、美的影子，也有知识、观念、意象的具体特性。不同的知识、观念、意象所显现的外在价值是不一样的。例如，数学知识的价值不同于化学知识的价值，道德观念的价值不同于法律观念的价值，音乐意象的价值不同于美术意象的价值，等等。在文化世界中有数不清的知识、观念和意象，而且随着人类文化的发展还会不断地增加，这些知识、观念和意象在人的智慧存在的映现下都能显现出价值，可以说具体的思想价值是无限多样的。从外在价值去看思想价值，就会感到思想价值杂乱无章，不太容易理出头绪。如果从这个角度去寻找思想价值，很容易陷入迷茫不知所向的境地。只有从内在价值去看思想价值，才能看到思想价值的内在秩序。不论具体的思想价值看起来如何多样，相互的分歧如何醒目，它们所依据的内在价值是一致的，都可以追溯到真、善、美的价值上。把真、善、美作为思想活动的最高追求目标，就不会迷失在五花八门的知识、观念和意象之中。从内外两个层面区分开真、善、美的价值和知识、观念、意象的价值，有利于更深入地把握思想价值，便于更清楚地描绘思想价值的序列。

知识、观念和意象往往不是独立存在的，常常结合在一起表现为理论、学说和作品。每一种理论、每一套学说、每一篇作品，都不是对单个知识、观念或意象的简单表述，而是把许多知识、观念和意象结合在一起，形成宏大的综合体系。例如数学理论是以知识为主的理论，但是其内容不限于知识，还包含求真的观念和简洁的意象。道德学说以阐释人的行动意义为核心，但是其中不会缺少基本的社会知识和高尚人格的审美意象。文学作品的特征在于以生动的语言描绘优美的意象，可是单靠优美的意象还不能成为优秀的作品，还必须以生活之真为基础，以观念之善为准则。在文化世界中很难找到单纯的知识、观念或意象，它们总是结合在一起，出现在某种理论、学说或作品中。而各种理论、学说和作品也只能以知识、观念、意象为内容，舍此之外找不到其他可以表现的内容。因为知识、观念和意象具有思想价值，所以理论、学说和作品也有思想价值。理论、学说、作品的价值同样也是思想价值的外在价值，其根据也是人的智慧存在所蕴涵的真、善、美的价值。

由于知识、观念、意象以及理论、学说、作品具有思想价值，所以发现和创造它们的精神活动具有意义。我们在不把价值和意义严格区分的含义上可以把精神活动的意义称为思想价值。科学研究是发现科学知识、建立科学理论的精神活动。科学家在科学研究中，通过表面现象揭示深层本质，通过偶然现象掌握必然规律，让人更全面、更深入地把握事物存在的真实情况。科学研究可以提供正确的知识和可靠的方法，可以让人通过学习和掌握这些知识提升心灵的真的境界。人文探索是提出思想观念、构造社会学说的精神活动。例如，哲学、伦理学、政治学探讨人和社会的问题，就属于人文探索。思想家在人文探索中，寻找阐释人的行动意义的最高根据，为完善社会的道德、法律和政治制度提供合理的观念。人们通过掌握人文探索形成的观念，可以更深入地理解社会事物和人的行动的意义，从而提升心灵的善的境界。艺术创作是塑造审美意象、创造艺术作品的精神活动。艺术家在艺术创作中把生动、鲜明的意象用语言、形象、节奏等形式表现出来，使之凝固为艺术作品，为人们提供艺术欣赏的素材。人们可以通过欣赏艺术作品获得美感，从而提升心灵的美的境界。科学研究、人文探索、艺术创作的价值或意义是通过发现和创造知识、观念、意象表现出来的，而知识、观念和意象的价值又可以归结为真、善、美的价值。

凡是与人的思想活动相关的事物都显现出思想价值。这些事物不限于思想的成果，也包括思想的对象。某种自然物（例如矿物、植物）成为科学研究的对象时，这种自然物就向人的智慧存在显现出思想价值。某种社会事物（例如自由、平等）成为人文探索的目标，这种社会事物也向人显现出思想价值。只要人的智慧存在去思考某个事物，这个事物就会与人的心灵发生联系，对提升人的心灵境界产生一些作用。最明显的是那些成为审美对象的事物。例如一朵花本来只是一个自然物，由于人带着审美的态度来观赏它，把自身智慧存在的内在价值映现在它上面，它就向人显现出以美的价值为根据的思想价值。卢梭很形象地把自然界称为一本打开的书[1]。虽然这本书与印刷在纸张上的书有很大差别，但是人们也可以从里面解读出各种知识、观念和意象。我们也可以说，包括人在内的整个世界就是一本大书，只要认真地阅读这本大书，就能从中获得知识、观念和意象，使心灵提升到真、善、美的境界。事物本身并没有思想价值，其价值是人以其智慧存在映现出来的。人的智慧存在把真、善、美的价值映现到事物上，于是在事物上就显现出思想价值的外在价值。例如动物之间的关系是自然的关系，比如狼吃野兔、豹吃羚羊等等，本来没有什么思想价值。可是当人抱着同情弱者的善良观念去看弱小动物的不幸遭遇时，也能获得提升自己心灵境界的思想价值。因为人的智慧存在可以把思想价值映现在各种外在事物上，所以在人的价值世界中思想价值是丰富多彩的。

3. 思想价值不是实用价值，其主要作用在于提升心灵的境界。不应该以功利态度对待思想价值。

一切思想价值都与人的心灵相关，或者是心灵追求的境界，如真、善、美；或者是心灵思考的内容，如知识、观念、意象；或者是心灵进行发现或创造的活动，如科学研究、人文探索、艺术创作；等等。真、善、美是思想价值的内在价值，各种外在价值以真、善、美为自己的根据。思想价值的根源是人的智慧存在，而与人的生物存在和社会存在没有直接关系。衡量思想价值的尺度只有一个，那就是心灵能否达到真、善、美的境界。凡是有助于提升心灵境界的知识、观念、意象，以及相关的科学研究、人文探索和艺术创作都具有思想价值。除此之外的尺度，例如身体的需要和社会的利益，都不能衡量思想价值。

一提起价值，人们就会想到那些实用的价值。实用价值是通过满足人的生存需要而表现的价值。例如食物可以直接满足身体的需要，具有实用价

---

[1] 参见卢梭:《爱弥儿》，李平沤译，商务印书馆1978年版，第445页。

值；工具可以给人的身体带来便利，或者用来生产满足身体需要的物品，具有实用价值；金钱可以购买物质生活资料，保障人的生命、健康和快乐，也具有实用价值。事物有没有实用价值，就要看能不能满足人的生存需要，能够满足生存需要就有实用价值，否则没有实用价值。例如一朵随风飘落的花朵可以供人欣赏，却不能满足人的生存需要，所以它的价值不是实用价值。实用价值与人的生物存在直接相关，实际上就是由人的生物存在映现的生存价值。人们在日常生活中最容易感受的是这些实用价值，由于这个缘故，人们想当然地把所有价值都归结为实用价值。在生物存在的范围之内这样看待价值是没有问题的，可是在这个范围之外把价值看做是实用价值就不合理了。如果这样看待价值，那么道德和审美的价值是实用价值，荣誉和友情的价值也是实用价值。道德、审美以及荣誉、友情的价值并不是满足生存需要的价值，这样看待它们的价值就贬低了它们。把所有价值都归结为实用价值，这对于理解思想价值是一个障碍，必须消除这个障碍才能真正把握有别于生存价值的思想价值。

我们先以科学知识为例说明思想价值与实用价值的区别。对于科学知识的价值可以作两种理解，一种是从实用的方面来理解，另一种是从提升心灵境界的方面来理解。按前一种方式理解，科学知识的价值是实用价值。科学知识可以应用于物质生产，能够创造出丰富的物质成果，有利于更好地满足人的生存需要。正是由于科学知识的不断增长，人们的生物存在才能够获得如此优越的生存条件。人们重视科学知识，在很大程度上是看中了科学知识所具有的实用价值。从实用的方面理解科学知识的价值，科学知识不过是获得生存条件的一种手段，其价值与食物、衣服等自然物的价值没有根本的区别。对于科学知识的价值还可以从是否提升心灵境界的方面来理解，这样可以发现科学知识的思想价值。思想价值与人的生物存在没有直接的关系，不以是否满足需要和欲望为衡量价值的标准。科学知识的思想价值是通过提升心灵的境界表现出来的。只要科学知识是正确的认知，就能够提升心灵的真的境界，因此表现出思想价值，而不管它们是否应用于物质生产，能否满足人的生存需要。有一些科学知识并没有实际的用途，只是让人对世界有了更多、更准确的认知。这样的知识虽然没有实用价值可言，但是并不因此失去全部价值，它们还可以提升心灵的境界，表现出思想价值。

　　我们再以道德观念为例说明思想价值超越于实用价值。对于道德观念，从实用的角度理解其价值，会把道德观念贬低为功利观念。如果有人认为掌握道德观念对自己有好处，诸如获得物质利益或社会声望等等，那么他的道德观念就失去了道德的性质，与直接追求物质利益的功利观念没有实质的区别了。打着道德观念的幌子去实现功利观念的目的，还不如直截了当地主张功利观念，那样至少还能有一些"诚实"的思想价值。以功利观念支配道德观念，道德观念就不再是道德观念，对于提高心灵的境界没有多大作用，反而因为虚伪而降低心灵的境界。道德观念的真正价值是思想价值，它对人的行动意义作出高远的阐释，以此提升心灵的境界，使之达到最高层次的善。一个人掌握道德观念不一定能获得更多的物质利益，但是肯定能提升心灵的善的境界。对于道德观念的价值，应该从提升心灵境界的角度来理解。人的心灵有追求最高善的要求，这种要求不能用功利观念来满足，只有道德观念才能高远地阐释意义，满足心灵的这种善良愿望。道德观念的实用价值很小，但是它的思想价值之大不可估量。正是道德观念给心灵带来了善的光明，驱走了恶的黑暗。

　　我们最后以审美意象为例进一步区别思想价值和实用价值。审美意象是自然景物、艺术作品等表现的优美气韵。当人领略审美意象的气韵时，心灵获得美感，并达到美的境界。从提升心灵境界的角度来看，审美意象具有重要的思想价值。审美意象所表现的价值不是实用价值，它与人的生物存在没有直接的联系。人的吃、穿、住、行等生存需要不能靠审美意象来满足，一张画得非常漂亮的大饼并不能让人充饥，一处优美的景色并不能解决人的生存问题。审美意象除了引起人的美感之外，并不能给人带来其他方面的好处。对于审美意象的思想价值不能以功利的态度对待。如果带着功利观念去审美，那就无法领略意象的气韵，不能提升心灵的美的境界。例如对于一件艺术品，如果以商人的眼光来看，那么只能看到艺术品的商业价值，而领略不到艺术品包含的审美意象。只有当人抛开一切自私的打算，毫无功利地面对审美意象时，才能领略其中的气韵，获得生动的美感，使心灵达到美的境界。人在审美时可以获得一种宁静、安详的愉悦感，这种愉悦感也属于快乐，而且是比从感官享乐获得的快乐更深沉、更高级的快乐。可是人的审美不能以快乐为目的，不能试图通过审美追求实用价值，否则会破坏审美活动以及审美意象的思想价值。

各种知识、观念、意象所表现的思想价值都不是实用价值，不能以是否满足生存需要来衡量。不论知识、观念、意象能否给人带来用以满足需要和欲望的东西，只要它们是正确的、高远的、生动的，能够提升心灵的境界，使心灵达到真、善、美，就有思想价值。衡量思想价值的标准是真、善、美，其他标准都不适合于思想价值。虽然知识、观念和意象也可以表现生存价值，例如知识可以为创造物质产品提供方法，观念和意象可以作为精神产品换取物质财富等等，但是思想价值才是它们最重要的价值。人的心灵发现知识、提出观念、创作意象，最重要的目的不是满足生存需要，而是达到真、善、美的境界。知识、观念、意象的思想价值与其生存价值没有必然的联系，即使没有任何生存价值也不会影响其思想价值。有实用价值的知识并不比没有实用价值的知识更正确，也不会比没有实用价值的知识更能提升心灵的境界。我们不能把思想价值归结为生存价值，不能根据是否有实用性评价思想价值，那样会贬低思想价值。思想价值和生存价值是相互平行的价值类型，二者都有独立性，不能随意地合并或置换它们。

思想价值与生存价值相区别的根据在于人的智慧存在与生物存在的区别。人的生物存在是人的身体的存在，其存在方式是生存活动。生存活动追求的是维持身体的生命、健康和快乐的状态。人的智慧存在是人的心灵的存在，其存在方式是思想活动。思想活动追求的是提升心灵的真、善、美的境界。人的心灵离不开身体，没有身体就不会有心灵的存在。可是人的心灵独立于身体，不能把心灵等同于大脑或神经系统。身体的存在和心灵的存在是人的存在的两种不同表现形式。身体是有形的存在，心灵是无形的存在；身体是生物的存在，心灵是智慧的存在。人要吃饭、喝水、运动、睡眠，此时的人是生物。人还要观察、判断、推理、思考，此时的人是智慧存在物。人作为一种生物与其他生物没有根本的差别，也按照生物界的共同法则生存。人与其他生物的根本区别不在于身体上，而在于心灵上。人有一颗心灵，能够进行思想，这是人作为人存在的最重要特性。人的生物存在映现的是以生命、健康、快乐为内在价值的生存价值，而人的智慧存在映现的是以真、善、美为内在价值的思想价值。当我们探寻思想价值的根源时只能追溯到人的智慧存在中。由于人是智慧存在物，要把握正确的知识、高远的观念和生动的意象，要使心灵达到真、善、美的境界，因此才有以真、善、美为内在价值的各种思想价值。

人的智慧存在和生物存在不是相互隶属的关系，既不能说智慧存在隶属于生物存在，也不能说生物存在隶属于智慧存在。智慧存在以生物存在为基础，但不能归结为生物存在。尽管智慧存在和生物存在有千丝万缕的联系，但二者之间并不存在简单的目的和手段的关系。人的智慧存在不是为了生物存在，生物存在也不是为了智慧存在。智慧存在有自己的独立目标，那就是追求真、善、美的境界。这个目标与生物存在的目标是不同的，生物存在的目标是维护生命、健康和快乐。人的智慧存在和生物存在是两种不同的存在形式，不能以生物存在代替智慧存在，也不能以智慧存在代替生物存在。由于智慧存在和生物存在没有相互隶属的关系，所以由其映现的价值也没有相互隶属的关系。思想价值是智慧存在映现的价值，生存价值是生物存在映现的价值，这两类价值彼此独立，思想价值不以生存价值为根据，生存价值也不以思想价值为尺度。生存价值和思想价值可以显现在同一个事物上，例如一台外形优美的电器，既可以起到工具的作用，也能让人产生美的感受，但是这并不表明两种价值是可以相互取代的。思想价值和生存价值都有各自的根源，二者之间有着泾渭分明的界线。

人的心灵的内在要求是达到真、善、美的境界，各种知识、观念、意象都通过满足这个要求表现思想价值。人的心灵的要求不同于身体的需要。身体的基本需要是维持生命、保持健康、体验快乐，自然物因为满足这些需要而表现出生存价值。身体的需要是生物性的，不仅人具有这些需要，其他与人相近的生物也有这些需要。心灵的要求则是人所独有的要求，其他存在物不可能提出这样的要求。因为其他存在物没有心灵，当然就没有心灵的境界，也没有达到真、善、美境界的要求。不论从内容还是层次来看，心灵的要求都不同于身体的需要。身体的需要必须用自然物来满足，心灵的要求则要用正确的知识、高远的观念和生动的意象来实现。身体的需要借助于欲望表达出来，通过欲望与具体的事物联系起来。心灵的要求则以愿望为表达方式，在愿望中指向特定的知识、观念和意象。愿望比欲望的强度要弱一些，其中包含更多理智的成分。以身体需要为根据的欲望常常超出实际需要的限度，而以心灵要求为起点的愿望常常不能充分地表达心灵的内在追求。心灵对真、善、美的要求是持久的、稳定的，可是表现在愿望上就不那么明显，很多人在追求知识、观念、意象时都缺乏追求物质财富那样的热情。这是因为欲望与肉体的联系更紧密，所以表现得更有激情，而愿望受到理性的指导，所以表现得比较冷静。人既应该满足身体的需要，同时也应该满足心灵的要求，满足身体的需要是肯定人的生物存在，而满足心灵的要求是肯定人的智慧存在。

把一切价值都归结为实用的生存价值，这是一个明显的错误。带着这个错误考察思想价值，会把某些知识、观念和意象看做是没有价值的东西。在人类的知识体系中有一些知识没有明确的用途，很难看出它们对人的生物存在能发挥什么作用。例如数学中有一些非常抽象的理论，完全是依靠逻辑规则推理出来的，不能直接用来解决现实的问题。此外，像历史理论、文学作品、哲学学说等等也不能为人解决实际的生存问题提供直接的帮助。从实用性考察这样的知识，它们几乎没有什么价值，连一些基本的常识也比它们更有用。如果把这样的知识当做没有价值的东西丢弃，那么人类的知识体系会缩小很多，将失去很多伟大的思想成果。在观念和意象上更难看到实用价值，因为观念和意象并不以揭示事实为内容，对于改造外在世界不能提供有效的手段。例如道德观念只能用来阐释行动的意义，审美意象只能引起人的美感，它们都不是用来满足生存需要的，没有什么实用价值。如果再把没有实用价值的观念和意象从文化体系中清除出去，那么整个文化体系将会变得更加贫乏，只剩下一些作为工具使用的经验知识。知识、观念和意象所表现的价值主要是思想价值，不应该简单地根据是否具有实用价值来评价。知识只要是正确的，观念只要是高远的，意象只要是生动的，就一定具有思想价值，而不管它们是否具有实用价值以及具有多大的实用价值。

人以什么样的态度对待知识、观念、意象的价值，就会以什么样的态度对待自己的智慧存在。如果把这些事物的价值看做是满足生存需要的实用价值，那么就会以功利的态度对待自己的思想活动以及思想成果。在现代社会中这种情况已经变得相当严重，很多知识都是为了功利的目的研究出来的，科学本身也作为物质生产的手段而存在，甚至某些观念和意象也都用来提高物质生产的效率。在这种情况下人的心灵被当做工具来使用，或者用来发现有商业价值的知识，或者用来制造有实用价值的东西，而心灵本身的目的被置之不理。现代教育在提高人的思维能力、丰富人的科学知识方面功不可没，然而其教育理念是把人及其心灵变成更有效的工具。从现代教育非常重视科学知识和技术能力这一点上就可以清楚地看出来，而最令人担忧的是有些人甘愿把自己的心灵以及整个能力体系作为谋取更好生存条件的手段来使用。以功利的态度对待人的智慧存在，这是人的智慧存在的最大不幸。智慧存在本来是超越生物存在的更高存在形式，却成了生物存在用于满足生存需要的手段。智慧存在被降低为生物存在的附庸，这不仅是智慧存在的悲哀，也是人的整个存在的悲哀。人的智慧存在应该保持自己的独立性，超功利地思考外在世界和自己的存在，使心灵在自由的思想中达到真、善、美的境界。

4. 理智和欲望是人的内心相互冲突的两种力量。应该给理智和欲望划定界线以协调二者的关系。

人的思想活动最重要的任务是，正确地认知事实，高远地阐释意义，生动地领略气韵，使心灵达到真、善、美的境界。认知、阐释、领略属于思想活动的理性因素。各种理性因素的综合表现就是理智。思想活动还包含非理性因素，其中最重要的是意志和情感。意志是达到某种目的的要求，通常以欲望或愿望的形式表现出来。情感是心理的积极或消极的状态，诸如喜悦、悲伤、忧愁、恐惧、烦恼、羞耻、愤怒等等。虽然非理性不是思想活动的主导方面，通常只发挥辅助的作用，但是对于思想活动来说也是非常重要的。如果缺少非理性因素，思想活动将失去内在活力，无法顺利地开展。特别是在阐释行动的意义时，意志作为重要的因素参与其中。而在领略形象的气韵时，情感是必不可少的因素。即使在认知事实时，意志和情感也会发挥作用。要在思想活动中抛开一切非理性因素是办不到的，非理性因素自始至终伴随着思想活动。理性因素和非理性因素相伴而生，不可分离。然而理性的考虑和非理性的冲动并非总是一致，有时候会发生激烈的冲突，给人的内心造成矛盾，引起精神上的痛苦。

在人的内心中有两个重要的力量在相互竞争，一种力量是人的理智，另一种力量是人的欲望。理智追求的是正确地认知事物存在的事实，高远地阐释人的行动的意义，生动地领略事物形象的气韵。欲望追求的是身体和心理的快乐。理智和欲望的对立根源于人的智慧存在和生物存在的差异。理智表现的是人的智慧存在，欲望表现的则是人的生物存在。人的智慧存在是理智的依据，生物存在是欲望的源泉。生物存在和智慧存在是人的存在不可分割的两种形式，智慧存在不可能脱离生物存在，而生物存在也不能够缺少智慧存在。由于生物存在和智慧存在有这样既对立又依赖的关系，所以理智和欲望之间也形成了既对立又依赖的关系。理智和欲望的冲突深深地扎根于人的存在的内部分歧之中，将会如影随形地伴随人的存在的全部过程。一个人在生活中有时会遇到理智和欲望的冲突，接受欲望的指引会遭到理智的反对，遵从理智的引导会背离欲望的要求，由此陷入左右为难、顾此失彼的矛盾处境之中。

理智和欲望分别根源于人的智慧存在和生物存在，究竟哪一个更能代表人的存在呢？有一种看法认为理智代表人的存在，欲望则违背人的存在。这种看法是理智主义和德性主义所主张的。例如斯多亚学派认为理智是人的自然本性，人应该接受理智的指导，克服欲望的诱惑，这样才能获得自由。[1]还有一种看法认为，人归根到底是一个生物，而生物的根本要求在于欲望，所以欲望才能代表人的真实存在，而理智不过是满足欲望的手段。享乐主义和功利主义就是这样认为的，它们肯定欲望对于人的重要性，把满足欲望看做是获得幸福的途径。推崇理智代表人的根本存在，还是强调欲望表现人的真实存在，其根本差别在于对人的存在的理解不同。如果把人的存在看做是生物存在，就会肯定欲望是人的存在的实际要求，要求人把满足欲望作为首要的任务。如果把人的存在看做是智慧存在，就会强调理智对人的存在的标志意义，要求人按照理智的原则去活动。实际上，理智和欲望都不能完全代表人的存在。人的存在既是智慧存在，也是生物存在，欲望和理智在人的存在中都有自己的根据，都可以部分地代表人的存在，但是哪一个也不是全权

---

[1] 爱比克泰德说："自由不是通过满足人们的欲望而获得的，而是通过消除人们的欲望而获得的。"（《爱比克泰德论说集》，王文华译，商务印书馆 2009 年版，第 496 页）

的代表者。一个现实存在的人，既有理智，也有欲望，是理智和欲望的统一体。假如把欲望从人的存在中抽掉，或者把理智从人的存在中抹去，人就不再是活生生的现实的人了。

理智和欲望是两种不同的倾向。人既要遵从理智，又要跟随欲望，难免造成内心的冲突。欲望要求人最大程度地满足生存的需要，获得更多的身体和心理上的快乐，而理智要求人超越生物性的欲望，提升心灵的真、善、美的境界。由于这两种要求不一致，所以遵从理智会违背欲望，而跟随欲望会背离理智，使人面临鱼和熊掌不可兼得的处境。理智和欲望很难做到平起平坐，总是有一个方面占据主导地位，而另一个方面处于从属地位，其中占据主导地位的方面可以向处于从属地位的方面发号施令。如果理智占据了主导地位，欲望就会处于从属地位，此时理智可以控制和引导欲望，使欲望服从理智的管辖。与此相反，如果欲望占据了主导地位，理智就被迫处于从属的地位，此时欲望支配理智，使理智为欲望服务。要想把理智和欲望的从属关系永久固定下来是不可能的，欲望不会完全服从理智的管辖，理智也不会永远接受欲望的统治，二者为争夺地位而发生冲突是不可避免的。为了解决二者的冲突，有人提出以理智抑制欲望，有人主张以欲望统领理智，可是用这种厚此薄彼的方式并不能真正解决二者的矛盾，而且也不符合人的存在的要求。人的存在既是生物存在，又是智慧存在，生物存在为欲望提供根据，而理智从智慧存在中获得合理性。比较合适的做法是给欲望和理智划定界线，在属于欲望的范围内肯定欲望的重要性，在属于理智的领域中强调理智的优先性。"上帝的归上帝，恺撒的归恺撒"，这样就可以减少不必要的纷争。

从人的存在的基础来看，源自于人的生物存在的欲望是最原始、最基本的要求。人的很多想法和行动都受欲望的驱动，为了满足欲望才去寻找解决问题的办法，并用现实的行动创造满足欲望的条件。一个正常生活的人无论如何也不能完全抛弃欲望，不得不在欲望的引导下去想问题和做事情。因为欲望源自于人的最基本的生物存在，而欲望的满足又总能给人带来快乐，所以人们很愿意抬高欲望的地位，把满足欲望看做是最重要的事情，并不惜把理智作为满足欲望的手段。当人在思想的范围内探究理智和欲望的关系时，通常会承认理智高于欲望，应该用理智节制欲望。可是当他回到日常生活时，又常常放弃理智对欲望的约束，不顾一切地追求欲望的满足。人怎么能完全忽略自己的欲望呢？欲望对人的要求总是比理智对人的要求更强烈，而且满足欲望带来的快乐总是比遵从理智带来的喜悦更加令人兴奋。要用理智节制欲望是很困难的，而要使欲望摆脱理智却是很容易的。由于这样的缘故，现实生活中很多人都把欲望确定为主导的方面，而把理智确定为从属的方面。虽然人们在口头上并不愿意承认欲望高于理智，可是在实际的选择中还是把欲望摆在首要的位置，甘愿把自己的理智作为有效的工具去为欲望服务。

人是一个生物，具有维持生命、保持健康、体验快乐的需要，这些需要以欲望的形式表现出来。满足人的欲望，在一定范围内就是满足人的需要。这是人们追求欲望满足的最重要理由。可是，欲望并不把自己限定在需要的范围内，总是超出实际的需要，提出更多、更大的要求。人的需要是有限的，而欲望是无限的。如果任由欲望不受限制地膨胀，欲望就会超越现有的条件，给人提出无法满足的要求。例如对于食物，人的实际需要其实是很少的，只要补充身体所需的营养就够了，可是人对食物的欲望是没有止境的，不会以补充身体所需的营养为限度。在食物匮乏的时候，人的最大欲望是吃饱饭，这样的欲望与实际的需要比较一致。而在食物充裕的时候，人的欲望不再满足于吃饱，还会提出吃好的要求。吃好的要求没有确定的限度，很难完全满足。不仅要求营养丰富，而且要求色香味俱全；不仅要求美味可口，而且要求花样不断翻新。欲望不会给自己设定限制，其本性就是不断膨胀。人只要对欲望稍一放纵，它就会跑到需要的前头，把人引向满足一个欲望又产生一个欲望、满足较低欲望又产生更高欲望的没有终点的征途上。欲望和需要并非总是保持一致，有些时候欲望会违背需要，但是欲望一直打着需要的旗号，以需要的正当性为借口拒绝理智的忠告。欲望的根源是人的生物存在的需要，在与需要相一致的限度内，欲望是正当的，应该得到肯定和满足。而超出需要的欲望则未必是正当的，有可能违背人的生物存在的需要，应该给予必要的限制。根据人是生物存在这个理由，把欲望无条件地置于理智之上，把理智作为满足欲望的工具，这样看待理智和欲望的关系是不太合理的。

随着欲望的无限膨胀，满足欲望的难度越来越大，而欲望的要求不会因此而降低，于是欲望不再能够给人带来快乐，反而会给人造成痛苦。人的很多内心痛苦都是由于过度膨胀的欲望得不到满足而产生的。欲望的无限膨胀还会造成另外一个后果——欲望遮蔽理智。在人的内心中,理性和欲望相互竞争和制约。如果欲望过分强烈,理智就会受到抑制,不能发挥应有的作用。我们可以把人的内心比喻成一个房间。如果整个房间里都是欲望,那么就没有理智的立足之地。我们有时会看到这样的现象,人被某种强烈的欲望所控制,以至于失去理智,在欲望的驱使下作出一些很不明智的事情。这种情况就是由于欲望遮蔽理智造成的。欲望膨胀到一定程度就会侵占理智的活动领域,此时理智不能发挥应有的辨明是非的作用,看起来就像丧失了理智一样。理智一旦被欲望遮蔽,就不能保有自己的地位,不能有效地指引行动。欲望对于人的智慧存在来说是一种破坏性力量,它会侵入本来由理智管辖的领域,造成人的内心秩序的混乱。当人的内心处于混乱状态时,心灵不能深入地认知事实,不能高远地阐释意义,不能生动地领略气韵,即不能达到真、善、美的境界。

人的心灵喜欢宁静与和谐,不喜欢躁动与混乱。欲望一旦膨胀就会造成内心的波动,破坏心灵的宁静与和谐。欲望带有强烈的功利目的,把人的注意力引向生存价值,阻碍人的心灵感受思想价值。人的理智在追随欲望走向功利目标的时候,可以成为给身体带来快乐的手段,但是不能成为提升心灵境界的力量。理智一旦被欲望所控制,认知事实、阐释意义、领略气韵等思想活动就要被欲望所主导。人在欲望的驱使下,虽然可以认知事物存在的事实,然而此时认知及其成果是为欲望服务的,提升心灵境界的作用非常有限,不能使心灵达到纯粹的真的境界;虽然可以阐释人的行动的意义,但是只能阐释与需要和欲望直接相连的最低层次的意义,不能使心灵达到更高的善的境界;虽然可以领略事物形象的气韵,但是只能获得感官的浅层美感,无法使心灵达到更高的美的境界。不断膨胀的欲望会给正常的思想活动造成很大困扰。理智必须摆脱欲望的控制,自由地认知事实、阐释意义、领略气韵,无功利地思考知识、观念和意象,这样才能真正地提升心灵真、善、美的境界。欲望把人引向生物存在的层次,是提升心灵境界的最大障碍。只有在克服欲望的前提下,心灵才能归于安宁与平静,通过思想活动达到真、善、美的境界。

理智的追求与欲望的追求有不同的目标,理智不会一直屈服于欲望,会努力捍卫自己的地位,实现自己的要求。理智要求正确地认知事实,高远地阐释意义，生动地领略气韵，这是欲望不会提出的要求。欲望只以给身体和心理带来快乐为目的，而不理会心灵达到真、善、美的要求。当理智的要求与欲望的要求不一致的时候，理智就会以其特有的反思能力思考自己与欲望的关系，断然拒绝欲望提出的过分要求，于是理智和欲望分道扬镳，为了各自的目标而展开冲突。理智被欲望支配的情况只有在理智没有充分张扬的时候才会出现，当理智明确地意识到自己的要求与欲望的分歧时，就会拒绝为欲望服务，并且要求抑制欲望在内心的膨胀。如果理智在内心中占据主导地位，欲望就不会到处泛滥、到处肆虐，不得不收敛在一个有限的范围内。人只要充分发挥自己的理智，对欲望及其手段进行理性的审查，就不会使理智成为欲望的仆人，不会在欲望的无限膨胀中丧失理智的指引。欲望就像火一样，其特性是激动，而理智就像水一样，其特性是沉静。当欲望燃起熊熊烈火的时候，可以凭借理智的涓涓细流限制火势的蔓延。欲望就像一匹脱缰的野马，会挣脱束缚向前飞奔，而理智就像一道围栏，挡在那匹狂奔的野马面前，使之止步于应该停止的地方。理智是牵制欲望的重要力量，当欲望不断膨胀的时候，除了理智之外没有什么力量能够限制欲望。理智要限制欲望就必须保持自己的独立性，不能把满足欲望作为自己的目标，否则就会成为欲望的手段，无法发挥限制和引导的作用。

有一些思想家激烈地批评人的欲望，认为欲望是一切罪恶的根源，主张把欲望从内心中铲除出去，恢复理性在人的内心中的主宰地位。主张用理智克制欲望的理由通常是，理智是好的，它把人引向善的方向，而欲望是坏的，它把人引向恶的道路。从理智主义的眼光来看，欲望会干扰理智，影响人的智慧存在，妨碍心灵境界的提升，因此欲望被视为毫无益处的东西。从德性主义的标准来看，欲望是道德的对立面，欲望总是挑战道德，破坏道德的原则，把人引向违背道德的方向，因此欲望被视为罪恶的东西。许多现实的事例都说明，欲望的膨胀会冲昏人的头脑，让人作出不符合理性的事情，对个人和社会产生很坏的影响。看到欲望的这些负面影响，保持头脑清醒的人都会对欲望提出指责，支持用理智约束、管理和引导欲望。在各种否定欲望的主张中，最极端的是禁欲主义。禁欲主义把欲望看做是邪恶的魔鬼，谴责欲望把人引向罪恶的深渊，要求用痛苦浇灭燃烧的欲望，把人的心灵从欲望的束缚下解放出来。禁欲主义主张克服一切蛊惑人心的欲望，认为这样才能坚定宗教信仰或保持心灵的平静。禁欲主义反对欲望的态度令人钦佩，但是采取的方式有些不近人情，其结果是走向了与纵欲主义相反的另一个极端。人的欲望根源于人的生物存在，完全否定欲望就是否定人的生物存在，这是不合理的。理智应该给欲望留出一定的地盘，必要的时候也要为满足欲望提供一些帮助。

人作为有智慧的存在物，应该用理智克制欲望，使欲望保持在一个适当的范围之内。对于人的欲望可以划分为两部分，一部分是与需要相符合的欲望，另一部分是超出需要的欲望。第一部分欲望是对需要的真实表现，与人的生物存在的要求相一致。例如一个人在饥饿的时候有吃食物的欲望，在口渴的时候有喝水的欲望，在寒冷的时候有穿衣保暖的欲望，在痛苦的时候有消除痛苦的欲望。这样的欲望都是正当的欲望，应该给予肯定和满足。第二部分欲望虽然以人的生物存在的需要为基础，但是在人的情感、愿望、观念的怂恿下大大超出实际的需要，甚至违背实际的需要。例如想吃最稀奇的食物，想喝最名贵的饮料，想穿最流行的衣服，想获得极度的快乐，等等。这样的欲望不完全是正当的欲望，其中某些欲望违背人的生物存在和其他存在的要求，应该予以必要的限制。基于人的生物存在的欲望，保持在一定的限度之内是正当的，超出这个限度就是不正当的。比如追求身体快乐的欲望，一旦超出身体能够承受的限度，就对人的身体健康产生消极的影响，从正当的欲望转变成不正当的欲望。用理智克制欲望，目的不是消除人的全部欲望，而是使欲望保持在与人的生物存的实际需要相符合的限度之内。对于这个限度之内的欲望，理智应该予以肯定和支持，而对于这个限度之外的欲望，理智应该加以反对和限制。

理智和欲望是共存于人的内心的两种力量，欲望增强则理智沉寂，理智张扬则欲望减弱。理智与欲望的势力此消彼长，欲望的无限膨胀会削弱理智明辨是非的能力，而理智的积极活动会克制欲望燃起的激情和冲动。只要人发挥自己的理性思维能力，专心地认知外在世界的事实，高远地阐释人的行动的意义，生动地领略事物形象的气韵，理智就能够引领情感和愿望，在内心中占据主导的地位。当内心由理智主导的时候，欲望就不能任意地膨胀，不得不限制在适度的范围之内。理智占据的位置越高，欲望所处的位置就越低；理智发挥的作用越大，欲望的影响就越小。用理智克服欲望，并不一定非要采取批判和否定欲望的方式，也可以采取张扬理智而使欲望被"遗忘"的方式。我们也许都有过这样的经验，正在专心致志地读一本书或欣赏一处美景的时候，内心不会有太多的欲望，即使有也不会那么强烈，有时候甚至会出现忘记吃饭、喝水的情况。基于生物存在需要的欲望是不会真正被遗忘的，内在的需要在必要的时候会唤醒相应的欲望。而超出基本需要限度之上的欲望在理智的限制下会慢慢减退，在内心中给理智留出更大的空间。只要人把理智从欲望中解脱出来，按照理智本身的要求超功利地认知事实、理解意义和领略气韵，欲望就可以得到约束，欲望和理智的冲突就可以得到缓解。

理智不应该把自己和欲望完全对立起来，应该承认基于人的生物存在的欲望与基于人的智慧存在的理智都是人的存在的表现，从更高的层次来看具有一致的基础。从理智的立场出发否定一切欲望，并不符合人的存在的要求，因为否定一切欲望就是否定人的生物存在，而生物存在是人的存在不可缺少的基础。在出现欲望无限膨胀的情况时，可以对欲望加以批判和限制；在遇到欲望不服从理智的情况时，可以强调理智是更高的要求。可是，不能以欲望不服从理智为借口全面否定欲望。理智和欲望都出现在内心中，欲望比较任性，一味地要求扩大自己的地盘，而理智则能顾全大局，能够考虑欲望的要求，并能够反思自身的限度。理智应该确定自己与欲望的界线，既要给自己找到发挥作用的领地，也要给欲望留出存在的空间。在欲望发挥作用的范围内，理智不应该指手画脚，无端干涉，要尊重人的生物存在的基本要求。理智跨越界线去干预欲望，只会使事情变得更糟，不仅对人的生物存在不利，对人的智慧存在也没有好处。当欲望跨越界线侵占理智的领地时，理智应该强调自己在这块领地的主权，对不断膨胀的欲望提出反击和限制。

理智在任何情况下都不应放弃思考的权利，在面对欲望的时候应该对欲望是否正当进行辨别和审查。辨别和审查欲望是否正当的尺度不是由理智随意设定的，而是根据对人的存在的深入分析得出来的。判断欲望是否适当的尺度是人的生物存在，符合生物存在基本需要的欲望是正当的，应该给予肯定；违背生物存在基本需要的欲望是不正当的，应该加以限制。生物存在的基本需要是形成欲望的基础，也是欲望是否正当的尺度，可是生物存在不能自觉地审查欲望，这个任务必须由具有自觉能力的智慧存在来完成。理智不仅根据生物存在的实际需要审查欲望，区分正当的欲望和不正当的欲望，还要根据是否符合其他存在的要求审查满足欲望的方式和途径。例如人在饥饿的时候，会产生吃食物的欲望。吃食物的欲望符合人的生物存在的需要，只要不提出过分奢侈的要求，理智会判断其为正当的欲望。但是，获取食物的方式不应该违背智慧存在和社会存在的要求，否则理智也会作出否定的判断。比如说以违背道德、有碍尊严的方式获取食物是不合理的，理智不会完全同意以这种方式满足需要。只有在欲望正当而且满足欲望的方式也合理的情况下，理智才会给予全面的肯定和支持，否则要加以反对和阻止。

理智在保持独立的前提下应该与正当的欲望合作，为满足正当的欲望提供必要的支持。理智可以通过认知事实为生产活动服务，以便创造出更多、更好的物质生活资料，满足人的基本需要和正当欲望。理智还可以通过积极地阐释生产、消费等生存活动的意义，促进合理需要及其欲望的满足。理智自觉地为正当的欲望服务，这并不会降低理智的尊严和地位。但是有一点必须慎重，在为欲望服务的时候，理智决不能丧失自己的独立性。理智一旦丧失自己的独立性，就会被欲望所控制和支配，成为被欲望所利用的工具。理智也不能停留在为欲望服务的层次上，这样也许能带来一些生存价值，但是不能实现更高级的思想价值。理智代表的是人的智慧存在，是人超越生物存在的重要特征。把理智当做工具不能体现理智对人的存在的特别意义。理智有其自身的更高使命，即提升心灵的境界，完善人的智慧存在。理智只要正确地认知事实、高远地阐释意义、生动地领略气韵，对外在世界和自我的存在形成更广泛、更深入的认识，这样就能提升心灵的真、善、美的境界，使人的智慧存在得到发展和完善。

5. 人类文化体系是由科学、人文和艺术构成的。科学、人文和艺术分别追求真、善、美的价值。

人类的文化体系由三个部分构成，第一部分是科学，第二部分是人文，第三部分是艺术。每个部分都有各自的独特内容，科学以知识为内容，人文以观念为内容，艺术以意象为内容。科学研究的任务是发现知识，人文探索的使命是提出观念，艺术活动的目标是创作意象。在人类文化体系尚未充分发展的时候，科学、人文和艺术交织在一起，没有明确的学科划分。后来随着文化的不断积累和进步，逐渐形成了各门具体学科。例如物理学以物理知识为主要内容，属于科学学科；伦理学以道德观念为主要对象，属于人文学科；美术以创作审美意象为核心任务，属于艺术学科。虽然某些具体学科侧重于科学、人文或艺术的某个方面，但也不完全排除其他方面。事实上，许多学科都同时包含着科学、人文和艺术的内容，特别是一些综合学科更是如此。例如社会学、教育学、环境科学等都不是单纯的科学、人文或艺术，而是三者的综合。从基本构成来说，人类文化体系是由科学、人文和艺术构成的，这就像一座大厦是由钢筋、水泥、砖瓦等材料构成的一样。

科学、人文和艺术离不开真、善、美，"真"是科学的骨骼，"善"是人文的血肉，"美"是艺术的灵魂。科学的宗旨是求真，人文的要义是求善，艺术的精神是求美。科学、人文和艺术因为真、善、美而具有价值。下面简单地考察一下科学、人文和艺术所显现的思想价值。

科学所追求的是发现事实的真相，揭示事物本身的客观规律。不论是关于自然界的科学，还是关于人类社会的科学，或者是关于人的思想本身的科学，毫无例外，都以求真为宗旨。求真就是把获得正确的知识作为目的，使人的认识符合客观的事实。科学以"真"为内在依据，借助于"真"成为合理的东西。科学之所以得到人们普遍的信赖，根本原因就在于它包含着"真"，代表着真理。不论是什么时代的科学，都以真的知识为内容。即使古代的经验科学也是如此，尽管那个时代的科学不怎么精确。人的心灵非常渴望达到"真"的境界，以思想不懈地追寻事实的真相，探索世界的奥秘。科学为心灵达到"真"的境界提供了可靠的知识，使人的感觉更清楚地把握事物的表象，让人的思想更深入地认识事物的规律。科学就像一艘装有以"真"为指向罗盘的航船，人们只要登上这艘航船，就能顺利地穿越无知的迷雾，战胜谬误的风浪，达到光明的真理之乡。借助于科学，人的心灵更容易摆脱"假"的困扰，而达到"真"的更高境界。

毫无疑问，科学是有价值的。即使最无用的科学知识，也比无知和谬误更有价值。科学有两个方面的价值，一个方面是生存价值，另一个方面是思想价值。科学的生存价值是通过作用于物质生产实现的。当科学转换为技术，利用技术创造出更多物质财富的时候，科学就表现出生存价值。不可否认，生存价值是科学所具有的一种重要价值。除了这种价值之外，科学还有更高的思想价值，即提升人的心灵达到"真"的境界。科学把握了真实的世界，为人提供正确的知识，这些知识参与人的思想活动，起到提升心灵境界的作用。对于科学的价值不能只从实用的角度理解，那样就会忽略科学所具有的思想价值。不论是什么样的科学，即使看起来没有任何实用价值的科学，也有思想价值。只要是科学，都包含着真理，都可以使人的心灵达到"真"的境界。科学的思想价值以"真"为内在价值，属于思想价值的外在价值。科学的实用价值与"真"的价值也有关联。如果科学失去"真"的价值，不能给人提供正确的知识，那么它对人的生存不会产生有益的作用，也就没有什么实用价值了。

人文所追求的是高远地阐释人的行动的意义。例如伦理学探讨人的行为应遵循的伦理规范和道德原则，把符合伦理规范和道德原则的行为称为"善"的行为，把违背伦理规范和道德原则的行为称为"恶"的行为，通过善和恶的对比说明善的行为的意义。阐释人的行动意义，关联着对事物价值的判断，以及对人的存在意义的解释。人文与科学的依据不同，科学以真为依据，而人文以善为依据。人文借助于"善"成为合理的东西。对于人文探索来说有一项至关重要的工作，即找到一个"至善"的最高观念，唯有借助于这样的最高观念才能深入地阐释行动的高远意义。最高观念不是天赋的，也不是神启的，而是人们在思考自身存在意义的过程中形成的。在不同社会和不同时代关于善的最高观念有一些差异，有些社会和时代以某种道德观念为最高观念，而有些社会和时代以某种宗教观念为最高观念，还有些社会和时代没有稳定、一致的最高观念，这给阐释行动的意义造成一些困难。虽然很难找到一个适合于所有社会和所有时代的普世观念，可是只要有一个在特定社会和特定时代得到大家普遍认可的最高观念就够了，借助于这样的观念也可以对行动的意义作出一致的阐释，进而使人的心灵达到"善"的境界。例如社会中有一些道德观念得到人们的普遍接受，按照这样的道德观念阐释行动的意义，就能使心灵达到"善"的目标。善不是外在的东西，而是心灵的境界。只要用于阐释意义的观念经得起理性的推敲，能够让人确信这个观念是正当的、高远的，就可以使那些按这种观念思想和行动的人感到心安理得、问心无愧，使其心灵达到"善"的境界。

人文也有价值，其价值属于思想价值。人文几乎没有什么实用价值，不能直接作用于生产活动，不能立竿见影地增加物质财富。在实用性上，人文的价值明显逊于科学的价值，因而急功近利的人往往重视科学而轻视人文。人文的价值最主要的是思想价值。人文的作用是提出高远的观念，阐释什么样的行动具有意义，以此引导人去做有意义的事情，让人在理解自己行动意义的同时提升心灵的善的境界。例如孝的观念对人尊敬父母的行动意义作出道德的解释，按此观念行动的人能够理解自己行动的高远意义，使心灵达到"善"的境界。如果把价值都归结为实用价值，那么人文的价值就会显得微不足道，甚至被看做没有任何价值。这显然是不合理的。我们只有把思想价值与生存价值区别开来，在实用价值之外思考人文与人的存在有什么关系，这样才会看到人文的思想价值。自从人类自觉地思考人的存在问题以来，人文作为人类文化的重要部分就已存在了。例如，中国古代的思想家提出了仁义等观念，指引人们按照这些原则行动和阐释行动的意义。古希腊的思想家探讨了各种美德，指出按照智慧、勇敢、节制、正义的原则去做是最合理的。人文的作用不是告诉人世界是什么样的，而是告诉人如何做才是最好的，如何生活才是最有意义的。人文观念并不是可有可无的东西，依靠这样的观念人的心灵才能找到安身立命之所，才能获得因为善良而感到的慰藉。人的心灵不能不追求"善"，文化不能缺少人文的内容，人文通过提升心灵的"善"的境界而体现出不可替代的价值。

艺术所追求的是生动地领略美的意象，并把美的意象表现在作品之中。艺术不给人提供关于世界的知识，也不直接教导人应该做什么，它给予人的是美的意象。各个门类的艺术，诸如音乐、绘画、雕塑、诗歌等等，虽然具有非常不同的表现形式，但其中表现的"美"是相通的。音乐以声音、韵律表现美，绘画以颜色、线条表现美，雕塑以造型、姿态表现美，诗歌以语言、节奏表现美，其他艺术则以其他形式表现美。不同的艺术形式可以表现同样的审美意象。苏东坡在评论王维的书画时说："味摩诘之诗，诗中有画；观摩诘之画，画中有诗。"这就是指语言艺术和视觉艺术在美的意象上的统一。不论是哪一种艺术，不管有什么表现形式，都包含着美的意象，都能给人带来美的感受。艺术的形式是外在的东西，而美的意象才是内在的内容。

美的意象是艺术的灵魂，没有美的意象就没有艺术。所谓艺术创作，其实就是塑造美的意象。所谓艺术作品，其实就是美的意象的载体。有一些被称做"艺术"的作品，没有承载美的意象，或者只表现丑的意象，这样的东西也许能给人带来视觉上的冲击，但是不会具有长久的艺术生命力。艺术史上的经典作品都是包含典型审美意象的作品。艺术的作用不同于科学，也不同于人文，它的作用在于触发感官对美的感受，使心灵达到美的境界。不论什么形式的艺术作品，最重要的是包含美的意象，能给人带来美的感受，能提升心灵的美的境界。人的心灵喜欢美的事物，希望通过美的意象达到"美"的境界。艺术及其作品给人提供的就是美的意象，可以满足心灵在这个方面的要求。

艺术也有价值，其价值也属于思想价值。艺术可以给人提供美的意象，触发人对美的感受，提升人的心灵的境界，这是艺术所具有的思想价值。艺术的价值不是生存价值，不能用来满足人的生存需要。艺术价值的最重要特点是非实用性，在这一点上最能体现思想价值的独特之处。人们欣赏艺术，不是为了满足身体或心理的需要，而是为了获得美的感受，提升心灵的美的境界。欣赏艺术的确可以带来快乐，然而这不是艺术本身的价值，更不是艺术的主要价值。如果从实用的角度去看一件艺术作品，只关心其市场价格，考虑如何据为己有，那么在这件艺术作品上就无法感受到高层次的美。只有放弃功利的打算，甚至忘记自我的存在，以纯粹的心灵面对艺术作品，才能领略其中流动的气韵，使心灵达到美的高层境界。艺术的价值与艺术作品的价值也是不同的。艺术是欣赏或创作美的意象的思想活动形式，例如作曲家以声音和韵律表现美的感受，画家以颜色和线条描绘美的意境。艺术作品则是艺术创作的成果，是凝固了的美的意象，它以自然物的形态存在。艺术作品可以作为商品来买卖，某些作品甚至可以卖出惊人的大价钱。然而，艺术的价值是无法用金钱衡量的，艺术带来的美的享受是无法用物质财富来代替的。艺术的价值在触发人的美感时显现出来，其价值在于提升心灵的美的境界。

科学、人文、艺术的价值都属于思想价值，确切地说是思想价值的外在价值。它们的价值根源于人的智慧存在，以真、善、美的价值为内在价值。人是智慧的存在物，其心灵渴望达到真、善、美的境界，科学、人文和艺术为满足心灵的要求提供了最合适的条件。科学给人提供正确的知识，人文给人带来高远的观念，艺术则给人创作生动的意象。正确的知识可以使人的心

第三章　智慧存在与思想价值

灵达到真的境界，高远的观念可以使人的心灵达到善的境界，生动的意象可以使人的心灵达到美的境界。科学、人文和艺术共同丰富着文化世界，一同充实着人的渴望真、善、美的心灵。科学拓展了人的眼界，人文开阔了人的心胸，艺术陶冶着人的情操。人们借助于科学、人文和艺术可以不断地提高和完善自己的智慧存在，变得更明智、更豁达、更乐观，能够以更开放、更宽容的心态面对外在世界和自我的存在。

在科学、人文和艺术中，科学占据首要的位置，是人文和艺术的基础。人文和艺术都离不开科学，一旦离开科学就会失去可靠的依托。如果人文和艺术与科学相背离，那么给人提供的观念就会发生错误，为人创作的意象就会变成幻影。人文观念不论多么富有"善"的意向，如果不是以"真"为前提，很可能就是骗人的谎言，至多起一些安慰人的作用。艺术作品不论多么符合"美"的范型，如果没有"真"作为骨架，就会显得脆弱和虚幻。人文对善的追求不能违背心灵对真的要求，艺术对美的塑造不能以虚假为素材。在文化体系中科学占据着擎天一柱的地位，失去了这根坚实而稳定的支柱，整个文化体系就会摇摇欲坠，脆弱得不堪一击。在人的思想活动中科学发挥着至关重要的作用，它给人提供正确、可靠的知识，让人远离无知和谬误，使人在思考世界和自己的存在时有一个坚实的立脚之处。科学的每一次重大进步都会推动文化的发展，为心灵走向真、善、美的目标开辟出一段平坦的道路。

因为科学是理性思维的产物，所以具有毋庸置疑的合理性。可是，把科学当做唯一合理的东西，以科学的标准衡量人文和艺术，借口人文和艺术不符合科学规范而忽视人文和艺术则是不妥当的。按照科学的标准，凡是与事物的实际存在状况相符合的认知都是正确的，相反的认知都是错误的。正确的认知就是真理，错误的认知就是谬误。科学的标准其实就是判别真理和谬误的标准，也就是确定认知真假的标准。对于科学而言，这个标准是适当的，必须用这个标准确定哪些认知是科学的，哪些认知是荒谬的。对于人文和艺术来说，这个标准却是不适当的。人文和艺术在认识对象和认识方式上与科学有显著的差别，科学的认识对象是事实，认识方式是认知，而人文的认识对象是意义，认识方式是阐释；艺术的认识对象是气韵，认识方式是领略。本来不是认知事实，怎么能要求符合事实呢？人文和艺术并不存在是否符合事实的问题，科学的标准对此是无效的。拿科学的标准衡量人文和艺术，就像用尺子测重量、用天平称长度一样，测量的结果肯定是不可靠的。

人文所回答的问题不是科学能够回答的。人的行动有什么意义，是善的还是恶的，是好的还是坏的，这样的问题是无法用科学来解答。科学只能解答事物存在的事实问题，对于除此之外的问题是无能为力的。不论科学如何进步，它也不能越俎代庖去取代人文和艺术。人的存在问题与外在世界的存在问题大不相同，后者属于事实问题，要用科学来解答，而前者属于意义问题，要用人文来解答。人们自古以来就在思考，人的存在究竟有什么意义。假如人的存在意义像事实一样确定，可以用实验或逻辑的方法加以解决，那么这个问题就不会一直困扰众多的思想家了。对于人的存在意义不能以认知的方式去把握，只能以阐释的方式来理解。在特定的社会和时代，从某种公认的观念出发，可以对人的存在意义作出一种解答，这种解答在当时的条件下是合理的。可是，这个解答在其他社会和其他时代可能不被接受，需要按照新的情况进行新的解答。对人的行动及其存在意义的解答没有真假的区别，只有高远与卑劣的区别。高远的人文观念不是真的，卑劣的人文观念也不是假的。对于人文所面对的这些问题，无法用科学的单一标准来衡量。科学的标准是严格的标准，经过其检验的认识具有普遍有效性，不会只在某个社会或某个时代才是正确的，应该在任何社会和任何时代都是正确的。用严格的科学标准来看，人文观念具有相对性和多样性，其正确性无法验证。这正是人文的一个特点，一旦把某种人文观念的阐释宣布为永恒的、绝对的真理，那样就会阻断人们进一步探索自我存在问题的道路，使人的存在失去很多可能性。

艺术所追求的目标不是科学能够达到的目标。关于什么是美、什么是丑，无法用科学的标准来衡量。科学的标准只能是统一的标准，对于任何人都是一样的。按照这样的标准来衡量美和丑，那么所有人对美和丑的看法应该是一致的，艺术作品也应该是千篇一律的。可是，人们在审美感受上的差异很大，有一些人把这样的作品看做是美的，而另一些人把那样的作品看做是美的，很难形成完全相同的审美感受。对同一件艺术作品，有一些人认为是美的，也有一些人认为是不美的，甚至同一个人在不同的心境下也会作出不同的判断。在艺术领域，出现这种情况是很正常的，不这样反而不正常了。对于如此多样的美，是无法用统一的标准来衡量的。用科学的方法探索美是什么的问题，注定是要失败的。艺术不应该违背科学，可是艺术也不能归结为科学。艺术作品的美或丑不是简单的真或假的问题，美的作品并不等同于真的作品，丑的作品也不等同于假的作品。美和丑不是通过认知把握的，而是靠领略捕捉的。在艺术作品中并没有固定的美和丑，即使把作品切成碎片，化成粉末，也不可能从中分离出美的成分或丑的成分。美和丑并非存在于审美过程之外，无法像把握客观事物一样把握美和丑。科学的标准在探求意义的人文领域是行不通的，而在以审美为目标的艺术领域更是寸步难行。

在现代文化中，科学已经取得了至高无上的地位。人们对科学非常信任，认为科学的认识就是正确的认识，非科学的认识就是错误的认识。对于科学之外的一切思想都投以怀疑的目光，甚至一概斥之为错误的东西而加以抛弃。人们不仅对科学知识以是否科学来评价，对于人文观念和艺术创作也以是否科学来评价。人文观念不是对外在世界的认知，本来不该用是否科学来评价，可是在科学成为唯一标准的时代，人文观念也不得不接受科学标准的审查。由于人文观念不能通过科学的审查，于是被当做没有意义的话题来对待。艺术对美的领略也不属于认知，也不是对外在事实的符合，同样不能得到应有的肯定。人们每遇到一个问题，就会立即想到科学，试图用科学的方法来解决，而不管这个问题是否属于科学能够解决的问题。对于科学的信任几乎达到了迷信的地步，不论什么理论必须打上科学的标记才能得到人们的承认。科学的极度膨胀，挤占了人文和艺术的空间，其后果是人的思想缺乏人文精神和艺术气质，不能使人的心灵达到真、善、美相统一的更高境界。

在现代社会里，对于科学的价值是人人皆知的，人们把生活的幸福都寄托在科学的进步上。而对于人文和艺术的价值不太重视，即使重视也要涂上实用的色彩。比如道德观念可以维护社会秩序，在这个意义上肯定道德观念的价值；艺术作品可以让人产生美感，而美感可以带来快乐，因此肯定艺术作品的价值。人文和艺术的确不能增进关于外在世界的认知，不能给人带来更多的物质产品，从实用的角度来看不如科学的价值那样明显。可是人文和艺术有其独特的价值，人文可以提升心灵的善的境界，艺术可以提升心灵的美的境界。这样的价值是科学所不具备的，科学只能提升心灵的真的境界。人的思想活动仅仅把握外在世界的事实是不够的，还需要理解自己行动以及存在的意义，还需要通过领略气韵把握美的意象，这样的思想活动才能满足心灵的要求。心灵既要达到真的境界，也要达到善和美的境界。要达到善和美的境界就只能依靠人文提出的高远观念和艺术创作的生动意象。心灵的要求与身体的要求是不一样的，满足了身体的要求并不等于满足了心灵的要求。要满足心灵的要求，科学、人文和艺术一个都不能少。从思想价值来看，科学、人文和艺术的价值没有高下的区别，三者都具有不能由其他价值取代的独特价值。

科学、人文和艺术各有自己的地位，都发挥着不可替代的作用。用人文和艺术无法代替科学，同样也无法用科学代替人文和艺术。如果从人类文化体系中抽走全部的科学，那么文化体系将会在瞬间轰然倒塌。而人类文化体系一旦失去了人文和艺术，就会失去"善"的指向和"美"的色彩，变得毫无生气和活力。不仅庞大的文化体系是如此，具体的学科也同样是如此。每一门学科都要包含科学、人文和艺术的内容，这样才能体现真、善、美的价值。例如哲学，既要有科学的内容，也要有人文的关怀，还要有艺术的气息。没有科学的内容，可能是一派胡言，而缺少人文的关怀和艺术的气息，很难打动人的心灵。只有把科学、人文和艺术有机地统一起来，这样的哲学才是完美的哲学，才能全面地提升人的心灵的真、善、美境界。其他学科也应如此，尽量把真、善、美统一起来。即使自然科学也不应只关注事实问题，还应该考虑科学对人和社会的意义问题，以及如何以艺术形式更好地表达科学成果的问题。人的心灵追求真、善、美的统一，这是科学、人文和艺术相互结合的内在依据。

6. 精神生活是与人的智慧存在相关联的高级生活。在精神生活中要避免精神的空虚、追求内心的充实。

人作为生物要过物质生活，而作为智慧存在物要过精神生活。物质生活的主要内容是利用自然物满足生物存在的需要，以及为了满足生物存在的需要进行物质生产活动。例如吃饭、喝水、穿衣属于物质生活，耕种、制造、建筑也属于物质生活。物质生活是围绕着人的生物存在进行的，生产性的物质活动是为了消费性的物质活动而展开的。毫无疑问，人的物质生活比起其他生物的物质生活要高级得多，内容也更加丰富多彩。人具有高度发达的思维能力，凭借这种能力把握了自然界的规律，创造出更多、更好的物质产品，因此过上了充裕而舒适的物质生活。人的高度发达的思维能力不仅仅用来创造物质生活条件，还形成了人的精神生活。精神生活的主要内容是思想活动，包括认知、理解、领略等理性的思维活动以及意志、情感等非理性的思维活动。精神生活还包括科学研究、人文探索、艺术创作等精神生产活动。在思想活动和精神生产活动中形成各种有益的知识、观念和意象，凝练出不同层次的理想、信念和信仰，并伴随出现诸如喜悦、忧愁、恐惧、羞耻等多种情感或情绪，由所有这些思想活动及其成果共同汇合成人的丰富的精神生活。

因为人的存在不仅是生物存在，还是智慧存在，所以人的生活不单纯是物质生活，还有精神生活。精神生活是人的生活的重要组成部分，也是人的最有特色的生活形式。在各种生物之中，唯有人具有高度发达的思维能力，形成以思想活动为内容的精神生活。如果没有精神生活，即使有高级的物质生活，也称不上是人的生活。精神生活不是可以任意舍弃的生活，也不是可以随便应付的生活。人对物质生活的要求已经很高，而对精神生活的要求会更高。精神生活才是人的最精致的生活。当人的物质生活已经获得相当程度的满足之后，会更加重视精神生活，要求通过精神生活拓展自我的存在。人在生活中提出很多要求，既有物质生活的要求，也有精神生活的要求。人对生活的满意程度不单纯是关于物质生活的，还是关于精神生活的。完美的生活不仅仅是指物质生活的富裕，还包括精神生活的充实。人在物质生活贫乏的时候，认为只要物质生活富裕就足够了。可是在物质生活达到一定程度之后，就会给完美生活增添更多精神生活的内容，认为精神生活的充实比物质生活的富裕更重要。人的精神生活不能代替人的物质生活，基于生物存在的需要必须用物质的东西才能满足。同样的道理，人的物质生活也不能代替人的精神生活，基于智慧存在的精神要求必须用精神的方式才能满足。只关注物质生活而忽视精神生活，只追求物质需要的满足而放弃精神境界的提高，这样是无法营造完美生活的。

在现代社会中，借助发达的科学技术可以获得更丰富的食物和用品，利用先进的医疗手段可以更好地预防和治疗疾病，可以比以往更充分地满足人的生物存在的需要。我们还可以预见，随着科学技术的不断发展，社会的物质财富会更加丰富，人们的生存需要会得到更好的满足，大多数人都能够过上富裕的物质生活。然而，我们无法预见人们的精神生活会有相应的提高，也无法乐观地期望困扰心灵的各种问题都能得到圆满的解决。单从物质生活状况来看，现代社会人们的生活无疑是非常富足的。在现代的物质生活中，有大量的食品供人享用，有多样的服装供人选择，有先进的电器供人使用，还有好玩的东西让人享乐，比贫乏的物质生活年代不知好上多少倍。可是再看一看精神生活的状况，情况就不那么美妙了。人的心灵面临更多的冲突，因此找不到稳定的价值，看不到存在的意义，常常被寂寞和焦虑所侵扰，长期处于空虚或混乱之中。物质生活的富裕并没有带来精神生活的充实，反而降低了精神生活的品味。现代社会的精神生活并没有达到富足的程度，甚至可以说还是相当贫乏的。如何更好地提高精神生活的质量，已经成为现代社会急需解决的问题。要提高物质生活的水平，只要创造出丰富的物质产品就能做到，但是要提高精神生活的质量，不能简单地通过提供大量的精神产品来实现。对于物质生活的要求可以从身体之外来满足，而对于精神生活的要求则必须从心灵内部来满足。

在现代社会中，人们掌握的知识更加丰富，思想活动更加活跃。这要归功于教育的普及和科学技术的进步。然而，人掌握丰富的知识，频繁地开展思想活动，很多时候不是为了提升心灵的境界，而是为了生产更多的物质产品，以更好地满足人的生物存在的需要。借助于知识的强大力量，人的身体摆脱了牛马一样的劳作，获得了越来越多的安逸。这是一件值得大书特书的事情。然而，人的心灵却为此付出了代价，不得不放弃自身的追求，不得不承受沉重的负担。现代的物质生产需要大量的知识和技能，这些知识和技能都要靠头脑去记忆和运用。人需要学习的知识越来越多，而且知识的更新速度越来越快，刚刚学到的知识很快就会过时，必须学习新的知识才能跟上时代的步伐。各种形式的考试也为头脑增加了很大负担，特别是一些记忆性的考试浪费了心灵很多的精力。人的心灵在不能承受的沉重压力之下，逐渐变得麻木和迟钝，失去了激情和创造力。人的身体上的劳累的确减轻了，然而心灵上的劳累却增加了。心灵的过度劳累造成了精神的过度紧张和焦虑，对精神生活产生不良的影响。当人的心灵及其思想活动被当做谋生的手段时，心灵就无法获得充分的自由，人也不会有真正体现其智慧存在的精神生活。人的心灵应该从功利目的的束缚下解放出来，按照自身的本性自由地思想，这样才能达到更高、更纯的精神境界。人也应该把精神生活从物质生活中独立出来，按照智慧存在的要求去发现和创造知识、观念、意象，这样才能营造出更丰富、更充实、更有品味的精神生活。

人是有智慧的存在物，内心具有追求真、善、美的倾向，而且具有达到真、善、美的能力。人只要倾听内心的要求，发挥自己的思维能力，积极地认知事实、深入地阐释意义、自由地领略气韵，精神生活就可以丰富和充实起来。比如说，一位科学家全身心地投入到科学研究中，尽管研究工作非常辛苦，但内心是非常充实的；一位哲学家殚精竭虑地思考人的存在的根本问题，虽然不能获得多少物质利益，但在精神上可以获得极大的满足；一位艺术家执著地进行高雅艺术的创作，即使物质生活非常贫困，也不能影响其精神生活的富足。即使一个普普通通的人，虽然不研究科学家那样复杂的问题，不思考哲学家那样深奥的道理，不创作艺术家那样专业的作品，但是通过认真的学习和积极的思考，也能掌握一定的知识、观念和意象，并借此消除内心的空虚，过上比较不错的精神生活。精神生活的基本素材是各种知识、观念和意象。思想活动所涉及的知识越丰富、观念越高远、意象越生动，人的精神生活就越充实、越富足，否则就会越空虚、越贫乏。如果一个人对外在世界的情况知之甚少，无法准确地说明各种现象，或者缺乏高远的观念，不能深入地阐释自己行动和存在的意义，或者对事物的气韵没有细腻的领略，不能感受自然、艺术的美，那么这个人的精神生活就是非常贫乏的。

内心充实还是空虚，这是衡量精神生活状况的重要指标。那么什么样的内心是充实的呢？充实的内心中包含着正确的知识、高远的观念和生动的意象，心灵通过这些知识、观念和意象达到真、善、美的境界。在这里对于知识、观念和意象有一定的要求，知识必须是正确的，观念必须是高远的，意象必须是生动的。虽然错误的知识、低劣的观念、丑陋的意象也能占据内心，在一定程度上也能消除内心的空虚，可是这样产生的充实感很容易破灭，不能带来真正持久的充实。在充实内心时，正确的知识非常重要，有了这样的知识才能准确地认知事实，使心灵达到真的境界。人的心灵把握正确的知识，不单纯是为了提高物质生产的能力，更重要的是为了提升心灵的境界。一个缺少正确知识的心灵，无论如何也算不上是充实的心灵。不过只有知识也不能使心灵完全充实起来，还必须有高远的观念和生动的意象。高远的观念给人阐释行动的意义提供更深刻的依据，在人的心灵中形成更高尚的观念和更美好的愿望。当心灵充满高尚的观念和美好的愿望时，内心就不会感到无聊和寂寞，而是处于非常充实的状态。如果人对自己的存在意义有深切的领会，那么内心将会形成坚定的信念，不会陷入生存意义的空虚之中。生动的意象则给人带来美的感受，使人的内心充满美好的体验，达到更加充实的程度。当心灵充溢着正确的知识、高远的观念和生动的意象时，人的内心必然是非常充实的，此时的精神生活定然是非常美好的。

　　拥有信仰的人也可以借助对神圣事物的仰慕达到内心的充实。人的心灵追求真、善、美，希望获得真、善、美的统一。信仰所指向的神圣事物被认为是至真、至善、至美的存在，人只要虔诚地信仰这样的神圣事物，内心就能获得像达到真、善、美境界一样的充实感。信仰把人的心灵引向超越世俗的神圣事物，并通过神圣事物赋予人的行动和存在以意义。人在以心灵追求神圣事物的时候，轻视身体的欲望和物质的利益，以更真诚的态度追求精神的解脱和自我的完善。信仰在赋予人的存在以意义方面发挥着非常重要的作用。在人的思想中最容易产生困惑的问题是，人的存在有没有意义以及有什么意义。宗教对人的存在意义做了积极的阐释，它把人的存在与终极存在者联系起来，借此说明人的存在是有意义的，而且具有超越个体生命的长远意义。一般来说，有宗教信仰的人对自己的存在意义更有信心，由此形成了更多、更久的充实感。从这个角度来说，信仰可以提高人的精神生活的品质。信仰还有一个非常重要的作用，它能给人的心灵带来宁静。当人的心灵追求超越尘世的高远目标时，欲望的激情就会降低，因欲望得不到满足而产生的忧愁和烦恼就会减少，有利于人的内心保持"不动心"的宁静状态[1]。保持内心的宁静状态

---

[1] 佛教的空无思想对于人保持内心宁静有指导意义，特别是禅修可以使人的内心达到无欲无求的平静状态。除了宗教之外也有一些思想流派把保持心灵平静作为追求的目标，例如道家主张无为和自然，斯多亚学派要求遵从自然理性，伊壁鸠鲁学派追求灵魂不受干扰，等等。

也是一个值得追求的目标，尤其对于那些因为欲望得不到满足而心烦意乱的人来说更是如此。但是，人的内心仅仅保持这种状态是不够的，还应该有丰富的思想内容，这样才能达到更美好的充实状态。

人的内心最怕的是空虚，空虚的内心比饥饿的肠胃更让人痛苦。当心灵缺少正确的知识、稳定的观念和美好的意象时，思想活动缺少用来思考的素材，就像机器没有可以加工的材料一样，此时内心就处于空虚的状态。内心空虚最常见的原因是缺少稳定的观念。如果没有稳定的观念就不能对行动的意义作出确定的阐释，也不能对存在的意义形成坚定的信念，做什么事情都提不起精神，甚至连生存本身也觉得没有意思。寂寞和无聊是内心空虚最典型的表现，内心一旦空虚就会感到寂寞和无聊。人最不能忍受的是内心的空虚，出现空虚就要想方设法予以填充。对于肠胃的饥饿可以用食物来消除，而对于内心的空虚只能用知识、观念、意象来弥补。知识、观念和意象是人的心灵最好的"精神食粮"，借助它们可以使内心充实起来。人的某些感情也能发挥充实内心的作用。例如亲情、友情和爱情能够给人带来很大的慰藉，有了这样的感情就不会出现内心的空虚，也不会感到生活寂寞和无聊。

此外，还有一种东西能够填充内心的空虚，那就是一不留神就会膨胀的欲望。欲望和理智共存于内心之中，理智发挥作用可以使内心充实，而欲望产生激情也能消除空虚。当内心中出现一种强烈的欲望时，整个内心就被这个欲望所占据，此时不会感到空虚。用欲望填充内心空虚的人并不少见，特别是在物质生活充裕、精神生活贫乏的社会中，这样的人更是比比皆是。虽然欲望可以暂时填充内心的空虚，能够消除因为空虚而产生的乏味和无聊，可是欲望并不是有营养的"精神食粮"，不能像知识、观念、意象那样真正地消除内心的空虚。欲望带来的充实感是虚假的，就像吹出来的肥皂泡一样，看上去很饱满，实际上很空虚。愿望是与欲望相似的意志，也能像欲望一样填充内心的空虚。出自于高远观念的愿望，在高远观念的支持下可以更好地充实内心。而出自于卑劣观念的愿望，本身没有多少合理性，无法让人保持长久的充实感。只有正确地认知事实、高远地阐释意义、生动地领略气韵，人的内心才是真正充实的，人的精神生活才是真正富足的。那些只注重物质生活的人，只能借助欲望填充内心的空虚，很难体会到心灵达到真、善、美的境界时所产生的精神上的满足感。

关于精神生活有一种浅薄的见解，认为精神生活就是娱乐活动。这种浅薄的见解把饮食看做是物质生活，而把娱乐看做是精神生活。娱乐的确与人的精神有关，能够给人的精神带来轻松和快乐，缓解由于外界压力造成的紧张状态。娱乐还能够让人暂时忘记烦恼，或者帮助人打发掉寂寞的时光。然而，娱乐并不能给人的内心带来真正的充实。娱乐通过人的感官创造快乐，与人的生物存在的关系更紧密，总体上属于物质生活而不属于精神生活。用娱乐并不能满足精神生活的要求，不能提升心灵的真、善、美的境界。娱乐与审美有根本的区别，娱乐追求的是身体和心理上的快乐，而审美是通过领略审美对象的气韵提升心灵的美的境界。娱乐的漂亮形式可以给人带来一些美感，然而这种美感是低层次的感官之美，无法与内心深处形成的美感相提并论。在现代社会中，娱乐也是消费的一种形式，与吃、穿等消费在本质上没有什么区别。人们把大量时间花在娱乐上，以对感官的刺激代替心灵的思想活动，以快乐的体验代替真、善、美的追求，想要借此消除内心的空虚，营造出富足的精神生活。但是，这就像缘木求鱼一样注定不能获得真正想要的东西。现代文化把快乐看做是人所追求的最高目标，给人提供的文化产品大多是用来创造快乐。精神生活的本性是追求更高的心灵境界，而娱乐把人的心灵引向欲望的层次。如果把刺激感官和激发欲望看做是精神生活的内容，那么不仅不能真正地满足精神生活的要求，而且还会破坏真正的精神生活。

人要过充实的精神生活，就必须发挥自己的思想能力。首先，应该积极地学习文化世界中的知识、观念和意象，这些都是充实精神生活的必要素材。因为知识、观念和意象大多都记录在书籍之中，所以读书是学习知识、观念和意象的最重要途径。读书时应该尽量选择优秀的、经典的书籍，通过这样的书籍可以学到正确的知识、高远的观念和生动的意象，能够使心灵达到更高的境界。其次，应该认真地思考周围的世界和自己的存在，这样才能更准确地认知事实，更高远地阐释意义，更生动地领略气韵，获得更丰富的知识、观念和意象。在思考过程中应该多问一些"为什么"，既要问"因为什么"，以便更深入地把握事物产生和变化的原因，还要问"为了什么"，以便更妥当、更合理地确定行动追求的目标。生活中有许许多多的问题，不论什么问题只要认真思考都会有所收获，都能提升心灵的真、善、美的境界。

最后，还要经常地感受生活中的美好价值，这样可以更充分地领会存在的意义，更真切地体会生活的幸福，由此使内心变得更加充实。在感受事物的价值时不仅要感受实用的价值，也要感受非实用的价值。感受非实用的价值对于精神生活来说更加重要。比如听一听音乐，看一看风景，或者带着爱心去关心社会上发生的一件事情，这些都能使精神生活充实起来。人只要充分发挥自己的思想能力，认真地学习，缜密地思考，细腻地感受，就可以获得更多的知识、观念和意象，更有力地提升心灵的真、善、美的境界，过上无愧于人的智慧存在的精神生活。

第四章　社会存在与交往价值

1. 人的社会存在表现在社会关系中。人有三种基本社会关系: 地位关系、利益关系和人情关系。

从单个人的存在来考察，人的存在表现为身体和心灵两个方面。从人的身体方面去看人的存在，可以发现人的存在是自然世界中的生物存在；从人的心灵方面去看人的存在，可以发现人的存在是文化世界中的智慧存在。单个人的存在是生物存在和智慧存在的统一，通过考察人的生物存在和智慧存在就能把握一个人的个体存在状况。但是，现实的人不是孤立的单个的人，他总是与其他人结成一定的关系，作为群体的一员而存在。人在群体中形成自己的社会存在，这种存在形式不同于生物存在和智慧存在，具有个体存在所不具备的群体特征。

我们暂且把人的生物存在和智慧存在放在一边，把目光聚焦到人的社会存在上，看一看人的社会存在是怎样的存在，这种存在映现出了哪些重要的价值。

人作为社会存在物存在于人类世界之中。人类世界通常也称为人类社会，这是有别于自然世界和文化世界的另一个世界。自然世界是由自然物构成的，人的身体也是自然世界的一部分。文化世界是由各种知识、观念、意象构成的，人的心灵与这个独特的世界相关。人类世界则是由许多个作为个体的人构成的，每个人都是这个世界的一个成员。如果没有作为个体的人存在，就没有作为整体的人类世界。假如所有人都离开人类世界，那么人类世界就消失不见了。这就像一片森林由无数棵树木构成，把其中的树木一棵接着一棵地砍掉，直到最后一棵树木，那时整个森林也就不复存在了。自然世界和文化世界是外在于人的世界，这是比较容易理解的，因为人和其他存在物的区别实在太明显了。可是对于人类世界来说，构成这个世界的是包括观察者在内的众多个体的人，不太容易理解人类世界也是外在于人的世界。对于所有个体的总和来说，人类世界的确算不上是外在的世界。但是对于一个特定的个体来说，他不能随意地选择和改变自己所处的人类世界，就像不能随意地改变自己所处的自然世界和文化世界一样，此时人类世界对于他的个体存在而言是外在的世界。

在人类世界中，人的存在不是孤立的存在，总是与他人结成一定的社会关系。例如，在家庭中与其他成员结成亲属关系，在社区中与其他人结成邻里关系，在学校中与其他人结成同学关系，在公司里与其他人结成同事关系。此外，他还作为群体的一员与其他群体构成群体之间的社会关系，例如阶级关系、民族关系、国家关系等。当我们在人类世界中考察一个人的存在时，这个人的身高、体貌等生理特征并不重要，性格、智力等心理因素也可忽略，因为这些都不属于社会特征。最重要的是这个人与其他人结成的社会关系。在人类世界中，人不是以身体和心灵存在，而是以社会关系存在。人与其他人建立的社会关系表现着这个人的社会存在。整个人类世界就是由各种社会关系构成的一张大网，每个人都是这张大网的一个纽结，各个纽结之间通过社会关系联结在一起。一个人与其周围的人结成社会关系，周围的人再与其他人结成社会关系，于是所有人都相互联结起来，构成人类世界的关系体系。那么此时的人是什么呢？人不过就是他的社会关系。正是在这个意义上，马克思说："人的本质不是单个人所固有的抽象物，在其现实性上，它是一切社会关系的总和。"[1]

在人类世界中，每个人都有把自己与其他人相区别的身份。例如一个人在家庭中是父亲或儿子、母亲或女儿，在公司里是雇主或雇员、上司或下

---

[1]《马克思恩格斯选集》第1卷，人民出版社1995年版，第56页。

属，在社会上是贵族或平民、富人或穷人，等等。在特定的场合只要称呼一个人的身份就知道指的是谁，此时身份就像代号一样，代表这个人的社会存在。人的身份不是由人的个体存在确定的，而是由人与他人结成的社会关系确定的。例如一个人在家庭中作为父亲，这是由他与子女之间的父子关系确定的，没有儿子和女儿就不会有父亲的身份；一个人在公司里作为下属，这是由他与上司之间的上下级关系确定的，没有上司就不会有下属的身份。人的身份都是在特定社会关系中形成的，相对于他人的存在才表现出来。没有父母就没有子女的身份，没有子女也没有父母的身份；没有富人就没有穷人的身份，没有穷人也没有富人的身份；没有上司就没有下属的身份，没有下属也没有上司的身份。人的社会存在不是由自身规定的，而是在社会关系中由他人规定的。例如父母的社会存在由子女规定，子女的社会存在由父母规定；富人的社会存在由穷人规定，穷人的社会存在由富人规定；上司的社会存在由下属规定，下属的社会存在由上司规定。离开社会关系就无法谈论人的社会存在，人的社会存在是在社会关系中与他人相关的存在。

从静态来看，人的社会存在是社会关系；从动态来看，人的社会存在是交往活动。交往活动是建立、维护或改变社会关系的活动。人在刚刚诞生的时候，就形成了一些天然的社会关系，例如血缘关系。同时还继承了社会的普遍关系，例如种族关系、阶级关系等等。这些初始的社会关系毕竟很少，不足以全面规定人的社会存在。人在后天还会建立许多新的社会关系，例如成年男女建立婚姻关系、买卖双方签订契约关系等等。人通过建立新的社会关系可以不断扩展自己的社会存在，使自己的社会属性变得更加丰富。建立的社会关系越多，人的社会存在空间也就越大；建立的社会关系越复杂，人的社会存在也就越全面。有些社会关系有利于人的存在，对于这样的社会关系应该积极地维护，而有些社会关系不利于人的存在，对于这样的社会关系应该尽力地改变。除了一些天然形成的社会关系之外，大部分社会关系都是可以改变的。例如某个契约关系不符合契约者的利益，契约者可以按照约定解除这个契约关系；现实的阶级关系不符合某个阶级的要求，这个阶级就可以通过斗争调整这样的阶级关系。在人类世界中，人的存在方式是交往活动。在交往活动中，人的行动目标是建立和维护良好的社会关系，并消除或调整不好的社会关系。通过交往活动，人的社会关系得到不断发展，与此同

第四章　社会存在与交往价值

时社会存在也变得更加完善。

人的交往活动涉及地位、利益和人情，由此结成三种基本关系：第一种是地位关系，第二种是利益关系，第三种是人情关系。在地位关系中人与人有平等或不平等的地位；在利益关系中人与人争夺或交换利益；在人情关系中人与人以友爱或仇恨为连接的纽带。人在交往中结成的社会关系是多种多样的，可是归纳起来无外乎这样三种基本关系。有一些社会关系以某一种基本关系为主，例如等级关系主要是地位关系，商业关系主要是利益关系，朋友关系主要是人情关系。更多的社会关系不是单纯的某一种基本关系，而是三种基本关系的有机综合。例如邻里关系就是这种复杂关系，相互的尊重使之具有平等的地位关系，相互的帮助使之具有互利的利益关系，而相互的友爱使之具有融洽的人情关系。不论多么复杂、多么混乱的社会关系，只要仔细分析就可以发现他们都是由地位关系、利益关系和人情关系组合成的。这三种基本关系就像三根"丝线"，编织成各种各样的"连线"，把人和人紧紧地结合到一起。人作为一个社会存在物，必定与他人结成社会关系，而结成社会关系就必然涉及地位、利益和人情，由此形成地位关系、利益关系和人情关系。抛开这三种基本关系，就不会有人与人的现实关系，而抛开人与人的现实关系，就不会有人的现实的社会存在。

人在交往活动中结成两种性质的社会关系，一种是肯定人的社会存在的关系，另一种是否定人的社会存在的关系。判断某个社会关系是否肯定人的社会存在，就要看人在这个社会关系中是否得到他者承认。如果得到他者承认，社会关系就肯定人的社会存在，相反就否定人的社会存在。他者是同一个社会关系中的另一个人。例如甲某和乙某结成社会关系，从甲某的角度来看，乙某是他者；反过来从乙某的角度来看，甲某是他者。他者的承认就是构成同一个关系的另一个人的认可或给予。承认既可以是自愿的认可，也可以是不情愿的给予。即使不自觉的认可和给予也属于承认。在三种基本的社会关系中，他者承认的内容是不同的。在地位关系中，他者承认的是地位。例如一位长者受到晚辈的尊敬，这是晚辈对长者地位的承认。在利益关系中，他者承认的是利益。例如顾客到商场购买商品，付钱之后商家允许顾客拿走所购商品，这是商家对顾客利益的承认。在人情关系中，他者以情感承认人的存在。例如某个人遭遇不幸，其他人表示同情，这是他者在人情关系上的承认。在地位关系上得到他者承认，就可以受到重视和尊重；在利益关系中得到他者承认，就可以获得应得的利益；在人情关系上得到他者承认，就可以得到他人的友好对待。得到他人承认的关系是良好的社会关系，在这样的社会关系中人的社会存在得到了肯定。与此相对照，得不到他人承认的关系是不好的社会关系，在这样的社会关系中人的社会存在受到了否定。

由于人的社会存在是社会关系，而单个人不能构成社会关系，所以人不能独自肯定自己的社会存在。人的社会存在必须依赖同一个社会关系中的他者，通过他者的承认才能得到实际的肯定。为了使自己的社会存在得到肯定，人必须寻求他者在地位关系、利益关系和人情关系上的承认。只有获得了这些关系上的他者承认，人的社会存在才能得到肯定。地位关系上的他者承认构成人的尊严，利益关系上的他者承认形成人的权利，人情关系上的他者承认表现为人的友爱。当人拥有尊严、享有权利、怀有友爱的时候，其社会存在就得到他人的承认，处于被肯定的状态。在社会中有许多值得人去追求的东西，但是没有什么东西比尊严、权利和友爱更重要。人获得这三件东西，其他美好的东西就会随之而来。其他社会事物之所以是重要的，是因为它们可以用来维护人的尊严、权利和友爱，借助于尊严、权利、友爱的重要性而成为重要的东西。

我们已经找到了人的社会存在所追求的三个根本目标，这三个根本目标关联着人的社会生活中的各种价值。下面就对尊严、权利和友爱分别做一些简要的说明。

首先说一说"尊严"。尊严是在地位关系上的他者承认。尊严与人在社会关系中占据的地位相关，地位越高就越有尊严，地位越低就越少尊严。每个人都有一种最基本的尊严，即作为"人"存在的人格尊严。这种尊严是由全体人类彼此作为他者相互承认而形成的。人格尊严是没有个体差异的尊严，人只要存在于人类社会中就拥有这种尊严。除了这种尊严之外，人还可以通过两条途径获得有个体差异的尊严。一条途径是掌握公共权力。掌握公共权力的人具有更多的话语权和支配权，占据着比别人更高的社会地位，这样的人当然能够得到更多的他者承认，拥有比别人更多的尊严。另一条途径是获得个人荣誉。获得荣誉的人也有较高的社会地位，也能够得到别人的重视和尊敬，由此形成较高的尊严。公共权力可以通过外部的力量获取，而荣誉则只能通过个人的良好品行赢得，例如在交往中信守诺言就被称为有信用的人，在社会中为更多的人谋福利就被叫做高尚的人，等等。人可以通过荣誉提高自己的社会地位，可是这种地位不是权力等级上的地位，而是在他人心目中的地位。在他人心目中的地位比权力等级上的地位更难获得，因而更能显示人的尊严。

人在地位关系上得到他者承认才有尊严，得不到他者承认就没有尊严。有尊严就能得到他人的重视和尊敬，获得他人对自己社会存在的肯定；没有尊严就会受到他人的轻视，甚至遭到他人的侮辱，社会存在得不到应有的肯定。对于人的社会存在来说，维护尊严是非常重要的事情。因为只有在拥有尊严的前提下才能获得权利和友爱，才能得到他者的全面承认。人们为了自己的尊严作出种种努力，有些人拼命地追逐权力和地位，有些人像爱护容貌那样爱护自己的荣誉。谁都有自尊心，谁都希望得到他人的重视和尊重，而不想受到他人的轻视和侮辱。人们在维护尊严时偶尔也会出现过度的情况，比如把获得没有限制的权力作为追求的目标，把维护由虚荣心产生的面子作为奋斗的方向，等等。人存在于社会中不能没有尊严，没有尊严的社会存在是不可忍受的。人应该尽可能地维护自己的尊严，最起码要维护作为人存在的人格尊严。

其次说一说"权利"。权利是在利益关系上的他者承认。权利总是与利益相关，有权利就有资格获得利益，没有权利就没有资格获得利益。因此可以说，权利是从他人或社会那里获得利益的资格。人享有的权利都是由他者承认形成的，没有获得他者承认就不是权利。例如一个强盗抢夺别人的财物，他获得了利益，可是这种利益没有得到被抢夺者的承认，所以不能叫做权利。人们所熟知的权利是法律规定的法权。例如某些法律规定公民拥有私有财产不受侵犯的权利、劳动获得报酬的权利，等等。因为法律代表的是公众的意见，所以由法律承认的权利可以看做是由公众共同承认的权利。人们还有一些权利是根据自己的意愿与他人相互约定形成的。例如两个人共同签订一份契约，约定各自得到哪些利益，通过这样的彼此承认形成了双方的权利。人们可以就利益达成各种分配或交换的协议，于是在利益关系上可以形成多种多样的权利。除了法律规定的权利和契约约定的权利之外，人还有作为人存在拥有的基本权利，即人权。例如生存权就是人所享有的一种基本人权。这种权利既不是在法律中规定的，也不是在契约中商定的，它是人在社会中存在自然获得的权利。这种权利其实也是经过他者承认形成的，只不过这里的他者不是具体的个人或组织，而是全体的人类，包括每一个现实存在的人。

人在利益关系上得不到他者承认就没有权利，没有权利就不能保障自己的利益。利益主要是用来维护人的生物存在和智慧存在的，其中最引人注目的是维护生物存在的物质利益。如果人获得这些利益，就可以更好地维持自己的生物存在和智慧存在。如果人缺少这些利益，物质需要就得不到充分的满足，精神追求就得不到全面的实现，人的存在就会遇到困难或障碍。当人在利益关系上得到他者承认而拥有权利时，可以获得自己应得的利益，可以更好地肯定自己的生物存在和智慧存在。拥有权利不仅可以肯定生物存在和智慧存在，更重要的是可以肯定社会存在。人的生物存在和智慧存在可以通过其他途径得到肯定，而人的社会存在只有通过他者承认才能得到肯定。在利益关系上获得权利就是他者承认的一种重要形式。拥有权利就意味着获得了他者承认，其社会存在就得到相应的肯定。人们都希望获得更多的权利，这不仅是为了获得利益，更是为了自己的社会存在。即使一种权利不能给人带来实际利益，人也要去追求和维护它，因为只要是权利就可以肯定人的社会存在。人存在于人类世界之中，应该维护作为人拥有的基本权利以及法律规定的各项社会权利，此外还应该通过交往活动不断地扩大自己的其他权利。人在追求和维护自己的权利时应该以他人认可的方式进行，既不能违反法律，也不能违背伦理，这样形成的权利才可以更好地肯定自己的社会存在。

最后说一说"友爱"。友爱是在人情关系上的他者承认。友爱与"爱"的情感相关，是由"爱"的情感表达出来的他者承认。例如亲人之间的友爱以亲情表现出来，朋友之间的友爱以友情表现出来，恋人之间的友爱以爱情表现出来。这样的承认能够给人带来温暖的感觉，这是其他形式的承认所没有的。亲密的友爱包含着比较强烈的爱的情感。例如母亲给予孩子的爱是最伟大的爱，朋友给予朋友的爱是最真挚的爱，恋人给予恋人的爱是最动人的爱。凡是获得这些友爱的人都得到了他者最高程度的承认，比在尊严和权利上获得的承认更为难得。人并不会随便地给予别人以爱的情感，只有对自己非常喜欢的人，或者与自己关系非常密切的人，才会以爱的方式肯定其存在。亲密的友爱不是普遍的友爱，通常只出现在亲人或熟人之间。在人与人之间还有一种似乎很平淡、然而更普遍的友爱，即同情。这样的友爱不像亲人之间、朋友之间、恋人之间的友爱那样热烈，但是同样可以表达他者的承认。例如在某个人遭遇不幸或灾难时，素不相识的人给予同情，这样的友爱也能给人带来温暖。以同情表现的友爱是最基本的友爱，这是人对人起码应该保持的友爱。除了以上所说的两种友爱之外，还有一种博大、仁厚的友爱，人们通常把它叫做博爱或仁爱[1]。博爱或仁爱是友爱的最高表现形式，是人世间最无私的友爱。

在人情关系上并非只有友爱，也有可能出现仇恨。仇恨和友爱包含完全相反的情感。友爱包含的是与人为善的"爱"的情感，而仇恨包含的是与人为恶的"恨"的情感。当一个人对另一个人抱有仇恨的时候，他不想把美好的东西送给对方，而要把邪恶的东西加在对方的头上。人对别人的诅咒、报复、陷害都伴随着仇恨的情感。人在仇恨情感的驱使下会作出违背人性的事情。友爱是他者给予的承认，仇恨则是他者给予的否定。友爱可以使人与人的关系亲近，而仇恨会使人与人的关系疏远。友爱表现的是人与人之间的统一，而仇恨表现的是人与人之间的对立。仇恨就像具有很强的破坏力炸药，一旦把它投放到人与人的关系中，人与人的关系就被彻底毁坏。虽然仇恨也是人情关系的一种纽带，也能表现人的社会存在，但是这种表现是扭曲的表现，与友爱所表现的社会存在完全不同。在友爱和仇恨之间还有另外一种情感叫做"冷漠"。冷漠是从人与人的关系中抽出所有情感，连最基本的怜悯和同情也不给予对方。虽然冷漠不像仇恨那样恶劣，但也会伤害人与人的关系，对肯定人的社会存在没有任何好处。人在社会交往中应该消除彼此的冷漠和仇恨，建立彼此友爱的人情关系。在这样的人情关系中才能得到他者的承认，更好地肯定自己的社会存在。

人的社会存在表现在地位关系、利益关系和人情关系中，人只能通过这

---

[1] 基督教提倡的是博爱，儒家推崇的是仁爱。博爱更重视爱的广泛性，要求把爱给予所有的人。而仁爱更强调爱的高远性，要求给予人以符合仁义原则的爱。

些关系肯定自己的社会存在。在地位关系中要拥有体现地位的尊严，在利益关系中要享有获得利益的权利，在人情关系中要获得包含亲近感情的友爱，这样人的社会存在才会得到他人的承认和肯定。在这三种关系中获得的承认不是相互并列的，而是有从低到高的层次。人首先应该拥有地位关系上的尊严，以此确立自己的地位，为在更高层次上肯定社会存在奠定基础。但是，仅仅拥有地位和尊严是不够的，还必须拥有利益关系上的权利。有了权利就可以获得更多的利益，这样社会存在就得到更明显的肯定。可是，即使在尊严的基础上获得权利也不是最完美的肯定，还需要获得人情关系上的友爱。获得了友爱也就得到了最高程度的肯定。在地位关系上获得尊严和在利益关系上获得权利都不是一件容易的事情，而最困难的是在人情关系上获得亲密的友爱。如果一个人获得另一个人的友爱，特别是亲密热烈的友爱，那么意味着这个人的社会存在得到了最高肯定。尊严、权利和友爱是相互统一的，但是不能彼此代替。尊严不能代替权利，权利不能代替友爱，反过来也是如此。人要全面地肯定自己的社会存在，就必须在地位关系上拥有尊严，在利益关系上享有权利，在人情关系上获得友爱，任何一个方面都不可或缺。

对于存在于人类社会的人来说，尊严、权利和友爱都是美好的东西。尊严可以提高人的地位，权利可以增加人的利益，友爱可以给人带来温暖。获得这些东西就可以更好地存在。如果没有尊严，人的个体存在毫无地位，权利和友爱也失去了基础；如果没有权利，人的存在得不到有效的保障，尊严也成为空洞的东西；如果没有友爱，人只能孤独地存在于社会中，不能与其他人建立亲密的社会联系。尊严、权利和友爱，这三样东西对于人的社会存在非常重要，是人构建自己社会生活的三根支柱。任何存在于人类世界的人都不能缺少它们，一旦失去了它们就无法保持社会存在的良好状况。尊严、权利和友爱对人的社会存在的重要性，就像生命、健康、快乐对人的生物存在的重要性，以及真、善、美对于人的智慧存在的重要性一样。人作为一个社会存在物，必须追求尊严、权利和友爱，必须通过它们确证自己的社会存在得到了肯定。不论在哪个社会和哪个时代，人们都会追求尊严、权利和友爱，这种追求是普遍的、永恒的追求。

第四章　社会存在与交往价值

2. 人的社会存在蕴涵的内在价值是尊严、权利和友爱。根据这些内在价值可以说明各种交往价值。

人不论存在于什么地方，都会使周围事物显现出价值。人在自然世界中使自然物显现出价值，在文化世界中使知识、观念、意象显现出价值，而在人类世界中使社会事物显现出价值。我们在社会中看到许多事物都有价值。例如地位、利益、人情带来他者的承认，具有价值；家庭、社区、国家维护人的社会存在，具有价值；习俗、伦理、法律协调人与人的关系，具有价值；自由、平等、和谐作为社会的原则，具有价值。社会事物与人的交往活动密切相关，或者是交往活动建立的关系，或者是交往活动开展的前提，或者是交往活动遵循的规范，或者是交往活动追求的目标。人在交往活动中追求和维护的价值是社会事物的价值，借助于这些价值维护自己的社会关系，肯定自己的社会存在。我们把与生存活动相关的价值称为生存价值，与思想活动相关的价值称为思想价值，相应地要把与交往活动相关的价值称为交往价值。

任何社会事物都是与人相关的事物，没有人的存在就不会有社会事物。很显然，社会事物的交往价值也离不开人的存在，也要以人的存在为前提。交往价值对人的依赖看起来比生存价值和思想价值对人的依赖更明显一些。人们很容易把生存价值看做是独立于人的自然物，把思想价值看做是外在于人的知识、观念和意象。由于这个缘故，我们在说明生存价值和思想价值的根源时费了很多周折，花了很大力气说明没有人的存在就没有价值的道理。对于交往价值似乎可以省去这样的说明了。然而，把价值视为外在之物的习惯根深蒂固，在交往价值上也不是轻易就能改变的。例如权力、荣誉的价值属于交往价值，这些价值本来不能离开人而存在，人们却把它们看做是独立于人的价值。因此，我们在交往价值上也有必要重申价值离不开人的存在的道理。交往价值也像其他价值一样要显现在具体事物上，具体的社会事物就是交往价值由以显现的载体。社会事物显现的价值与社会事物本身是有区别的，不能把社会事物和其上显现的价值混为一谈，否则无法深入把握人的社会存在与社会事物价值的内在关系。我们可以把社会事物看做是独立于某个人存在的事物，但是不能把社会事物的交往价值也看做是独立于人存在的价值。任何价值都不能离开人而存在，交往价值也不例外，它必须以人的社会存在为前提。在人的社会存在之外谈论交往价值没有任何意义。

交往价值是人的社会存在映现的价值。各种社会事物之所以具有价值，其根本原因在于人的社会存在。例如法律的价值是协调人与人的关系，这种价值不是法律本身具有的，而是由人的社会存在映现出来的价值。法律作为一种规范可以先于某个人而存在，但是作为价值必须以这个人的社会存在为依据。汉谟拉比法典至今还遗留在石头上，可是遵循此法典的人早已不在了，这部法典还有交往价值吗？它已经没有现实的交往价值了，至多有一些作为文物显现的思想价值。其他社会事物的价值也是如此，只有在人的社会存在面前才能显现出交往价值。人们在看待价值的时候常常犯这样的错误，把对于一个人的价值看做是对于所有人的价值，把特定时刻显现的价值看做是任何时候都会具有的价值，于是把价值与人的存在割裂开来，使价值变成抽象的价值。这样看待社会事物的价值，必定把交往价值看做是人的社会存在之外的价值。以这种方式说明社会事物的价值，不能解释交往价值的民族性和时代性。社会事物的价值不是预先存在的价值，是在人的社会存在的映现下显现出来的价值。不是因为社会事物有价值才有人的社会存在，而是因为人的社会存在才有社会事物的价值，这个关系是不能颠倒的。

人存在于人类社会之中，要与他人结成社会关系。结成的社会关系无非就是地位关系、利益关系和人情关系。人的交往活动的主要任务是处理这些涉及地位、利益和人情的社会关系，或者建立新的社会关系，或者维护已有的社会关系，或者改变不合理的社会关系。人的交往活动的根本目的不是建立、维护、改变社会关系，而是通过构建良好的社会关系肯定自己的社会存在。良好的社会关系可以肯定人的社会存在，而不好的社会关系只能否定人的社会存在。如果在地位关系上得到他者对自己地位的承认，在利益关系上得到他者对自己利益的承认，在人情关系上得到他者对自己存在的承认，那么人的社会存在就通过他者承认得到了肯定。如果人在这些关系中得到的承认是充分的，那么人的社会存在得到的肯定也是充分的。在地位关系上的他者承认就是人的尊严，在利益关系上的他者承认就是人的权利，在人情关系上的他者承认就是人的友爱。当一个人拥有他人承认的尊严、享有他人认可的权利和获得他人表达的友爱时，就非常清楚地表明这个人的社会存在已经得到了肯定。人的社会存在追求许多目标，其中最重要的目标就是尊严、权利和友爱。其他目标都与尊严、权利和友爱相一致，或者是尊严、权利和友爱的具体表现形式，或者是可以起到维护尊严、权利和友爱的作用。在人的社会存在所追求的交往价值中，最根本的价值就是尊严、权利和友爱，其他价值都是从这三个根本价值中派生出来的。

从人的社会存在出发考察交往价值，可以看到交往价值有内在价值和外在价值的区别。交往价值的内在价值就是尊严、权利和友爱，而外在价值就是表现或维护尊严、权利和友爱的各种社会事物的价值。

尊严、权利和友爱属于内在价值，它们蕴涵在人的社会存在之中。人的社会存在只能是社会关系中的存在，具体地说就是地位关系、利益关系和人情关系中的存在。人在这些关系中得到他者承认，就会形成自己的尊严、权利和友爱。正如前面分析生存价值和思想价值的内在价值时所揭示的，内在价值不是外在于人的价值，它们与人的存在须臾不可分离。人的生物存在和智慧存在表现为个体存在，因而生存价值和思想价值的内在价值从人的个体存在就可以得到说明。人的社会存在不是单个人的存在，必须通过社会关系与他人一起存在。由于这个原因，交往价值的内在价值并非蕴涵在个体存在之中，而是蕴涵在与他人一起结成的社会关系之中。尊严、权利和友爱都有赖于他者的承认。没有他人的存在和承认，就不会有尊严、权利和友爱。如果在地位关系上得不到他者承认就没有尊严，在利益关系上得不到他者承认就没有权利，在人情关系上得不到他者承认就没有友爱。虽然一个人的尊严、权利和友爱离不开他人，但是它们仍然属于这个人而不属于他人。在思考交往价值的内在价值时，必须把人的社会存在看做是他的社会关系，这样才能理解包含于社会关系中的尊严、权利和友爱是蕴涵于人的社会存在的内在价值。

尊严、权利和友爱作为交往价值的内在价值，具有最大的普遍性。任何人存在于社会之中都要与他人结成社会关系，只要结成社会关系就必定是地位关系、利益关系和人情关系，其中使人拥有尊严、享有权利和获得友爱的关系才能肯定人的存在。因此，对于任何人的社会存在来说，尊严、权利、友爱都是价值，而且是与人的社会存在不可分割的价值。横向考察各个社会，不论是东方社会还是西方社会，不论信奉哪种宗教或是不信奉任何宗教，人们对于尊严、权利和友爱的追求是一样的。在任何社会里，尊严、权利和友爱都是不可或缺的根本价值，一旦失去了这些价值，人的社会存在就无法得到肯定。纵向比较各个时代，不论是古代社会还是现代社会，不论是农业社会还是工业社会，人们对尊严、权利和友爱的重视程度没有太大的差异。在任何时代，尊严、权利和友爱都能激发人的热情，使人产生追求这些价值的渴望。人们在观念上也许能够超越这些价值，但是在实际生活中不能拒绝这些价值。尊严、权利和友爱之所以是普遍的价值，原因在于它们深深地植根于人的社会存在之中。只要一个人与另一个人建立社会关系，个体的存在成为社会的存在，尊严、权利和友爱就会成为与人的存在相一致的内在价值。

与尊严最接近的外在价值是地位。地位是人在社会关系中所占据的位置。有地位的人能够得到他人的重视和尊重，所以人们都非常向往拥有较高的地位。人的地位有两种有差别的表现形式，一种是通过权力表现的地位，另一种是通过荣誉表现的地位。掌握权力的人可以支配社会的资源，甚至可以控制他人的行动，无疑具有很高的地位。这种情况在等级社会里表现得尤其明显。例如皇帝掌握最高的权力，可以决定别人的生死，具有至高无上的地位。享有荣誉的人得到众人的瞩目，受到更多的敬重，也有较高的地位。权力属于稀缺的东西，并不是所有人都能获得的。通过获取权力来提高地位可不是一条平坦的途径，在历史上曾经发生过多次因争夺权力而导致的流血事件。荣誉则是多数人都可以拥有的东西，只要具有良好的品行，就可以受到众人的称赞，获得自己的地位。而且荣誉是多种多样的，从不同方面可以获得不同的荣誉。权力上的地位是相互排斥的，当一个人获得权力时，另一些人就会失去权力；当一个人提升地位时，另一些人就会被迫降低地位。荣誉上的地位不是这种此消彼长的关系，每个人都可以获得荣誉，所有的人都可以提升地位。通过赢得荣誉提高地位是一条比较容易达到目标的途径。权力和荣誉当然也有交往价值，它们作为价值的根据也是尊严。不过比起地位的价值来说，它们离内在价值更远一些。各种表现和维护权力、荣誉的事物都有价值。例如，"座位"在某些时候成为权力的象征，因此具有交往价值；"面子"在某些社会代表人的荣誉，所以也具有交往价值。这些交往价值都可以追溯到尊严的价值上。

与权利最接近的外在价值是利益。利益是人在社会中获得的好处。凡是肯定人的生物存在和智慧存在的事物都可以成为利益的表现物。例如用于满足生存需要的物质产品表现利益，提升人的心灵境界的精神产品表现利益。利益一方面与人的生物存在和智慧存在相关，另一方面与人的社会存在相关。当一个人独自创造和使用物质产品和精神产品时，这些物质产品和精神产品还不是利益。只有通过交往活动从他人或社会那里获得它们，它们才成为利益。在各种利益之中，满足人的生存需要的物质利益最容易引起人的重视。一谈起利益，人们首先想到的是物质利益。但是把利益等同于物质利益并不全面，因为除了物质利益之外还有精神利益。例如接受教育、欣赏艺术对人的智慧存在很有好处，因此教育和艺术也是一种利益。这种利益不是物质利益，而是精神利益。利益的典型表现形式是财富，财富包括物质财富和精神财富。人们在社会交往中追求利益，很多时候追求的就是财富，其中最常见的是物质财富。当人获得财富时就表明他获得了利益。物质财富的代表是金钱，金钱也因此具有交往价值。金钱和财富的价值属于综合价值，它们作为利益的表现物时具有交往价值，而在满足生存需要时显现出生存价值。利益及其表现物——金钱和财富，是最受人们关注的价值，在交往价值的外在价值中占据非常显眼的位置。

与友爱最接近的外在价值是人情。人情是包含"爱"的情感的友谊。亲人之间的亲情，朋友之间的友情，恋人之间的爱情，这些都是最亲密的人情。人在这样的人情中可以获得最大的安慰。亲密的人情往往只出现在熟人之间，而很少出现在陌生人之间。陌生人之间有另一种更广泛的人情，即同情。同情是把他人当做与自己一样的人来看待的情感，其中也包含着爱的成分，虽然很淡薄但也能给人带来温暖和安慰。当一个人遭遇不幸的时候，如果能够得到来自许多陌生人的同情，那就是莫大的安慰了。对于亲情、友情、爱情表现的友爱应该给予更高的重视，而对于同情所表达的友爱也应该给予足够的重视。同情所包含的爱的情感不如亲情、友情、爱情那样浓烈，但是对于营造一个友善、和谐的社会来说也是非常重要的。亲情、友情、爱情以及同情都具有交往价值，它们的价值以友爱的价值为根据。各种用来表达情感的事物都显现出交往价值。例如一份礼品可以给人带去问候，增进人与人的友爱，具有交往价值；一束鲜花可以表达情感，传递对朋友的关心或者对恋人的爱慕，具有交往价值。人在交往活动中使用的话语也有交往价值。例如祝福的话、安慰的话、鼓励的话和警告的话、批评的话、劝诫的话，这些话语都具有交往价值。所谓"良言一句三冬暖，恶语伤人六月寒"。如果在话语中表达的是爱的情感，那么话语就能给人带来温暖的感觉，像礼品和鲜花那样显现出以友爱为内在价值的交往价值。

　　人类世界的许多事物都具有交往价值。人们建立的各种社会关系，例如契约关系、组织关系、婚姻关系等等，有利于维护人的尊严、权利和友爱，具有交往价值。人们结成的各种社会群体，例如家庭、俱乐部、国家等等，作为人的社会存在空间，对于保障人的社会存在发挥着积极的作用，具有交往价值。此外，像市场、公共场所也是人进行社会交往的重要空间，也显现出重要的价值。社会中形成和建立的各种制度，例如习俗、伦理、法律等等，能够调节人与人的社会关系，维护每个人的尊严、权利和友爱，具有交往价值。人们追求和向往的社会目标，例如自由、平等、和谐等等，体现着人对尊严、权利和友爱的重视，也具有交往价值。人们建立良好的社会关系，结成和谐的社会群体，制定合理的社会制度，追求美好的社会目标，最终都是为了维护更多人的尊严、权利和友爱，以便更好地肯定自己和他人的社会存在。这些社会事物的价值都是由人的社会存在映现出来的交往价值。它们在交往价值的序列中属于外在价值，其价值以蕴涵于人的社会存在的尊严、权利和友爱的价值为根据。

　　人的社会存在不是单个人的存在，而与他人的存在有着不可分割的联系。人的社会存在是关系中的存在，只有与他人交往才能结成社会关系。因此人与人之间的社会关系都是双向关系，地位关系是双向的，利益关系是双向的，人情关系也是双向的。在这种双向的关系中考虑交往价值，不应只考虑某一方的价值，而应该考虑双方的价值。例如在利益关系上，为了获得自己的利益而损害对方的利益，这样的关系不是良好的社会关系。从获得利益的一方来说是肯定自己存在的关系，而从失去利益的一方来说是否定自己存在的关系。交往价值不应该是单方的价值，而应该是双方共同的价值。只有同时肯定双方社会存在的交往价值才是最值得期待的价值。人们在追求交往价值时，应该兼顾对方的要求，尽量实现双赢的结局。在地位关系上，应该保持相互平等的地位，特别是应该消除身份上的不平等，这样可以使双方的尊严都得到维护。在利益关系上，应该公平地分配和交换利益，这样可以使双方的权利都得到承认。在人情关系上，应该彼此给予对方以爱的情感，这样可以增进彼此的友爱。当双方都能获得属于自己的交往价值时，相互的关系才能健康地发展，有利于促进各自社会存在的完善。而以贬低他人地位的方式提高自己的地位，以剥夺他人利益的方式增加自己的利益，以欺骗他人感情的方式获得对自己的友爱，从短期来看能够得到一些好处，但从长远来看必将损害自己的社会存在。

我们再以权利和义务的关系为例对交往价值的相互性作一些说明。权利是人在利益关系上来自他者的承认，而义务是人在利益关系上对于他人的承认，二者是相互对应的。例如在甲乙双方构成的利益关系中，甲方的权利是乙方的义务，而乙方的权利是甲方的义务，双方的权利和义务是相互规定的。单从某个人的角度看权利和义务时，权利使他从其他人那里获得利益，义务则要求他给予其他人以利益。似乎权利是对人的社会存在的肯定，而义务是对人的社会存在的否定。然而，从社会关系的双方来看权利和义务时，就会看到不仅权利是对人的社会存在的肯定，义务也是对人的社会存在的肯定。因为权利和义务总是结合在一起，获得权利就要承担义务，而承担义务就可以获得权利。在这个意义上说，义务也能肯定人的社会存在，只不过它要通过权利间接实现其肯定作用。在合理的利益关系中，人在追求自己权利时必须承担相应的义务，否则无法获得自己希望得到的权利。只有当双方彼此承认对方的权利，并且各自承担自己的义务时，双方才能达到利益关系上的双赢。人在地位关系和人情关系上追求交往价值也是如此，如果肯定对方的尊严就能得到对方对自己尊严的肯定，给予对方以友爱就能得到对方给予自己的友爱，在互尊和互爱中双方的社会存在都得到肯定。

比较一下生存价值、思想价值和交往价值的外在价值，就可以发现这三类价值有不同的特点。生存价值的外在价值是消耗性价值，使用一点就会减少一点，所以把生存价值分给他人的时候，自己的生存价值就会减少。例如把自己的食物分给别人一点，自己就不得不少吃一点。思想价值的外在价值是非消耗性价值，无论使用多少次都不会减少，因此把思想价值分给他人的时候，自己的思想价值并不减少。例如，把科学知识讲授给其他人，自己并不会因此失去科学知识；把道德观念传播给其他人，自己不会因此缺少道德观念；把艺术作品让别人欣赏，自己不会因此损失"美"的价值。交往价值的外在价值则是可以增长的价值，给予别人以交往价值，自己可以获得更多交往价值。例如在相互尊重的关系中，维护对方的尊严不仅不会降低自己的尊严，反而会提高自己的尊严；在相互合作的关系中，给予对方以利益，自己也能获得利益，而且获得的利益比给予的利益更多；在相互友爱的关系中，爱他人时获得一份友爱，被他人爱时又获得一份友爱，于是获得双倍的友爱。在交往价值上，给予他人的价值越多，自己收获的价值也越多；给予他人的价值越少，自己收获的价值也越少；而损害他人的价值，自己的价值也会受到损害。这是交往价值与其他价值（特别是生存价值）的一个显著区别。

人在追求交往价值的过程中，建立良好的社会关系非常重要。在良好的社会关系中，每个人的存在都能得到对方的承认和肯定，每个人都能拥有自己的尊严，享有自己的权利，并且获得相互的友爱。而建立良好的社会关系，要以自由为前提，要以平等为原则，还要有和谐的社会环境。

3. 自由是社会交往的首要前提。在保持自由的前提下人的社会存在才能得到他人的承认。

人的社会存在有两种状态，一种是自由，另一种是不自由。如果人的社会存在是自由的，那么他可以在地位关系上获得尊严，在利益关系上获得权利，在人情关系上获得友爱；相反，如果人的社会存在是不自由的，那么他的社会存在被他人所支配，在共同存在时得不到应有的地位，在分配利益时得不到应有的利益，在相互交往中得不到温暖的人情。人的社会存在是否自由，在很大程度上决定着人能否建立良好的社会关系，能否在社会关系中得到他人的承认。从这一点来说，自由是人的社会存在得到肯定的最重要前提。

　　自由是人在社会交往中保持自己独立、不受他人束缚的状态。人的自由有两个主要方面，一是人身自由，二是意志自由。人身自由是指人的身体为自己所有，不受他人的束缚。当人的身体不属于自己时，人必定是不自由的。例如奴隶为主人所有，奴隶没有人身自由。意志自由是指按照自己的意愿不受限制地活动，做自己想做的事情，不做自己不想做的事情。当人的意志受到他人的限制，不能按照自己的意愿说话、做事的时候，人是不自由的。例如有人在他人强迫下说一些违背自己意愿的话，做一些自己讨厌的事情，这个人就缺乏意志自由。人身自由是人的生物存在为自己所有，而意志自由是人的智慧存在不受别人所支配。看待一个人是否自由，要从人身自由和意志自由两个方面来看，只有在人身自由和意志自由都具备的情况下才称得上是自由的。缺少其中的任何一个方面，人的自由都是不完整的。在这两种自由中，人首先应该拥有人身自由。只有在人身自由得以保持的前提下，意志自由才是可能的。一个人连人身自由都没有话，怎么称得上意志是自由的呢？在人身自由有了保障的情况下，意志自由才成为值得人去争取的更高自由。

　　人的自由有消极的自由和积极的自由[1]。消极的自由是不被动地做什么的自由，积极的自由是主动地做什么的自由。例如人不受他人的奴役是消极的自由，做自己想做的事情是积极的自由。消极的自由是基本的自由，在任何情况下都是值得追求的。积极的自由是更高的自由，通常情况下也是值得为之奋斗的。但是这种自由有可能与其他人的自由发生冲突，并不是在任何情况下都是合理的。例如一个人想要奴役他人，想要占有全世界的财富，只想自己快乐而不想让别人快乐，这样的意志自由是不合理的。不合理的自由都出现在意志自由上，这是因为意志本身缺乏合适的限度，常常在欲望和愿望的驱使下提出过分的要求，导致意志自由的不合理。意志自由的合理性受意志本身合理性的制约，只有合理的意志才能带来值得肯定的意志自由。人

---

[1]　伯林在《两种自由概念》一文中区分了消极自由和积极自由，指出消极自由是"免于……"的自由，而积极自由是"去做……"的自由(参见伯林:《自由论》，译林出版社 2003 年版，第 186—246 页)。

的自由并不是绝对的自由，总是要受到一些限制和束缚。人不能任意地去做自己想做的事情，那样必将造成人与人在自由上发生冲突。每个社会都有一些习俗、伦理、法律等规范，这些规范对人的自由有一定的约束作用，但是只要不把违背这些规范作为意志自由的要求就不会感到不自由，相反在这些规范的保护下人的自由才能得到有效的保障。假如社会中没有习俗、伦理、法律等规范，人人都可以任意做自己想做的事情，包括干涉他人自由的事情，那么必将导致社会秩序的混乱，使所有人的自由都面临威胁。自由是人与人关系中的自由，这一点决定了人的自由必定要受到一些限制。人不可能获得无限的意志自由，除非远离社会到一个没有人的地方，在那里摆脱掉一切社会关系，这样或许能得到不受任何限制的自由。可是在没有他人存在的地方，得到自由又有什么意义呢？

对于人的自由设置一些必要的限制是应该的，否则社会关系会因双方强调各自的自由而破裂，社会群体会因人人主张无限的自由而陷入无序状态。可是，这些限制必须是适当的，不能危害人的基本自由。这些限制本身也应该受到限制，否则无法保证自身的合理性。如果对自由的限制危害到基本的人身自由和意志自由，那么限制就转变成束缚，会导致破坏自由的后果。限制人的自由必须非常谨慎，只有在一些极其特殊的情况下，才能有限度地剥夺某些人的自由。例如罪犯危害他人的自由和安全，对这样的人应该给予必要的惩罚，甚至可以用拘役等方式暂时剥夺其人身自由。除了这样一些非常特殊的情况之外，不应该限制和剥夺人的基本自由。社会应该采取一切必要的措施杜绝危害人的基本自由的可能性，不仅应该避免发生某些人奴役另一些人的情况，也应该避免社会以整体的名义任意剥夺少数人的自由的情况。以"自愿"的形式丧失自由的情况也在杜绝之列。例如订立"卖身契"会让卖身者失去人身自由，正义的社会必须禁止这种事情的发生。当一种社会关系危害人的自由时，就应该改变这种社会关系。当一种社会制度剥夺人的自由时，就应该废除这种社会制度。任何社会关系和社会制度都应该以自由为前提，而且应该尽可能地维护和保障自由。

对于人的社会存在来说，自由是非常重要的东西。人一旦失去自由，就很难获得自己应得的交往价值，其社会存在也得不到应有的肯定。例如一个人在没有自由的情况下被迫签订契约，在这个契约关系中他不能维护自己的尊严，不能获得自己的权利，更不能获得他人对自己的友爱。人只有在保持基本的人身自由和意志自由的前提下才能自主地建立社会关系，在这样的社会关系中才能维护自己的尊严，争取自己的权利，形成自己的友爱。如果人没有人身自由和意志自由，那么连自己的身体和意志都不能拥有，怎么能获得尊严和权利呢，至于友爱更是无从谈起了。此时即使获得一些尊严也不过是作为"会说话工具"的尊严，获得一些权利也不过是满足基本生存需要的权利，获得一些友爱也不过是出于怜悯和同情。在奴隶社会，那些失去自由的奴隶不能获得自己创造的财富，也不敢要求主人给予自己更高的地位，对于真挚的友情更是不敢奢望，能够得到一些同情和怜悯就算不错了。人若没有自由的话，就不能成为自己的主人。他的社会关系也不属于他，而属于他的支配者。在这样的社会关系中，人得到的不是肯定，而是否定。不仅社会存在受到否定，而且生物存在和智慧存在也会受到否定。

自由对于任何人来说都是值得为之奋斗的价值。对于没有自由的人来说，向往的是获得自由，而对于已经拥有自由的人来说，担心的是失去自由。人获得自由不是一劳永逸的，由于各种原因都有可能导致自由的丧失。特别是在专制的社会里，人的自由没有什么保障，很容易失去已经拥有的自由。不论是拥有自由的人还是失去自由的人，都会尽力追求和维护自己的自由。与拥有自由的人相比，失去自由的人更渴望获得自由，更清楚自由对人的重要性。从专制社会中挣脱出来的人最珍视自由，认为自由是一切价值中的首要价值，比金钱、财富的价值更重要。更有甚者，认为自由比生命、爱情还要重要。例如一位追求自由的诗人裴多菲说：生命诚可贵，爱情价更高，若为自由故，二者皆可抛。对于没有自由而得不到尊严和权利的人来说，自由是高于一切的价值。正是因为自由对于人如此重要，所以剥夺人的自由被看做是最严厉的一种惩罚。许多社会的法律都规定对犯下严重罪行的人实施监禁，限制其人身自由，以此达到惩罚罪行、惩戒犯罪的目的。自由在任何社会、任何时代都是美好的价值，没有谁愿意处于被人奴役的地位。

一个良好的社会应该是充分保障人的自由的社会。如果一个社会不能保障其成员的基本自由，允许强大的欺凌弱小的、高贵的奴役低贱的，那么这个社会就是缺乏正义的社会，应该对它进行彻底的批判和改造。社会应该动用政治、法律等强制手段维护人的基本自由，肯定每个人都是自由的人，宣告每个人的自由都是不容他人侵犯。人生来都是自由的，只有在不合理的社会中才会失去自由。社会整体的自由以每个人的自由为前提条件，只要社会中有一些人不能维护自己的自由，整个社会就算不上是自由的社会。维护社会整体的自由应该以保障个体的自由为目的，在促进每个人的自由的过程中才能形成共同的自由。一个合理的社会应该是使每个人都充分享有自由的社会。因此马克思和恩格斯把未来的共产主义社会设想为自由人的联合体[1]。个人自由和群体秩序应该是统一的，而不应该是对立的。把个人自由与群体秩序对立起来可能产生群体剥夺个人自由的结果。如果一个国家过分强调社会的秩序，而忽视个人的自由，那么很容易形成专制的社会。专制的社会不能保障个人的自由，所以不论有多么稳定的秩序也不是良好的社会。在社会中应该把保障每个人的自由作为最高的原则，即使为了大多数人的利益也不能任意剥夺某一些人的自由。在人的自由有保障的良好社会里，每个人在社会交往中都能获得属于自己的交往价值，其社会存在都能得到最大程度的肯定。

把自由作为最重要价值来看待的观念是自由主义。自由主义是作为专制主义的对立面出现的，与专制主义的观点针锋相对。专制主义把社会、国家、群体的秩序放在第一位，而轻视或否认个人的自由。个人自由对于专制秩序是一种反叛，所以专制主义不赞成个人自由。自由主义则把个人自由放在首要位置，而把社会、国家、群体的秩序放在次要的位置。自由主义认为个人自由最重要，任何人都不应当受到他人的强迫和奴役，应该按自己的意愿去思想和行动。从人的社会存在得到更好肯定的角度来看，自由主义无疑比专制主义更合理。在自由主义的指引下社会可以更好地保障人的自由，让每个人的社会存在都能通过获得属于自己的交往价值而得到肯定。但是，自由主义有一些过于忽视社会秩序的倾向，这样的倾向有可能带来一些负面的影响。完全放任的自由主义会破坏社会的凝聚力，对于社会的稳定和发展是不利的。任何观念都有适合自己的范围，一旦超出这个范围，合理的观念也

第四章 社会存在与交往价值

---

[1] 马克思、恩格斯说："代替那存在着阶级和阶级对立的资产阶级旧社会的，将是这样一个联合体，在那里，每个人的自由发展是一切人的自由发展的条件。"（《马克思恩格斯选集》第 1 卷，人民出版社 1995 年版，第 294 页）

会变成不合理的观念。自由主义在抵制封建的专制主义方面是非常合理的，对于打破封建等级制度曾经发挥过非常积极的作用。但是把它当成唯一合理的观念，推广到社会的所有领域，它就超出了自己的适用范围，失去了自己的合理性。

自由体现在人的交往活动中，是建立良好社会关系的前提，毫无疑问具有重要的交往价值。人只有在保持自由的情况下才能获得自己应有的地位、利益和友情。其他许多交往价值也都以人身自由和意志自由为必要条件。然而从根源上来看，自由只是获得交往价值的前提条件，而不是形成交往价值的内在根据。所有交往价值的根据都是源自于人的社会存在的尊严、权利和友爱。另外，自由本身也不能成为最终的价值目的。如果自由是人所追求的最终目的，那么人就没有必要参加社会交往，只要保持自己的独立性就够了。自由本身并没有价值，它只有通过为人的尊严、权利和友爱提供前提才成为值得为之奋斗的交往价值。

4. 平等是社会交往的基本原则。在平等关系中交往双方的社会存在能够得到彼此的肯定。

人与人的关系有两种情况，一种是平等，另一种是不平等。在平等关系中，交往双方的尊严和权利保持大体的平衡，各自的社会存在都能得到对方的承认和肯定。在不平等关系中，一方能够获得更高的尊严和更多的权利，而另一方得不到应有的尊严和应得的权利，这样的社会关系不能使交往双方的社会存在同时得到肯定。从交往双方的共同要求来说，平等关系是合理的关系，不平等关系是不合理的关系。因此，人们在社会交往中应该消除和调整不平等的关系，建立和维护相互平等的关系。

由于种种历史的和现实的原因，社会中总是存在一些不平等关系。在等级社会中，地位上的差异最明显，有一些人占据高高在上的地位，成为高贵的人，而有一些人没有什么地位，成为低贱的人。在私有社会中，财富上的差距最醒目，一些人拥有众多的财富，过着花天酒地的生活，而另一些人缺少必要的生活资料，过着饥寒交迫的生活。有人找出种种理由为不平等关系做辩护，例如说这是生物世界的普遍现象，或者说这样安排具有更高的效率，等等。但是不管提出什么样的理由，都不能证明不平等是合理的。只要问一问持这种观点的人：你们愿不愿意处于比别人更低的地位，获得比别人更少的财富呢？如果他是诚实的，那么肯定会说不愿意。没有谁会心甘情愿地接受比别人更低的地位和比别人更少的财富。孔子说："己所不欲，勿施于人。"[1] 按照这种推己及人的逻辑，既然自己不愿占据比别人更低的地位，获得比别人更少的财富，那么为什么要让别人处于比自己更低的地位，获得比自己更少的财富呢？人和人都是一样的，只有平等关系才最有利于人的社会存在。假如一个人不知道自己在社会中将处于什么位置，不清楚平等还是不平等对自己更有利，让他在这种"无知之幕"[2] 下进行选择，那么按照理性他必定会选择平等关系。在平等关系中，虽然不能占据比别人更高的地位，不能获得比别人更多的财富，但是至少能够处于一样高的地位，获得同样多的财富。

因此，平等理应成为交往的基本原则。平等原则要求交往双方在地位关系和利益关系上保持大体的平衡。在地位关系中，如果某一方占据较高的地位，另一方就处于较低的地位，这样就导致双方地位的不平等。在不平等的地位关系中，处于较低地位的一方不能获得自己应有的尊严。只有用平等原则维护地位关系才能保障交往双方同时获得各自的尊严。在利益关系中，如果某一方占有更多的利益，另一方就不能获得应得的利益，这样就造成交往双方权利的不平衡。例如两个人分配共同劳动的成果，其中一个人多占一些产品，另一个人就少得一些产品，少得产品的人没有获得自己应得的利益，权利受到了损害。只有以平等原则平衡利益关系才能保证交往双方都能获得自己的权利。在地位关系和利益关系上应该把平等原则作为基本尺度，这样

[1] 《论语·颜渊》。

[2] 罗尔斯在其《正义论》中提出的纯粹假设的状态。"这一处境的一些基本特征是：没有一个人知道他在社会中的地位——无论是阶级地位还是社会出身，也没有人知道他在先天的资质、能力、智力、体力等方面的运气。我甚至假定各方并不知道他们特定的善的观念或他们的特殊的心理倾向。"（罗尔斯：《正义论》，何怀宏等译，中国社会科学出版社2009年版，第10页）

既能肯定自己的社会存在，也能肯定他人的社会存在，更有利于保持良好的社会关系。但是在人情关系上就不能简单地套用平等原则。在人情关系中，交往双方不能过分地计较友爱的付出与收获，否则人情关系就变成了在市场上讨价还价的买卖关系。在以人情为纽带的社会关系中无需追求友爱的平衡，即使单方面地给予他人以友爱也能使自己的社会存在得到肯定。

平等原则所维护的平等有实质平等和形式平等。实质平等是在地位和利益上的完全平等。实质平等是一种理想的平等，是人与人之间没有任何差异的绝对平等。在地位关系上，谁的地位不比别人高，也不比别人低；在利益关系上，谁的利益不比别人多，也不比别人少。只有在消除地位和利益上的一切差异之后，才能达到这样的平等。实质平等无疑是真正的平等。然而人与人在社会中总是有些差异，占据的地位高一点或低一点，获得的利益多一点或少一点，很难保证完全的平等。特别是在人数众多、分工发达的社会里，要平衡所有人的地位和利益几乎是不可能的。现实的社会关系不是单纯的两个人之间的关系，而是众多的人在一定的社会体系里构成的彼此交织的复杂关系。在这样复杂关系中维持实质平等十分困难，即使有一个强大的政府也无能无力，因为没有一个政府能够掌握所有人的所有信息，也没有能力消除人们在地位和利益上的所有差异。不必说由众多成员组成的社会，即使由三五个人组成的小团体，也很难达到完全的平等。实质平等最能体现平等原则的要求，作为一种理想无疑是值得肯定的，然而在现实中很难实现，不具有现实的合理性。

形式平等也是一种平等，这种平等不是地位和利益上的完全平等，而是获得或保障地位和利益的机会平等。当社会有一套不偏袒任何人的规则时，每个人都有机会获得自己的地位和利益，这样就实现了形式平等。形式平等所保障的是机会的平等，而不是实际结果的平等，在这一点上它与实质平等有根本的区别。例如在自由竞争的市场中有一套交易规则，任何人都可以利用这套规则追求自己利益的最大化，这套规则给每个人提供了平等的机会；在民主社会中有一套以人的政治地位平等为基础的制度，任何人都能够借助于这套制度维护自己的基本权利，保障自己在政治地位上的尊严。形式平等比较重视规则的平等，目的在于给所有人提供平等的机会。与此相对应，形式平等只能保证过程的平等，而不能保证结果的平等。虽然每个人获得地位和利益的机会是一样的，但是并不意味着人们都能获得同样高的地位和同样多的利益。有人把握住了机会，获得了更高的地位和更多的利益，而有人失去了机会，没有获得应有的地位和应得的利益。这就像买彩票一样，任何人买彩票都有可能中奖，在中奖机会上是完全平等的，然而开奖时只是少数几个人中奖，大多数人都空手而归，最终的结果是很不平等的。形式平等不能带来真正平等的结局，因而不是最理想的平等。但是，在实质平等无法实现的情况下，达到形式平等也算不错了，总比没有任何平等要好。

实质平等和形式平等并不矛盾，二者都能体现平等原则的要求。实质平等强调交往结果的平等，而形式平等更重视交往过程的平等。实质平等是高远的目标，而形式平等是切近的目标。在基本的形式平等还不能充分保障的情况下，一味地追求理想化的实质平等是不太现实的。在实际交往中很难保证实质平等，能够做到形式平等已经很不错了。尽管形式平等只保障机会的平等，不能完全体现平等的要求，但是形式平等也有它自身的优点：容易操作，切实可行。在一个以平等为目标的社会中，应该尽力保持人们在地位和利益上的平等，使每个人的社会存在都能得到应有的肯定。要达到这个目标，最现实的途径是制定一套合理的规则和制度，给人们提供平等地获取地位和利益的机会。有了平等的机会，人们就有可能达到地位关系和利益关系上的平等。社会为了更好地实现平等还需要采取一些措施，例如制定民主制度和福利制度，尽量抑制在权力和财富上出现的两极分化，把地位和利益的差异控制在可以接受的范围之内。如果把实质平等的目标和形式平等的措施有机地结合起来，以此维护交往过程和交往结果的平等，那么可以大体达到平等原则的基本要求。

从平等原则中衍生出公正原则和公平原则。公正原则主要维护人与人在地位关系上的平等。例如在民主社会中，法律规定每个人都是国家的公民，任何公民在法律面前都是完全平等的，这样的规定就符合公正原则。而公平原则主要维护人与人在利益关系上的平等。例如在商品交易中，买卖双方等价交换，保持双方的利益平衡，这样的交易符合公平原则。公正原则和公平原则的主旨是一致的，目的都是维护人与人在社会关系中的平等。二者的差别主要在于适用的范围不同，公正原则主要用来维护地位关系，而公平原则主要用来指导利益关系。公正原则和公平原则常常结合在一起，共同发挥维护平等关系的作用。例如在签订一份合同的时候，双方在权利和义务上保持大体平衡，这体现了公平原则，而法律在协调双方因合同而起的纠纷时，不偏袒其中的任何一方，这体现了公正原则。公正原则要求给人相同的身份，而公平原则要求给人相等的利益。一个良好的社会既要维护公正原则，也要维护公平原则，从地位平等和利益平等两个方面协调人与人的关系。维护利益上的公平靠经济手段就可以达到，而维护地位上的公正必须借助政治的手段才能奏效。

合理的经济制度体现着公正和公平的原则，维护人们在利益交换和利益分配上的平等。等价交换是最基本的交换制度，自古以来就被认为是最公平的交换方式。不论多么复杂的经济制度，都必须以等价交换构建经济关系。利益分配涉及多方面的因素，体现平等原则的方式比较复杂。利益分配通常有两种分配方法，一种是平均分配，另一种是按劳分配。平均分配的好处是显而易见的，它可以保证每个人都能获得自己的利益，从而达到实质平等。从人与人应该平等的要求来说，平均分配利益有其合理之处，是一种值得肯定的分配方法。然而，从人在创造利益时所做贡献的差异来看，平均分配也有不合理的地方，不是完全公平的。人们在创造共同利益时付出的劳动不完全一样，有些人的劳动时间更长，有些人的劳动强度更大，有些人的劳动效率更高，而有些人的劳动发挥了更关键的作用。不考虑人的贡献的大小，毫无差别地平均分配共同利益，对于付出更多劳动的人是不公平的。在创造利益时付出更多劳动的人，理应在分配利益时获得更多的利益，而对于创造利益没有任何贡献的人，就不应该要求与他人平均分配利益。平均分配的办法确实体现了人与人平等的原则，但是没有考虑人与人在创造利益时的差异，虽然符合实质平等的原则，却违背形式平等的要求。

按劳分配是另一种体现平等原则的分配方式，这种分配方式以人在创造利益时的劳动为尺度，给作出不同贡献的人分配不同的利益。如果按照劳动时间分配，劳动时间长的人比劳动时间短的人获得更多利益；如果按照劳动强度分配，劳动强度大的人比劳动强度小的人获得更多利益；如果按照劳动效率分配，劳动效率高的人比劳动效率低的人获得更多利益；如果按照劳动重要性分配，作出重要贡献的人比没有作出重要贡献的人获得更多利益。总之，劳动越多，贡献越大，获得的利益就越多。这样就体现了多劳多得、少劳少得、不劳不得的公平原则。在分配共同劳动创造的利益时，按劳分配比平均分配更合理。按劳分配还有一个值得肯定的地方，它能够调动劳动者的积极性，带来更多的劳动成果，使参与劳动的人都能获得更多的利益。按劳分配很受劳动者的欢迎，已经成为社会分配的重要方式。可是，在实施按劳分配时会遇到如何确定劳动量的难题。人们从事的是不同工种的劳动，有人从事体力劳动，有人从事脑力劳动；有人承担生产工作，有人承担管理工作。不同工种的劳动如何换算是个问题。另外，劳动时间和劳动强度如何换算，劳动效率和劳动重要性如何比较，这些都是困扰按劳分配的实际问题。按劳分配还涉及另外一个问题，有人在劳动中投入了许多资金，为创造利益发挥了重要的作用，在分配利益时是否应该给投入资金的人多分配一些利益呢？按劳分配和按资分配有不同的依据，这也使维护利益分配上的平等原则变得更加复杂。

在分工日益发达的社会里，人与人的交往活动往往涉及利益分配问题，如何更平等地分配利益成为人人关注的事情。平均分配和按劳分配都能体现平等原则，平均分配可以更好地维护社会的公正，而按劳分配可以更好地维护经济的公平。平均分配比较适合于分配已有的公共利益，例如土地是公共资源，应该按人口进行平均分配。按劳分配适合于分配共同创造的利益，例如合伙经营者应该按照劳动的多少，贡献的大小进行分配，这样更容易保持合作关系。对于劳动创造的利益，完全平均分配是不太合理的，对于付出更多劳动、作出更大贡献的人是不太公平的。而按劳分配也有自身的局限性，不能完全体现平等原则，不能实现实质平等。社会中有一些人没有劳动能力，或者由于某种原因未能参加创造利益的活动，如果完全按劳分配，那么这些人无法获得利益。经济公平和社会公正是层次不同的两种要求，只有把经济公平和社会公正结合起来，才是比较合理的。社会的利益分配不是一次完成的，需要通过多次分配才能较好地体现平等原则。在第一次分配时应该坚持按劳分配，侧重于经济公平，而在第二次、第三次分配时要照顾没有劳动能力的人，维护社会的公正。在社会中完全消除利益上的差异是不现实的，但限制利益上的过度差异则是可以的，而且是非常必要的。

合理的政治制度体现着公正的原则，能够保障人与人在地位上的平等。这里所说的地位平等主要是指权力上的平等，而不是荣誉上的平等。例如法律规定不分性别和种族，所有达到法定年龄的公民都有选举和被选举的资格，这样就维护了政治地位的平等。人们在荣誉上也应该追求平等，但是不能以政治的手段去实现。在现代社会里，充分体现平等原则的政治制度是民主制度。在民主制度下，每个人都拥有相同的政治地位，具有相同的公民身份，谁也不比其他人更高贵，谁也不比其他人更低贱。只要比较一下民主制度和专制制度就很容易看到民主制度的平等性质。专制制度把人分成不同的阶层，有人属于贵族阶层，有人属于平民阶层，有人属于贱民阶层，不同阶层的人在地位上有很大的差别，相互的关系是不平等的等级关系。民主制度至少在形式上肯定所有人都是平等的，共同享有社会的权力，共同决定社会的重大事务。事实上，由所有人一起决策是行不通的，往往要通过投票等方式推举一些代表，由这些代表以民众的名义对公共事务进行决策和管理。民主制度未必是最有效的社会制度，有时也不能避免犯些错误，但是从保障人在政治地位上的平等来说，它无疑是一种良好的社会制度。

在人们自主建立的社会关系中，契约关系是较好地体现平等原则的关系。契约关系不同于自然形成的血缘关系，也不同于等级社会的强制关系，它是人们在自由的前提下经过协商自愿建立的社会关系。契约关系是自由人之间的社会关系，这是它之所以能够体现平等原则的关键所在。如果"契约"是在人失去自由的情况下被迫建立的，那么这样形成的社会关系不会是平等的关系。在建立契约关系时，契约双方都要有基本的人身自由和意志自由，任何一方都有权拒绝签订契约，任何一方都无权强迫对方接受契约，在这一点上双方的地位是平等的。在建立契约关系时，每一方都可以根据自己的情况提出自己的要求，只要得到对方的同意就可以成为契约的内容，在这一点上双方的机会是平等的。因为契约关系是人们在自由的前提下自愿建立的关系，所以通常情况下都能较好地维护双方的地位、保障双方的利益。虽然契约各方都会提出最有利于自己的要求，然而为了使契约关系能够成立，必须放弃自己的一部分要求，并且同意对方的一部分要求，这样就在双方的协商中达到了利益的平衡点。契约双方的出发点都是获得自己的利益，而相互协商和博弈的结果却实现了利益交换和分配上的平等。契约关系中的平等既有地位关系上的平等，也有利益关系上的平等，能够较好地体现公正原则和公平原则。

　　契约关系是人与人之间交换利益的关系，要获得对方的利益就必须给予对方利益，只获取不给予或只给予不获取，都不能形成有效的契约关系。每一份契约都会约定双方的权利和义务。每一方都会有自己的权利，同时也会有自己的义务，没有哪一方只有权利而没有义务，或者只有义务而没有权利。没有权利或没有义务的关系不是真正的契约关系。契约关系不是以侵占对方利益为目的的社会关系，获得对方的利益就必须给予对方以补偿，使对方也获得与其义务相对等的权利。契约关系是自愿建立的关系，就像市场上的买卖关系一样，通常都以等价交换为基本原则，获得多少权利就要承担多少义务，而承担多少义务就可以获得多少权利。从契约关系的形式来说，这是一种比较公平的社会关系。然而，由于人们在订立契约时拥有的条件不同，对权利和义务的约定就有差异，从而导致实际的权利和义务出现不平衡的情况。有些人的财富更多，有些人的能力更强，而有些人掌握的信息更丰富，由于这些条件的不对等造成权利和义务的不对等。占据优势的一方可能会享有更多的权利而承担较少的义务，而处于劣势的一方可能会承担更多的义务而享有较少的权利。契约关系本身是追求平等的关系，然而契约关系往往建立在不太平等的基础上，由此导致权利和义务的不平衡，并造成最终利益分配上的不平等。

　　由此可见，契约关系所维护的平等不是实质平等，而是形式平等。建立契约关系的机制是平等的，交换权利和义务的过程也是平等的，然而契约关系所达到的最后结果未必是平等的。例如在雇主和雇员所建立的契约关系中，雇主处于主导的地位，能够获得更多的利益，而雇员处于从属的地位，不能获得自己创造的全部利益，雇主和雇员之间很难达到权利和义务的完全平衡。契约关系不能修正业已存在的不平等，而且还会放大地位和利益上的不平等，使占据优势的人更有优势，处于劣势的人更加被动。只有在契约双方所拥有的条件完全平等的情况下，才能平等地讨价还价，达到权利和义务的完全平衡，实现利益分配上的实质平等。在平等的前提下，契约关系可以促进平等，但在不平等的前提下，契约关系只能使不平等变得更加不平等。要想使契约关系更好地促进人与人的平等，就必须建立尽可能平等的社会条件。如果消除了身份上的等级，拉近了财富上的差距，使程序更加公正，使信息更加透明，那么就能使契约关系发挥最积极的作用。契约关系只能维护形式平等，而不能达到实质平等，这是契约关系天生的一个弱点。这个弱点在契约关系的内部是无法克服的，只能通过其他社会措施来加以修正和弥补。例如限制垄断和不正当竞争的法律就可以发挥这个方面的作用。

契约关系还有一个值得赞扬的优点。契约关系不是简单的交换利益的关系，而是通过合作创造新的共同利益的关系。交换已有的利益并不能实现各方利益的最大化。因为已有的利益是确定的，如果某一方多占一些利益，另一方就少占一些利益，不能同时满足双方对利益最大化的要求。如果通过契约关系进行分工协作，以更有效的方式创造共同的利益，那么可以创造出更多可供分配的利益，使双方利益最大化的要求都能得到满足。契约关系中存在竞争，但合作是主要方面，正是合作使契约关系成为能够创造更多利益的关系。契约关系把双方的权利和义务联结起来，促使以权利为目标的人们承担起各自的义务，由此大大提高了创造的热情，创造出单个人无法创造的丰富利益。以合作为核心的契约关系是"一加一大于二"的关系，双方都没有失去利益，而是获得了更多利益，带来了双赢的结局。契约关系除了较好地体现形式平等之外，还具有较高的效率，能够给人们带来更多的利益。平等原则和效率原则在契约关系中得到了统一，因此契约关系才成为一种比较合理的关系，受到追求自身利益的人们的普遍接受。

契约关系不仅适合于以利益为纽带的社会关系，也适合于以地位为内容的社会关系。社会的权力也可以利用契约关系来协调。社会契约论把政治权力看做是通过契约形成的，以此为限制政治权力提供理论依据。选民和代表的关系就属于契约关系，选民和代表之间有一个"约定"，选民把权力赋予代表，而代表要为选民说话。如果代表违反了约定，选民就会收回自己的权力。在以人的自由和平等为特征的社会里，契约关系是一种广泛的社会关系，它渗透在社会的组织结构之中，对人与人的社会交往发挥着重要的作用。有一点需要注意，尽管契约关系有许多优越之处，但也不是放在任何场合都是合适的。在公共领域，契约关系可以有效地平衡交往双方的权利和义务，并且能够提高效率，更好地满足交往双方获得更多利益的要求。可是在私人领域，契约关系不是最佳的交往关系，人情关系比契约关系更能协调人与人的关系。例如亲人之间、朋友之间、恋人之间的关系不能成为契约关系，否则这些温暖的人情关系就会变成冰冷的利益关系。如果把婚姻关系看做是契约关系，以合同的形式规定各方的权利和义务，那么这样的婚姻关系就变成了性和其他利益的交易关系。

平等也是一种价值，其价值属于交往价值。社会中的许多事物的价值都与平等相关，例如分配制度、社会福利、民主法制等都是用来维护平等的，其价值通过平等的价值显现出来。社会中的公平、公正等原则也具有交往价值，其价值也是从平等的价值中引申出来的。在交往价值的序列中，平等是一个非常重要的价值，借助于平等的价值可以说明许多社会事物的价值。但是平等并不是最根本的价值，在其背后还有比它更深刻的价值，即尊严和权利的价值。平等不是抽象的平等，而是地位和利益的平等。地位的平等维护的是人的尊严，利益的平等维护的是人的权利。平等的价值最终可以溯源到尊严和权利的价值上。尊严和权利属于交往价值的内在价值，平等及其引申出来的价值则属于交往价值的外在价值。从最终的根源来说，平等之所以成为价值是因为人的社会存在。人的社会存在不是单个人的存在，必须与其他人建立某种社会关系，而唯有平等的社会关系才能同时肯定交往双方的社会存在，因此平等成为重要的交往价值。

5. 和谐是社会交往的良好氛围。在和谐社会中每个人都能得到应有的尊严、权利和友爱。

人们的交往活动都是在特定的社会环境中进行的，社会环境的状况影响人与人建立的社会关系。社会环境有两种状况，一种是和谐，另一种是冲突。在和谐的社会环境中人们能够和睦相处，每个人都能得到他人的承认和肯定。而在冲突的社会环境中则是另一个样子，人与人的关系非常紧张，在地位上互相贬低，在利益上互相争夺，在情感上互相仇视，彼此不能肯定对方的存在。在和谐的社会环境中交往更有利于促进双方的社会存在，而在冲突的社会环境中交往只会给双方造成伤害。毫无疑问，和谐的社会才是更有利于人的社会存在的良好环境。

在冲突的社会里，人与人的冲突深刻地表现在地位关系上。地位涉及人的尊严。人有地位才有尊严，没有地位则没有尊严。人们为了获得更高地位展开竞争，由此造成人与人的冲突。人的地位包括由权力形成的地位和由荣誉确立的地位。拥有权力和荣誉的人更容易得到别人的承认，获得他人的重视和尊重。在社会上权力是许多人渴望获得的东西，为了权力而展开的争夺比为了利益而进行的争夺更加激烈。因为权力通常控制着强大的社会力量，所以很容易引起暴力的对抗。围绕权力产生的冲突是各个社会政治生活的重要内容，特别是在等级社会里，统治和被统治、奴役和被奴役的斗争一直贯穿在社会发展过程之中。人们为了荣誉也会发生冲突。荣誉是一个人的社会形象，人们就像爱护容貌一样爱护荣誉。对于珍爱自己荣誉的人来说，荣誉甚至比财富和权力还要重要，宁可放弃财富和权力也要维护荣誉。当一个人受到他人的轻视或侮辱时，就会感到荣誉上蒙受了耻辱，尊严上受到了伤害，往往要采取以牙还牙的报复行动。有人以谩骂、诽谤等方式回敬对方，以为这样就可以维护自己的尊严。还有人采取决斗的方式洗刷名誉上的污点，甘愿为此去冒丧失生命的危险。这些都表明地位上的冲突会激化到何等严重的程度。不论是因为争夺权力引起的冲突，还是因为侵害名誉引起的冲突，都会破坏人与人的和谐关系，影响社会的正常秩序。

在冲突的社会里，人与人的冲突经常地表现在利益关系上。利益是保障人的存在的基本条件，任何人为了存在都要去追逐利益。一个人追逐利益不仅是为了满足生物存在和智慧存在的需要，还是为了自己的社会存在得到他人的承认和肯定。人们追逐利益的热情是一样的，谁都想获得更多的利益，谁也不想放弃自己的利益，没有谁能真正超然于一切利益之外。人们都想方设法谋求最大的利益，有人凭借辛勤劳动获取利益，有人利用聪明才智赢取利益，还有人通过不正当手段夺取利益，所有的人都为了自己的利益而奔波忙碌。司马迁这样描述人人追逐利益的社会景象："天下熙熙，皆为利来；天下壤壤，皆为利往。"[1] 社会的总体利益总是有限的，而人们对利益的要求却是无限的。有限的利益并不能满足无限的要求，于是人们为了获得比别人更多的利益而展开竞争。当社会有分配利益的合理制度和限制冲突的良好机制时，人们对利益的争夺尚能保持在可控的限度之内，不会造成严重的社会

---

[1] 司马迁:《史记·货殖列传》。

冲突。如果社会缺少这样的制度和机制，任由人们争夺各自的利益，那么不可避免会造成利益上的广泛冲突，引起社会秩序的严重混乱。在利益上的冲突不单纯是个人之间的冲突，还可能是阶级与阶级的冲突、国家与国家的冲突，其规模越大造成的破坏也越严重。不论是什么样的利益冲突，哪怕是两个人为了一分钱而发生冲突，都会破坏人与人的良好关系，影响人与人的正常交往。利益本来是联结人与人的纽带，当利益发生冲突时，就无法把人与人紧密地结合起来，反而会疏远人与人的相互关系，造成人与人交往的隔阂。利益的冲突不会停留在利益关系上，还会蔓延到其他社会关系中，直到把人与人的关系全部变成彼此对立的关系。

在冲突的社会里，人与人的冲突还直接地表现在人情关系上。冲突会冲淡彼此的友爱，造成相互的仇恨。友爱是把人和人联结起来的最好纽带，带着友爱去交往才能建立融洽的关系。仇恨是与友爱完全相反的情感。友爱可以使人与人结成和谐的关系，而仇恨只会使人与人结成冲突的关系。虽然仇恨也可以像胶水一样把人与人粘连到一起，可是这样的粘连并不能给交往双方带来什么好处，反而会更深地伤害彼此的社会存在。仇敌之间的关系比陌生人之间的关系还要疏远，因为仇敌的关系只能是相互冲突、彼此排斥的关系。怀有仇恨的双方不能相安无事，而往往互相进行挑衅和攻击，彼此损害对方的利益、败坏对方的名誉，看到对方遭受损失和痛苦才感到高兴。仇恨是一种具有很强破坏力的情感，它可以瓦解人与人之间的和谐关系，使之变成相互敌对的冲突关系。不论仇恨被带到哪里，哪里都会引起冲突，就像火药在哪里燃烧，哪里就会产生爆炸一样。如果仇恨被带到个人关系中，人与人之间就会产生对抗；如果仇恨被带到群体关系中，群体与群体之间就会相互攻击；如果仇恨被带到民族关系中，民族与民族之间就会产生隔阂；如果仇恨被带到国家关系中，国家与国家之间就会爆发战争。凡是有仇恨的地方就没有安宁，冲突会不断出现，秩序会逐渐消亡，社会陷入混乱之中。仇恨带来的冲突不仅对失败者造成损害，对于胜利者也会造成损害，甚至旁观者和整个社会也会蒙受损失。社会的冲突总是伴随着仇恨的情感，或者由于仇恨而引起冲突，或者由于冲突而形成仇恨，一旦仇恨的情感不能得到及时的化解，社会将陷入更严重的分裂和冲突之中。

在各种社会冲突中最严重的当属战争这种冲突形式。战争往往是为了争夺利益而挑起的，或者是为了民族、国家的尊严而发动的，其中还掺杂着仇恨这种助燃的因素。战争不是单个人之间的冲突，而是群体之间的冲突，会涉及很多人，甚至会把许多国家牵扯进来。历史上曾经发生的两次世界大战就是规模巨大的社会冲突。战争的强度也不是个人之间的冲突可以相比的，参加战争的各方都会把全部的力量投入到冲突之中。最可怕的计划，最精锐的军队，最先进的武器，都会用于战争之中。战争所造成的损失也是巨大的，轻则造成许多财产的损失，重则造成大量人员的伤亡。每一次战争过后，大地上留下密密麻麻的弹坑，社会上出现妻离子散的惨状，人的心灵上形成永远伤痛的阴影。以战争的方式解决国家之间的冲突是无法真正达到目的的，不仅不能有效地解决问题，反而会加重紧张的关系，造成人类世界内部更大的分裂和更深的危机。从古至今战争都是人类文明的威胁，这种威胁并没有因为人类社会的进步而降低，相反借助于更强大的战争能力而被加强了。有一个非常可悲的现实是，人类的很多聪明才智都被用到了战争上，许多先进的技术首先被运用到军事上，或者本身就是为了军事目的被研究出来的。对于以智慧自豪的人类来说，这是一件颇具讽刺意义的事情。智慧似乎在这方面并没有使人比其他弱肉强食的动物更明智，相反使人与人的冲突变得更加残酷和可怕。

对于人的社会存在来说，冲突的社会是一个险恶的环境，处处布满了荆棘和地雷，稍不留心就会受到伤害。相比而言，和谐的社会是一个美好的环境，如同绿草如茵、鲜花盛开的花园一样，在这里可以随意地观赏和自由地漫游。在和谐的社会中，各种社会关系都很融洽，在地位关系上能够互尊互敬，在利益关系上能够互惠互利，在人情关系上能够互让互爱，每个人的社会存在都能得到他人的承认和肯定。和谐社会是最佳的社会环境，最有利于人的社会存在。

和谐的社会与冲突的社会形成了鲜明的对比。在冲突的社会中，人与人的关系是对立的关系，而在和谐的社会中，人与人的关系是统一的关系。和谐社会的关系主要是和谐关系，即双方相互承认、彼此肯定的社会关系。这样的社会关系是非常融洽的，就像朋友之间、家人之间的关系。当然，在和谐关系中人与人也有差异，也会存在分歧和对立。人和人不仅在相貌、性格、能力等方面有差异，在财富、权力、荣誉等方面也不完全一样。有些人的财富更多一点，有些人的权力更大一点，有些人的荣誉更高一点，即使在最平等的社会里也不可避免地存在一些差异。人们为了各自的利益、地位和人情也难免会发生一些竞争和冲突。但是在和谐关系中，统一的方面优于对立的方面，一致的倾向强于分离的倾向。例如在合作关系中也存在竞争，但是竞争是次要的，合作才是主要的，合作大于竞争，这种关系属于和谐关系。现实社会中的和谐关系都是"和而不同"的关系。所谓"和而不同"就是有差异的统一。人与人是"不同"的，每个人都有自己的要求，都维护各自的尊严，追求各自的权利，可是这些并不妨碍人们建立和谐的关系。人们只要在维护自己地位的时候不侵犯他人的地位，在追求自己利益的时候不损害他人的利益，而是以互尊互敬的形式肯定对方的尊严，以相互协作的方式创造彼此的利益，这样才能够建立起和谐关系。当和谐关系成为社会关系的主流时，整个社会就成为美好的和谐社会。

　　和谐的社会是一个有序的社会，不会像冲突的社会那样混乱。在冲突的社会中人与人之间存在严重的分歧和对立，这些分歧和对立常常以谩骂、打斗的形式爆发出来，使整个社会陷入无序的状态。在和谐的社会中没有这种混乱的状况，一切都会有条不紊地进行，整个社会处于祥和、平静的状态。如果社会中的人们无所顾忌地诋毁他人名誉，肆无忌惮地争夺社会利益，抱着嫉妒、怨恨的情绪相互攻击，那么这样的社会肯定不是和谐的社会。和谐的社会必须有一定的秩序，人们按照共同的规则寻求自己的地位和利益，以彼此认可的方式维护自己的尊严和权利。不过，有序并不是和谐社会的根本特征，无法根据是否有序来识别和谐社会。在专制社会里，在不同等级之间存在严格的界线，形成壁垒森严的社会秩序。这样的社会无疑是一个有序的社会，可是并不是一个和谐的社会。和谐的社会应该是有利于所有人存在的社会，存在于其中的每个人都能维护自己的尊严、权利和友爱。在专制社会里有一部分人被剥夺了基本的社会权利，不能获得自己应有的地位和应得的利益，这样的社会不是有利于所有人的社会。和谐的社会除了具有井然的秩序之外，还要保障人的自由，维护人与人的平等，提供符合正义的制度，更好地满足人们肯定自己社会存在的要求。

　　和谐社会是保障人的自由的社会，与剥夺人的自由的专制社会完全不同。专制社会是秩序森严的社会，特别是以权力为轴心的秩序非常严格。在专制社会中秩序是通过剥夺个人的自由形成的，因而这种秩序与个人自由相对立。和谐社会也有秩序，但不是通过剥夺人的自由形成的。在和谐社会中，人们并没有失去基本的自由，既没有失去人身的自由，也没有失去意志的自由，每个人仍然作为自由的人而存在。在和谐社会中也设有权力机构，也有法庭、监狱等暴力机关，不过设立这些机构和机关不是为了剥夺人的自由，而是为了保障人的自由。只有当某个人的行为危害他人的自由和权利时，这些机构才可动用强制手段进行必要的干预。在和谐社会中也有各种各样的规则，例如交通规则、礼仪规范等等，这些规则对人的行动产生规范作用，但并没有剥夺人的自由。这些规则属于公共的规则，对于所有人都是一样的。人们自觉地遵守这样的规则，并不会失去自己的自由。自由与秩序并不是完全对立的，合理的秩序不仅不会破坏自由，相反还会为自由提供保障。假如社会中没有规则和秩序，每个人都毫无限制地任意行动，那么人与人之间势必要发生冲突，无法形成和谐的关系。在和谐社会中，自由和秩序得到了统一，秩序不会限制基本的自由，而自由也不会破坏共同的秩序。

和谐社会还是维护平等的社会，它以人与人的平等关系为基础，反过来促进人与人的平等关系。人与人的平等关系是良好的社会关系，有利于所有人维护自己的尊严、权利和友爱，以这样的关系为基础才能构成和谐社会。和谐社会不仅是有序的社会，还必须是促进人与人平等的社会。在不平等的关系中也会形成秩序，而且这种秩序比平等关系中的秩序更严格，然而由于不平等关系会使一部分人失去尊严和权利，这样形成的秩序并不和谐。在等级社会里，高贵的人奴役低下的人，富有的人剥削贫穷的人，这样的社会无论如何也不能叫做和谐的社会。等级社会在某些时期能够保持稳定，不会出现大规模的冲突，然而这个社会存在着明显的不平等，人与人的关系是对抗性的关系，不会因其稳定而成为和谐的社会。稳定的社会是有秩序的社会，但未必是和谐的社会。要在不平等的基础上建立和谐的社会是不可能的，因为不平等的关系本身是不和谐的，无法用不和谐的关系构建和谐的社会。和谐的社会只能建立在平等的关系之上，这就像一座房屋必须建在平直的地基上一样。在平等的关系中也有可能出现对立，甚至还会形成短暂的冲突，不过这样的冲突一般不会延续太久，也不会蔓延到整个社会中。在平等的关系中人与人没有地位上的遥远距离，也没有财富上的巨大差距，相互之间比较容易沟通，借助合适的社会机制比较容易解决一时出现的冲突。和谐社会一经形成就成为良好的社会环境，能够促进人们建立更平等的关系。

和谐的社会还必须有一些规范，利用这些规范防止邪恶，维护正义。正义是与邪恶相对立的，抑制了邪恶就体现了正义。充满邪恶的社会不会是和谐的社会，和谐的社会应该是伸张正义的社会。当一个社会中存在以强欺弱等现象时，这个社会就是缺乏正义的社会。在社会中必须建立一些规范和制度，以引导人们弃恶从善，防止邪恶的发生，而邪恶一旦发生，就要用严厉的手段予以制止，以恢复社会的正义。社会的正义通常通过伦理规范和法律制度表现出来。伦理规范发挥弘扬正义的作用，而法律制度具有伸张正义的功能。伦理和法律共同抵制邪恶、维护正义，为营造和谐的社会环境提供制度上的支持。

伦理规范是指引和约束人们相互交往的规则。例如尊老爱幼是一种伦理规范，按照这种规范，在交往中应该尊敬年长者，爱护年幼者。社会中有许多这样的伦理规范，遍及社会生活的各个领域，可以说只要有人和人交往的地方就会有相应的伦理规范。在家庭中有家庭生活的伦理规范，例如孝、慈；在朋友交往中有交友的伦理规范，例如忠、信；在工作场所中有职业伦理规范，例如医生应尽力救治病人，教师应该为人师表；等等。每一种伦理规范都对人的行为活动起到指引或约束的作用，或者要求人们按某种方式与他人交往，或者禁止人们以某种方式对待他人。对于人的交往活动来说，伦理规范就是基本的规矩，划定了交往的范围和方式。有了伦理规范之后，人与人的交往就有了秩序，可以形成和谐的社会关系。例如中国传统社会有非常完备的伦理规范，对人应该如何交往做了详细的规定。孟子提出在基本的人伦关系中，应该做到"父子有亲、君臣有义、夫妇有别、长幼有叙、朋友有信"[1]。借助于这样的伦理规范可以形成严密而融洽的人伦秩序，实现社会的和谐。不同社会的伦理规范是有差异的，相互之间可能无法完全认同。不过，各个社会的伦理规范都包含着对道德的"善"的要求，鼓励人们做有利于人际和谐的事情，而禁止做不利于相互团结的事情。各个社会的伦理规范还一致反对伤害他人尊严、侵犯他人利益的行为，在一定程度上起到维护

[1]《孟子·滕文公上》。

社会正义的作用。对于和谐的社会来说，伦理规范是必不可少的。只有在伦理规范的引导和约束下，才会增进人与人之间的尊重和友爱，减少彼此的轻视和仇恨，使社会关系成为和谐的关系。

法律是不同于伦理规范的另一种约束交往的规则。伦理规范是约定俗成的，与人们的习惯融合在一起，在潜移默化中发挥作用。法律则是由国家的立法机构制定的，以法律文件的形式向社会公布，并且依靠专门的执法机构执行。法律的约束力比伦理更强。伦理靠习俗的力量约束人的行为，而法律靠国家的强制力量约束人的行为。法律的作用也是协调人与人的交往关系，维护社会的秩序。在民主国家中，法律不是为了维护等级秩序，而是为了保障所有人的社会存在。这样的法律以人的自由和平等为前提，强调自由是人的基本权利，法律面前人人平等。法律常常以"不许"、"禁止"等词语表达规则，明确规定什么样的行为是不合法的，做了不合法的事情将受到什么样的惩罚。当社会中有人违反法律时，法律就会以正义的名义对其进行惩罚。例如有人危害公共安全，执法机关将对这个人实施监禁，剥夺其部分自由，以示对其违法行为的惩罚。法律是公正的，不特别偏袒某些人，不论谁违反了法律都要受到同样的惩罚。法律还有协调民事纠纷的职能，能够有效地遏止人与人之间的冲突。例如有人侵犯了他人的利益，法律就会判其补偿被侵犯者的利益，以此维护社会的正义。法律在维护社会秩序方面发挥着非常明显的作用。在法律的保护下，人们的尊严和权利不被任意侵犯，减少了人与人之间的冲突，为建设和谐社会提供了有力的保障。

伦理和法律的规范作用是相互补充的，伦理从内部观念上引导和约束交往活动，法律则从外部行为上限制和规范交往活动。在不良的行为还没有发生之前，伦理规范从观念上进行警告和制止，而在行为已经造成实际后果时，法律给予相应的惩罚，以此纠正不良的行为。任何一个健全的社会都必须有伦理和法律，缺少其中的任何一个方面都无法维护社会的正常秩序。伦理不能代替法律的作用，法律也不能代替伦理的功能。法律发挥的作用非常强，但是其作用范围比较狭窄；伦理发挥的作用比较弱，可是其作用范围更广阔。法律和伦理结合在一起可以给人们提供社会交往的主要规范，借助于这些规范可以比较有效地维护社会的和谐。

在和谐社会中，仅有秩序和正义是不够的，还必须有人与人的友爱。友爱是一种特殊的亲和力量，它可以拉近人与人的距离，消除人与人的隔阂，化解人与人的冲突，使人与人的关系更加密切和融洽。比如说朋友关系是一种和谐关系，那是因为朋友之间有亲密的友情。如果从朋友关系中把亲密的友情去掉，那么剩下的是彼此的尊重和互相的利用，这样的关系就不会是那么和谐的关系。人的社会关系包含着地位关系、利益关系和人情关系，只有当这三种关系都是和谐关系时，社会关系才会成为真正和谐的关系。在地位关系上相互敬重，在利益关系上相互利用，这样的关系不大可能是冲突的关系，然而也许是非常冷漠的关系。在良好的地位关系和利益关系的基础上，再加上包含着友爱的人情关系，这样就可以使人与人的关系成为和谐的关系。和谐的社会不会是充满仇恨和冷漠的社会，而应该是充满友爱和温情的社会。友爱是一种伟大的力量，只要把它引入人与人的关系中，就会减少误会，增进理解，使人与人的关系变成亲密和融洽的关系。建设和谐社会需要许多外在的条件，比如群体的秩序、社会的正义等等。缺少合适的外在条件就不能形成和谐的社会。可是仅有这些外在条件还不够，还必须有每个人的友爱。当友爱与这些条件结合在一起时，就起到画龙点睛的作用，使有序的社会变成和谐的社会。正如一首歌所唱的那样，"只要人人都献出一点爱，世界将变成美好的人间"。

由于各种复杂的原因，社会中总是存在一些冲突。即使像亲戚、朋友、恋人这样的关系中也不能完全避免冲突。社会中出现一些冲突并不可怕，不会直接影响社会的和谐，重要的是要尽快找到合适的方法加以妥善的解决。有许多冲突一开始时都是微小的冲突，或者由于竞争而产生，或者由于误会而出现，对于这样的冲突不必诉诸于伦理和法律，只要加强沟通和协商就可以解决。当人与人之间产生冲突的时候，冲突各方应该坐下来一起协商，寻找一个各方都能接受的解决方案。对于那些因为竞争而产生的冲突，可以制定约束各方利益的共同规则，防止无序竞争造成更大的冲突。对于那些由于误解而产生的冲突，可以通过对话澄清事情的来龙去脉，借此消除误解，化解冲突。在对话和协商的过程中，如果只站在自己的立场上看问题，单方面地强调自己的要求，而不顾及对方的感受，这样也不能真正起到化解冲突的作用，甚至还有可能进一步激化冲突。在对话和协商的过程中做一下换位思考非常必要，这样才能真切地理解对方的感受，为更好地沟通打下基

第四章　社会存在与交往价值

础。社会中不断有一些微小的冲突出现，只要有良好的对话氛围和通畅的协商途径，在冲突刚刚出现时就能得到及时的化解，而不会酿成更大、更深的冲突。

当冲突已经产生时不能加以粉饰和掩盖，这样不会使冲突自行消失，反而会引起更大的冲突。以冲突的方式解决冲突更不合理，这样不仅不能解决冲突，反而使冲突变得更难解决。比较合理的解决方式是对话和协商，借助对话可以加强相互了解，通过协商可以找到各方都能接受的解决方案，这样就能克服冲突，实现和谐。对话和协商的方式是多种多样的，订立契约就是其中比较常用的一种方式。订立契约的过程是一种对话和协商的过程。在订立契约时各方都能充分表达自己的意见，提出自己的方案，同时倾听对方的意见，权衡对方的方案，经过充分协商之后可以找到避免两败俱伤的折中方案，比较顺利地解决争端。投票制度也是一种行之有效的协商机制。当人们在公共事务上产生重大分歧时，用投票的方式征求和统计各种意见，再根据多数人的意见进行决策，这样也可以比较轻松地解决社会的冲突。对话和协商的办法不仅可以用来解决社会内部的冲突，也可以用来解决国家之间的争端。不同国家之间会有利益的冲突，不同民族之间会有文化的分歧，当遇到这样的冲突和分歧时最好的办法是加强沟通，通过对话和协商解决冲突和化解争端。对于建设和谐社会来说，有一个灵活有效的协商机制非常重要，通过这样的机制可以及时化解各种冲突，不至于因为冲突的扩大而危害社会整体的和谐。

和谐社会是一个美好的社会，它为人们的交往提供最佳的社会环境。首先，和谐社会保障每个人的自由，不允许出现一些人奴役另一些人的情况，为每个人追求属于自己的尊严和权利提供了前提条件。其次，和谐社会维护人与人的平等，消除了人们在地位和尊严上的等级差异，促进人们在利益和权利上保持大体平衡。最后，和谐社会还维持融洽的社会秩序，以伦理和法律协调人与人的关系，以对话和协商化解人与人的冲突。在和谐社会中，人与人的关系是互尊、互利、互爱的关系，每个人都能从他人那里获得尊严、权利和友爱上的承认，同时也给予他人以尊严、权利和友爱上的肯定。人们依靠和谐社会对人的自由和平等的维护，达到互尊互敬，使每个人的尊严都得到肯定；借助和谐社会提供的良好机制进行合作，创造出更多的财富，实现互惠互利；通过良好的沟通渠道相互交流，增加彼此的理解，促进相互的感情，形成互让互爱的良好氛围。和谐社会较之于冲突社会具有无比的优越性，对于人的社会存在来说是最适宜的社会环境。

社会的和谐以及形成和谐的各种条件都有价值，其价值属于交往价值的外在价值。在和谐的社会环境中，人与人的关系非常融洽，没有尖锐的对立和冲突，每个人的社会存在都能得到他人的承认和肯定。因此，和谐是一种重要的交往价值，值得整个社会的人们共同去追求。和谐社会中的各种规范，例如伦理和法律等，有利于维护人们的尊严、权利和友爱，具有交往价值。为了保持和促进和谐关系而建立的各种对话机制，例如仲裁机制、投票机制等等，也具有交往价值。这些事物的交往价值都是通过维护良好的社会关系而显现出来的，其价值根据是蕴涵于人的社会存在的尊严、权利和友爱。正是因为和谐社会能够更好地维护人的尊严，更好地保障人的权利，更好地促进相互的友爱，所以和谐社会才成为人们向往的理想社会。

6. 社会生活是由许多个体共同营造的生活。在社会生活中应该建立互尊、互利、互爱的社会关系。

人的存在既是生物存在、智慧存在，同时也是社会存在。相应地人的生活不仅有以满足生存需要为目的的物质生活和以提升心灵境界为目标的精神生活，还有以社会交往为内容的社会生活。物质生活和精神生活是人作为个体存在的生活，而社会生活是人作为群体存在的生活。人的这三种生活是相互联系在一起的。社会生活离不开物质生活和精神生活，如果抽去物质生活和精神生活，社会生活就剩下空洞的形式。而物质生活和精神生活也要依赖社会生活，只有在社会生活中才能得到充实和完善。单靠一个人的力量并不能维持正常的物质生活和精神生活，必须与其他人进行交往，从他人那里获得满足物质生活需要的物质产品和提升精神境界的精神产品。人的存在是一个整体，人的生活也是一个整体。物质生活、精神生活和社会生活，三者既相互独立又相互统一，缺少其中的任何一种生活，人的生活都是不完整的。

　　人以社会关系与他人相结合，过群体的社会生活，这就像蜜蜂在蜂群中生存一样自然。在社会生活中人们相互协作，创造出丰富的物质产品和精神产品，更好地满足了身体和精神的需求。社会生活对于人的重要意义还不止于此，更重要的是满足了人的归属和爱的要求。心理学家马斯洛认为，归属和爱是人的一种基本的心理需要[1]。人在心理上惧怕孤独，喜欢过群体生活。人必须找到自己所属的群体，在群体中才能摆脱孤独和寂寞。在群体中人的最大收获是形成一种归属感和安全感。融入一个群体就像回到家一样，在家里就会感到安全和舒心。如果一个人被自己所属的群体所抛弃，他就会产生强烈的孤独感，甚至会陷入彻底的绝望之中。即使那些把自由视为最高价值的人，也不会把自己置于一切群体之外。自由可以让人没有被奴役的担忧，但是不能让人产生归属感。人在群体中的自由就像一只风筝的自由，可以放开一段距离自由地飞翔，但是不能割断与群体的联系，最终还要回到群体之中。人的归属感还与友爱相关联。人需要去爱他人，也需要得到他人的爱，在爱与被爱之中肯定自己的社会存在。友爱拉近了人与人的距离，使人对群体产生更强的归属感。对于归属和爱的需要不是靠大量的物质财富就可以满足的，也不是用丰富的精神生活就可以代替的。这种需要只有通过人与人的相互承认和彼此友爱才能满足。一个和谐、友善的群体，不仅能够更好地满足人的物质需要和精神需求，更重要的是能够充分地满足人对于归属和爱的要求。

　　根据人与他人关系的远近，可以把人的社会生活区分为私人生活和公共生活。私人生活是由关系亲近的人相互交往构成的社会生活。在私人生活中，人所面对的都是熟人。例如在家庭中家人之间彼此非常熟悉，形成最紧密的社会关系。由朋友构成的小团体也是这样，每个人都互相了解，彼此没有陌生的感觉。在私人生活中仅仅相互了解还不够，还要有比较亲近的友爱之情。例如在家庭生活中洋溢着亲情，在朋友圈子里浸透着友情。彼此熟悉但没有亲近的友爱之情，这样的社会生活还不属于真正的私人生活。私人生

---

[1] 马斯洛把人的需要分为五个层次，由低到高分别是：生理需要、安全需要、归属和爱的需要、自尊需要以及自我实现需要（参见马斯洛：《动机与人格》第四章"人类动机理论"，许金声等译，华夏出版社1987年版，第40—68页）。

活的社会关系不是开放式的，往往只涉及交往双方的关系，而不涉及其他人的社会关系。例如在同一个办公室工作的人，彼此之间非常熟悉，相互之间也有友爱，但是其工作不是处理相互之间的关系，而是处理与社会中其他人的关系，因而不能把办公室看做是私人生活领域。当人不是以私人身份，而是带着职业身份与其他人交往时，由此构成的社会生活也不属于私人生活。例如教师与学生非常熟悉，相互之间的关系比较亲近，可是教师具有职业身份，这样的社会生活也不属于私人生活。私人生活通常都是日常的生活，参与该生活的人只带着私人的身份，相互之间的交往是私人的交往，所建立的社会关系是私人的关系。

公共生活是私人生活之外的社会生活。陌生人之间的交往构成的社会生活大多属于公共生活。例如一个人到商场购买商品，他与售货员并不相识，买卖使他与售货员结成交换关系，这样形成的社会生活就是公共生活。在公共生活中，参与交往的不是特定的个人，换另外一个人也可以结成同样的关系。不论是谁来商场买东西，都可以与售货员结成同样的社会关系，不会因人不同而改变关系。在公共生活中，人所拥有的身份不是私人的身份，而是社会的身份。在医院里，虽然医生和患者都是特定的人，但是"医生"和"患者"的身份都不是私人身份，而属于社会身份。即使医生和患者很熟悉，甚至是朋友关系，也不会使"医生"和"患者"的身份变成私人身份。当人和人的交往以社会身份进行时，这样的交往活动构成的社会生活属于公共生活。在公共生活中，人与人的交往大多以尊严和权利为桥梁，而很少以亲密的友爱为纽带。陌生人之间也有友爱，不过一般都不太亲近，大多停留在相互寒暄、彼此同情的程度上，与熟人之间的亲情、友情、爱情是无法相比的。人的私人生活空间比较狭窄，而公共生活空间则非常广阔。私人生活空间只属于少数几个人，而公共生活空间则属于更多的人。家庭是最重要的私人生活空间，它有着与公共生活空间完全不同的秩序。国家是全体国民共同生活的公共空间，而人类世界则是所有人共同生活的公共空间。一个人既要有自己的私人生活，也要有共同的公共生活。这两种生活是不完全一样的，应该在二者之间划一条粗略的界线，使二者保持各自的相对独立性。

在私人生活中亲密的友爱是不可或缺的，亲情、友情和爱情使人与人的关系更加和谐。私人生活对人的重要性就在于这样的社会生活所包含的友爱

第四章　社会存在与交往价值

的价值。如果一个家庭中没有亲情，彼此都很冷漠，那么这个家庭不是温暖的家庭，不能给家庭成员营造舒心的私人生活空间。如果朋友之间失去了友情，只是靠礼貌相互交往，那么这样的朋友关系已经名存实亡，交往的双方无法从中获得正常朋友关系能够给人的相互信赖。友爱是私人生活的黏合剂，一旦失去了友爱，私人生活将土崩瓦解。在私人生活中，彼此之间不应该过分地强调权利，也不能一味追求个人自由。过分地强调自己的权利，就会把私人生活领域变成争夺利益的场所，不可避免地冲淡人与人之间的友爱。一味地追求个体自由，就会把亲密的社会关系变成疏远的社会关系，不利于加深人对人的友爱之情。在私人生活中一般都不太计较个人得失，也不太在乎个人自由，否则私人生活就变成了公共生活。人在私人生活中结成的社会关系大多是人情关系。人情关系是以友爱为纽带的社会关系，这种关系不涉及权利和义务，而只涉及人与人相互友爱的情感。维护人情关系就是给予对方以友爱，同时从对方获得友爱。人情关系是给人温暖的社会关系，能够让人在交往中体验社会存在的快乐。人情关系在狭窄的私人生活领域不仅是有益的，而且是必不可少的。如果失去了人情关系，私人生活与公共生活的区别也就消失了。

在私人生活的社会关系中，权利和义务往往是不平衡的，某一方可能获得更多的权利，而另一方可能承担更多的义务。从权利和义务相互平衡的角度来考虑，这样的社会关系是不平等的社会关系，似乎不利于社会关系的和谐。可是，私人生活中的社会关系仍然是很和谐的，权利和义务的不平衡并没有造成人与人的对立和冲突。在这里，友爱弥补了权利和义务不平衡所形成的不平等。人们在私人生活中把友爱看得比权利更重要，即使少获得一些权利，多承担一些义务，只要能够保持相互的友爱，也往往就心满意足了。例如在家庭中父母与子女之间的付出和所得是不平衡的，在某一个时期父母给予子女的远远多于从子女获得的回报，而在另一个时期子女给予父母的多于从父母那里得到的。父母和子女的关系不是交易关系，父母给予子女以无微不至的关心，不是为了从子女那里获得回报，而子女尽心尽责地照顾父母，也不是偿还对父母所欠的债务。父母对于子女的爱以及子女对于父母的爱，这不是可以用权利和义务来衡量的。在私人生活中，由友爱衍生出责任。每个人对于自己所爱的人都有一种责任，这种责任完全出自于友爱。出自于友爱的责任与作为权利之代价的义务是不同的，义务要靠权利来补偿，而责任不需要任何补偿。当然，私人生活中的社会关系并非只是单纯的人情关系，其中也包含一定的地位关系和利益关系。因此，在私人生活中也不宜过分强调无权利的责任，而应该适当地维护权利和义务的平衡，这样有利于保持私人生活的和谐与稳定。

公共生活是"陌生"人构成的社会生活，其中把人与人结合起来的主要纽带是尊严和权利。陌生人之间的友爱之情比较淡薄，仅靠相互同情还不足以把人们结合成紧密的群体。毫不相识的人们能够结成紧密的群体，这不是靠人与人的情感，而往往是靠人人梦寐以求的地位和财富。人们在熟人面前比较注重自己的责任，而在陌生人之中强调得更多的是自己的尊严和权利。公共生活是无法靠单纯的人情维护的，只能靠相互的地位和彼此的利益来维持。在公共生活中人与人的关系主要是权利和义务关系。在这样的关系中也讲对他人的义务，可是这样的义务不是出自于友爱，而是出自于希望获得权利的愿望。在公共生活中权利和义务的平衡至关重要，获得权利就应该承担义务，这样才能维持公共生活的和谐。权利和义务的平衡一旦被打破，某一方享受更多的权利而不承担相应的义务，而另一方承担太多的义务而不享受应有的权利，这样的社会关系就无法维持下去，公共生活就会失去活力，陷入分裂和混乱之中。在公共生活中，契约关系是一种能够较好地保持权利和义务平衡的关系。契约关系可以把互不相识的人结合起来，甚至能够使相互对立的人走到一起。在契约关系中，每个人都能获得权利，同时又承担义务，权利和义务可以保持大体的平衡。契约关系还有一个优势，可以借助于合作创造出更多的利益，这对于追逐利益的人们是很有吸引力的。由于公共生活是陌生人之间的生活，所以容易产生对立和冲突，必须用有效的手段加以调节和预防。伦理和法律都能发挥维护秩序的作用，其中法律的作用更直接、更明显。在公共生活中也不能缺少友爱，起码要保持人与人之间的相互同情。友爱对于公共生活也很重要，有了友爱公共生活才能成为美好的生活。

人情关系和契约关系各有自己的领地。在私人生活中人情关系比较合适，而在公共生活中契约关系比较合理。人情关系可以维持私人生活的和谐，契约关系能够促进公共生活的发展。但是这两种关系都不是绝对合理的关系。如果把人情关系推广到公共生活领域，或者把契约关系带入私人生活之中，那么都有可能产生消极的后果。这就像把圆形的东西放进方形的孔里，或者把方形的东西放进圆形的孔里，都不是最佳的搭配。在公共生活中以人情观念对待社会关系，会因人情关系的远近不同而造成违背公平和公正的问题。例如公务员的工作属于公共生活的范围，如果把人情关系带到工作之中，对于熟悉的人笑脸相迎，提供周到的服务，而对于陌生的人冷眼相视，敷衍了事，这样做显然是不合适的。人情关系不能超越私人生活的领域，一旦超越了这个领域就会对公共生活产生消极的影响，严重的时候会出现以人情干扰制度、以人情违背法律、以人情破坏秩序等恶劣的后果。同样的道理，契约关系也不能成为私人生活中的主导社会关系。契约关系是交换权利和义务的关系，在公共生活中是非常合理的关系，可是在私人生活就失去了合理性，会伤害人与人之间的友爱之情。假如朋友之间的关系都成了契约关系，每个人都强调自己的权利，为了获得权利才承担义务，那么朋友关系就变成了相互利用的冰冷的交易关系。把私人生活的关系变成契约关系，或者把公共生活的关系看做人情关系，都是非常有害的，会造成社会交往的障碍和社会关系的不和谐。

社会生活不是一个人的生活，而是许多人的共同生活。例如家庭生活是所有家庭成员的生活，俱乐部的生活是所有会员的生活，国家生活是所有国民的生活。单个的人不能构成社会关系，也无法构成社会生活。在社会生活中最重要的事情就是处理人与人的关系。一个人与其他人构成许多种社会关系，既有私人生活中的社会关系，也有公共生活中的社会关系。每一种社会关系都很重要，应该尽量维护这些社会关系的和谐。在人与人的社会交往中，人不能只追求自己的尊严、权利和友爱，还必须考虑他人的尊严、权利和友爱。如果只考虑自己，而不考虑他人，那么很容易产生冲突，破坏良好的社会关系。人在维护自己尊严的时候也要肯定别人的尊严，互尊互敬才能保持各自的尊严。人在获得自己利益的时候也要给别人提供利益，互惠互利才是良好的利益关系。在友爱关系上更是如此，给予他人越多的友爱，从他人那里获得的友爱也会越多，而且相互的友爱才是最好的友爱。被一个自己不爱的人所爱，并不能体会到被爱是一种幸福。人以什么方式对待别人，别人也会以什么方式对待自己。尊重别人才会得到别人的尊重，给予别人利益才会得到别人的利益，真诚地关心别人才会得到别人的关心。人与人之间应该互尊、互利、互爱，这样才能建立平等、和谐的社会关系。

在人与人的关系上有两种价值取向，一种是利己，另一种是利他。利己和利他的目标是相反的，利己追求的是自己的利益，而利他追求的是他人的利益。社会的道德经常批评利己的倾向，认为它是社会矛盾的根源。其实，利己在一定范围内也是合理的，只要加以适当的约束，追求自己的利益也是无可厚非的。假如一个人丝毫不考虑自己的利益，一切行动都是为了他人的利益，那么这个人在现实社会中是很难存在下去的。在实际的交往过程中，利己和利他也并非总是相互冲突，在很多情况下可以相互兼容。例如在契约关系中，维护自己的权利是利己，承担自己的义务是利他，利己和利他通过权利和义务的相互交换达到了统一。当社会具有良好的利益调控机制时，有"一只看不见的手"可以使利己的追求带来利他的结果[1]。人在利他的时候也并非总是牺牲自己的利益，在不损失自己利益的情况下也有可能做到利他。在社会生活中利己和利他都能帮助人达到肯定自己社会存在的目的。人通过利己只能获得在利益关系上的他者承认，而通过利他还可以获得在地位关系和人情关系上的他者承认。人通过利他可以得到利益的回报，由此获得自己的权利；可以形成良好的荣誉，由此获得自己的尊严；可以与他人建立互爱关系，由此获得自己的友爱。直接的利己只能给人带来利益，而利他不仅可以带来利益，还能带来荣誉和友爱。在这个意义上说，利他是更高层次的利己。如果从人的存在的整体来看，利他的行动符合道德的要求，有助于提升心灵的"善"的境界，而且通过利他的行动还可以领会自己存在的高远意义，由此形成更高程度的自我肯定。

在个体与群体的关系上有两种价值取向，一种是为私，另一种是为公。为私是借助群体获得个体利益，为公是通过个体努力实现群体利益。群体是

[1] 亚当·斯密说："富人……的天性是自私的和贪婪的，虽然他们只图自己方便，虽然他们雇用千百人来为自己劳动的唯一目的是满足自己无聊而又贪得无厌的欲望，但是他们还是同穷人一样分享他们所作一切改良的成果。一只看不见的手引导他们对生活必需品作出几乎同土地在平均分配给全体居民的情况下所能作出的一样的分配，从而不知不觉地增进了社会利益，并为不断增多的人口提供生活资料。"（亚当·斯密：《道德情操论》，蒋自强等译，商务印书馆1997年版，第229—230页）

由个体构成的，没有个体当然就没有群体。群体没有外在于个体的利益，所谓群体利益不过是个体的共同利益。但是有些时候个体的私人利益和群体的共同利益出现一些分歧，因而有了究竟应该为私还是为公的争论。单纯的为私或为公都是有失偏颇的。如果人只考虑个体的利益，而忽视群体的共同利益，这对于公共生活是有害的，对于个体的长远利益也是没有好处的。有人以损公肥私的方式谋求个体利益，这样的确能够获得一些眼前利益，但是会丧失更多、更长远的利益。相反的，把群体置于个体之上，忽视个体为私的要求，一味地强调为公的义务，这种取向达到极端的程度也是错误的。一旦把群体利益和个体利益对立起来，就可能出现以群体名义剥夺个体利益的情况，这种情况对于个体利益是有害的，而对于群体利益也是不利的。群体利益有真实的，也有虚假的。真实的群体利益是个体的共同利益，这样的群体利益最终可以归结为个体利益。虚假的群体利益是剥夺个体利益形成的利益，这样的群体利益不是个体的共同利益，而是某些特权阶层的私人利益。通过剥夺多数人的利益去增加少数人的利益是不公正的。为公是一种值得肯定的价值取向，但是应该维护真实的群体利益，而不应该维护虚假的群体利益。当群体利益是个体的共同利益时，个体不仅不会反对群体利益，还愿意为群体利益去奋斗。在这种情况下为私和为公是统一的，为私的热情可以转化为为公的动力，而为公的要求可以确立为为私的更高目标。

每种生活都有优劣之分，社会生活也不例外，也有美好与不美好的区别。判定社会生活的优劣不能以物质财富的多少为尺度，也不能以精神生活是否充实为标准。有富裕的物质生活和充实的精神生活并不能代表有美好的社会生活。社会生活是否美好只涉及人与人的相互关系，而与物质财富等其他因素没有直接的关系。比如说一个普通的市民，没有奢华的物质生活，但是有一个温馨的家庭和许多亲密的朋友，我们就说他的社会生活是美满的。而一个腰缠万贯的富翁，虽然拥有大量的物质财富，过着花天酒地的奢侈生活，可是由于贪婪和吝啬得不到他人的尊重，由于自私和冷漠得不到真诚的友谊，我们就说他的社会生活是非常贫乏的。对于社会生活是否美好只能按照人是否具有和谐的社会关系来确定。如果一个人的主要社会关系都是和谐的关系，在地位关系上与他人互尊互敬，在利益关系上与他人互惠互利，在人情关系上与他人互让互爱，那么这个人的社会生活就是美好的。人人都向往美好的社会生活，因为在这样的社会生活中人的社会存在能够得到充分的肯定，更容易体会到生活的幸福。

　　建设美好的社会生活要从家庭生活开始。人的最基本关系是家庭内部的关系，包括与父母的关系，与丈夫或妻子的关系，与子女的关系，与兄弟姐妹的关系。如果这些关系都是充满亲情和爱情的关系，那么人的美好社会生活就有了可靠的基础。除此之外，人还要与其他人建立各种社会关系，其中以友情为纽带的朋友关系是必不可少的。朋友之间相互信任，相互体谅，可以无拘无束地自由交往。如果有一些知心的朋友和许多经常打交道的朋友，那么私人生活就会更加丰富多彩。人还应积极参与公共生活，与社会中更多的人进行交往。在公共生活中首先要建立良好的地位关系和利益关系，同时也应该尽量维护包含同情等友爱的人情关系。在公共生活中应该关心社区、城市、国家的事务，并尽可能地对群体作出自己的贡献。只有美好的私人生活还不够，还应该有美好的公共生活。美好的社会生活不是别人给予自己的，而是靠自己的行动创造出来的。在自由的前提下与其他人平等地交往，在互尊、互利、互爱的过程中建立彼此承认的和谐关系，这样社会生活就会变得越来越美好。

第五章　人映现价值的存在意义

1.享乐主义、理智主义、利他主义以及宗教对人的存在意义的解答。这些解答的共同模式。

　　我们已经对人的存在与价值的关系作了很多说明，现在该来解答"人的存在有什么意义"的问题了。这个问题是人在思考自己的存在时必定会遇到的问题，面对这个问题人必须作出明确的回答，否则就会陷入迷茫和困惑之中。而且作出的回答应该是积极的、肯定的，这样才能避免出现找不到存在意义的虚无感。在传统社会中，关于人的存在意义形成了一些经典的解答，这些解答为人们安身立命提供了可以信赖的依据。可是到了现代社会，这些解答失去了说服力，不再能够有效地指引人们思考自己的存在。在这种情况下，人的存在意义问题成了当今时代人们面临的紧迫问题。由于找不到可靠的存在意义而产生焦虑情绪，这已经成为现代人的内心之隐忧[1]。我们在这里以人在价值世界的存在为视点，以人的存在与价值的关系为线索，尝试着对人的存在意义作出一种新的解答。

---

[1] 尼采说："我描述的是即将到来的东西：虚无主义的来临。我之所以能在此描述，是因为在这里发生的是某种必然的事情——有关征兆处处可见，只是还缺乏观察这些征兆的眼睛而已。"（尼采：《权力意志》，孙周兴译，商务印书馆 2007 年版，第 732 页）

　　我们先来考察一下享乐主义、理智主义、利他主义以及宗教的解说，看一看它们是如何解释人的存在意义的。同时看一看这些解说在解释人的存在意义时把人置于什么样的世界，对人的存在作了怎样的说明。

　　享乐主义把人置于自然世界之中，认为人在根本上就是一种生物，除了具有高度发达的思维能力之外，与其他生物没有本质的区别。而人的高度发达的思维能力不过是一项生存本领，就像有些动物长有锋利的牙齿，有些动物善于伪装或奔跑一样，都是为了更好地生存于自然世界。满足生存需要是所有生物的共同要求，对于人来说也是最为重要的事情。人只有充分地满足生存的需要，才能更好地保持个体的生命和健康，并延续自己所属物种的正常繁衍。当人的生存需要得到满足时会伴随产生感官的快乐，这种快乐是人作为生物存在的最高体验，是大自然给予人的最高奖赏。如果问人的存在有什么意义，享乐主义就会回答：享受快乐就是人的存在意义。在自然世界的范围内，只能把人的存在看做是生物的存在，把满足生理需要和获得快乐看做是最重要的事情，除此之外找不到人的存在的更高意义。享乐主义在看人的存在时，忽略了人的智慧存在和社会存在，不能解释人作为智慧存在物和社会存在物所具有的存在意义。

　　理智主义把人置于文化世界之中，认为人与其他存在物的最根本区别在于有智慧。在所有存在物中只有人具有自我意识，能够自觉地把自身与外在世界区分开来，并且能够深入地认识外在世界和自我的存在。人在思考外在世界和自我存在时，能够在现象背后揭示出深刻的本质，在偶然性之中概括出必然的规律，获得关于事物存在和发展的普遍知识。利用这些普遍的知识，人还能够准确地预测事物的变化，使世界的发展更有利于自己的存在。在理智主义看来，人最值得自豪的地方在于有智慧和会思想。如果问人的存在有什么意义，理智主义就会这样回答：用智慧思考世界、把握客观的真理就是人的存在意义。在理智主义对人的理解中，唯有理智才能代表人的存在，唯有思想才是人的存在方式。古希腊的哲人们认为理智是人最接近于神的地方，人正是凭借理智才成为高贵的存在物。理智主义高扬理智而贬低欲望，否定人的存在意义在于感官享乐。从人是智慧存在物的角度来看，把用智慧思考世界看做人的存在意义是合理的。不过，这样的解说并不能得到人们的普通认同，只有用智慧完善精神生活的人才能够理解这种解说的深刻

第五章　人映现价值的存在意义

之处。

利他主义把人置于人类世界之中，把人看做是社会存在物。在人类世界中对人最重要的是自我与他人的社会关系。如果说人的社会存在有什么意义的话，那么必定是通过与他人的社会关系体现出来的。关于人的社会存在的意义有两种相互对立的解释：一种解释认为人的存在意义在于比别人更优越，例如获得更多的财富，掌握更大的权力，享有更高的荣誉，等等；另一种解释认为人的存在意义在于给他人和社会创造更多的福利。前一种解释是利用人对他人的优越感说明人的存在意义。在财富、权力、荣誉等方面处于优势的人相对于处于劣势的人有一种优越感，这种优越感会使他觉得自己的存在有意义。可是，这样的优越感并不是所有人都能获得的，许多人在财富、权力和荣誉上没有优势，这些人就没有这样的优越感。用优越感解释人的存在意义，必然导致许多人找不到自己的存在意义。利他主义与这种解释不同，它是借助于人的道义感解释人的存在意义。当一个人为他人和社会创造福利的时候，会看到自己的存在对于更多的人是有益的，这样就能理解自己存在的更高意义。利他主义的解释超越了个人的狭隘性，比前一种解释更高尚，更符合心灵对"善"的要求。然而在世俗观念中，把在财富、权力和荣誉上超过别人视为存在意义的看法更为流行。

以上几种解说的结论大相径庭，可是具有相同的解释人的存在何以具有意义的模式。它们首先解答人存在于什么世界中，在这个世界中人是什么样的存在物，然后再来解释人的存在有什么意义。享乐主义把人置于自然世界，把人看做是一种生物，认为人的存在意义在于感官享乐；理智主义把人置于文化世界，把人看做是智慧存在物，认为人的存在意义在于用智慧思考世界；利他主义把人置于人类世界，把人看做是社会存在物，认为人的存在意义在于为更多的人谋福利。这个模式是解释人的存在意义的普遍模式。不仅这几种解说有这样的模式，其他解说也有这样的模式。有些解说没有明确回答人存在于什么世界以及人是什么，但是在其解说的背后不言自明地蕴涵着相应的回答。例如有人把存在的意义看做是传宗接代，这是在自然世界中把人看做是生物所做的解释；有人把存在的意义看做是发现真理，这是在文化世界中把人看做是智慧存在物所做的解释；有人把存在的意义看做是为了自己的亲人和朋友，这是在人类世界中把人看做是社会存在物所做的解释。

对于人的存在意义，还有一种特别的解说，即宗教的解说。宗教的解说依赖一个比人更高的存在者，但是在解释模式上并没有什么两样，也是把人置于某个世界，在这个世界中说明人的存在，再以此为前提解释人的存在意义。

宗教对世界的看法不同于科学，它描画了现实世界之外的其他世界。这些世界有些比现实世界更美好，例如天堂、仙境、极乐世界等等；有些比现实世界更悲惨，例如地狱、炼狱、阴间等等。宗教对人的存在也有独特的看法，认为人有肉体和灵魂两个部分，肉体是会死的部分，而灵魂是不死的部分。按照宗教的解释，人的肉体只能存在于现实世界，而灵魂可以进入其他世界。究竟什么样的灵魂升入有如天堂一样的美好世界，又是什么样的灵魂堕入如同地狱一般的悲惨世界呢？这要看人在现实世界是怎么生活的，如果按照神的旨意生活，或者进行特殊的修炼，或者做了很多善事，那么人的灵魂可以进入天堂等美好的世界；相反，如果违背神的指示，或者自暴自弃、作恶多端，那么死后就要进入地狱等悲惨的世界。宗教轻视肉体的现世生活，而重视灵魂的来世归宿。但是由于人在现实世界的存在关系到死后灵魂的去向，所以人在现实世界的存在也有了意义。人在现实世界的存在意义不在于获得肉体上的快乐，而在于为灵魂进入美好的世界做准备。宗教认为对神的信仰就是这样的准备，所以信仰体现人的存在意义。宗教对人的存在意义的解释曾经产生过很大的影响，不论是古埃及的法老们还是中世纪的信徒们，都在对来世的期望中找到了现世存在的意义。

我们在思想史上可以看到关于人的存在意义有多种多样的解说，这里提到的享乐主义、理智主义、利他主义和宗教的解说就是其中的代表。这些解说站在不同的立场上从不同角度解答了"人的存在有什么意义"的问题。那么，在这些解说中是否有一个最准确、最可靠的解说呢？很久以来人们一直在寻找这种圆满的解说，在某些时期似乎找到了最终的答案，然而过了一段时间之后又发现这种解说也存在问题，不得不继续寻找更准确、更可靠的解说。直到现在也没有找到这个永恒的、绝对的解说，甚至连一个大家公认的解说也没有。在某些人那里有一种解说被视为是绝对不可动摇的，然而从其他人的角度来看这种解说是完全不能接受的。在有些社会里有一种解说被认为是天经地义的，可是把这样的解说拿到其他社会中有可能被看做是无稽之谈。每一种解说都有一定的道理，可以获得一部分人的赞同。享乐主义的解说对于注重物质生活的人有吸引力，理智主义的解说对于注重精神生活的人有说服力，利他主义的解说可以被追求完美人生的人所理解，宗教的解说可以被向往来世生活的人所接受。任何一种解说都有适用的范围，一旦超出适用范围就会失去说服力。在社会发生剧烈转型或文化出现广泛交流的时候，人们一下子看到有好几种不同的解说，而无法确定哪一种解说更准确，哪一种解说更可靠，于是陷入不能解释人的存在意义的虚空之中。人在生活中需要对自己的存在意义作出稳定、可靠的解释，然而经过苦苦寻觅始终找不到这样的解释，这种情况让人怀疑是否真的存在一个最准确、最可靠的解说。

在历史上曾经有过宗教和道德在文化中占据主导地位的时期，在这个时期对人的存在意义的解说相对比较稳定。在宗教势力强大的社会里，宗教对人的存在意义的信仰主义解释深入人心，很少出现对这种解说的怀疑和反叛。在道德兴盛的社会里，道德对于人的存在意义的利他主义解说影响广泛，受到人们的普遍支持和接受。但是，不论是宗教的解说还是道德的解说都不是尽善尽美的，都经不起其他相反思潮的冲击。宗教的信仰主义一旦受到理性主义的质疑就很难自圆其说，道德的利他主义只要受到个人主义的挑战就会疲于应付。理性主义和个人主义是现代文化的一支矛和一把剑，理性主义戳穿了宗教的信仰外衣，而个人主义削弱了道德的良心支柱。理性主义借助科学的力量冲击了宗教的基础。科学把世界看做是自然形成和演化的世界，否定神创造世界和人的说法。把人的起源归结为生物的进化，否定人和神的内在联系。把人的生命还原为自然物质，否定了人的灵魂，排除了人在另一个世界存在的可能性。理性主义把人还原为自然世界的一种生物，冲击了宗教对人的存在意义的解释。个人主义则主张个体的存在最重要，自己的利益高于他人和社会的利益。这种观念冲击了道德的利他主义对人的存在意义的解说。随着以理性主义和个人主义为核心的现代文化的兴起，宗教的解说越来越衰落，只能靠传统的力量勉强维持地位，而道德的解说也是江河日下，只能借助人的良心发挥微弱的作用。

在宗教和道德的解说已经不能令人满意的时候，人们希望科学提供关于人的存在意义的最完美解释。人们对科学寄予如此殷切的厚望是有理由的，因为科学在揭示外在世界的奥秘方面取得了巨大成功，让人们对自然界有了精确而深刻的认识。科学的方法已经反复证明是可靠的方法，被人们看做是解决世界上一切问题的万能钥匙。对于描述客观世界来说，科学无疑是最可靠的方式，利用科学的方法可以准确地描述世界的存在状况及其变化规律。然而，对于探讨人的存在意义来说，科学未必是最好的方式。因为人的存在意义不是客观的事实，也不是确定不变的规律，无法用科学的方法进行观察和实验，也无法用数学的模型进行计算和推理。科学只适合揭示事实和规律，除此之外没有更多的用武之地。解答意义问题已经超出科学的能力范围，用科学的方法无法确定任何意义，更不要说人的存在意义了。科学在揭示事物的事实和规律时游刃有余，但是在解释人的存在意义时捉襟见肘。以科学的眼光看待人的存在及其意义，只能把人看做是自然世界中满足生存需要的生物，把人的存在意义看做是通过物质享乐获得的意义。科学在解答人的存在时把人还原为生物，不可避免地倒向了享乐主义的解说。享乐主义的解说非常肤浅，无法解释人的存在的长远意义。但是在现代文化中占据主流地位的恰恰是这种把人当做生物看待的享乐主义的解说[1]。

　　用科学的方法探究人的存在意义不会有太大的收获，甚至连问题本身都会被当做虚假的东西否定掉。人的存在意义不是确定的事实，无法用科学的方法加以把握。不论怎样分析人的存在，也无法从中分离出所谓的意义。科学主张用事实说话，没有事实就要提出质疑。人的存在意义不是事实性的东西，也不能免于被质疑，它会被科学排除在自己的研究范围之外。单就解释人的存在意义来说，科学比不上宗教，在宗教中人的存在意义是不容置疑的，而在科学中人的存在意义却是令人怀疑的。人的存在有没有意义以及有什么意义，这是在许多人的思想中都会出现的问题，人只要思考自己的存在就无法回避这个问题。因此这个问题并不是虚假的问题，它是人的思想中的实实在在的问题。人不会因为这个问题不能验证而停止思考它，也不会因为科学不能解答而放弃它。人人都想知道自己的存在究竟有什么意义，这种要求比想知道太阳系有几颗行星的愿望还要强烈。如果人不能对自己的存在意义给出满意的解释，就会对自己的存在产生怀疑，甚至导致完全否定自己存

_____

[1] 丹尼尔·贝尔揭示了美国社会在走向现代主义过程中文化上的一个重要转变——禁欲的清教主义被纵欲的享乐主义取代。他说："资本主义的文化正当性（如果不是道德正当性的话）已经由享乐主义取代，即以快乐为生活方式。"（丹尼尔·贝尔：《资本主义文化矛盾》，赵一凡等译，三联书店1989年版，第67—68页）

第五章　人映现价值的存在意义

在的可怕后果。当一个人不能解答自己的存在有什么意义的时候，内心就会产生虚无感，思想就会陷入迷茫之中。有些人由于找不到存在的意义而得过且过地虚度人生，或者自暴自弃地走向绝路。人的存在意义问题非常重要，必须想尽一切办法给出有效的解答。既然科学在这个问题上已经无能为力，那么就要寻找其他的解答办法。

在解答人的存在意义时，必须给人赋予一个较高的地位。这一点非常关键。如果人在世界中的存在没有什么地位，其存在是可有可无的，那么很难解释人的存在是有意义的。科学不能给人赋予更高的地位，在科学看来人不过是个高级生物。在给人的存在赋予地位方面，人文发挥着不可替代的作用。人文强调人是特殊的存在物，其地位高于其他一切存在物。人文的基本精神是以人为本，坚持这样的精神才能解释人的存在意义。关于人的存在意义的各种解说都包含着人文的因素，正是赋予了人以独特的地位之后才解释了人的存在的意义。例如享乐主义的解说把人与其他自然物区别开来，肯定人在自然世界中的主体地位，借此说明人的存在是有意义的。如果享乐主义没有肯定人作为主体的地位，那么它就不能说明满足需要和享受快乐何以使人的存在具有意义。理智主义的解说肯定人是有智慧的特殊存在物，以此说明用智慧思考世界是人的存在意义。虽然人的肉体非常弱小，无法与大自然的力量相抗衡，但是人有思维能力，能够认识大自然的强大和自己的渺小，在这一点上人比拥有巨大力量的大自然还要伟大。正是因为人有这样的地位，所以才有存在的意义。利他主义的解说不是从享受者和思想者的角度确定人的地位，而是从人能克服个人私欲、实践道德原则的角度肯定人的地位。例如荀子说："水火有气而无生，草木有生而无知，禽兽有知而无义，人有气、有生、有知，亦且有义，故最为天下贵也。"[1]人比其他存在物更高贵的地方在于有道德，因此按照道德原则行动就体现出人的存在意义。享乐主义、理智主义和利他主义都肯定人的地位，这些都是借助于人文观念实现的。宗教也包含肯定人的存在地位的人文观念，否则宗教无法说明人的存在意义。虽然宗教在人之上设定了最高存在者，又把人看做是最高存在者的奴仆，但是宗教并没有抹杀人的尊严，仍然给人赋予了很高的地位。宗教肯

---

[1]《荀子·王制》。

定人的存在比其他存在物更高贵，与最高存在者的联系更密切，有希望不断地接近最高存在者。不论哪一种解说都必须肯定人的存在地位，只有肯定人的存在地位才能解释人的存在的意义。

在解释人的存在意义时，完全依赖科学是不行的，但是彻底抛弃科学也是不对的；需要人文给人的存在赋予地位，但是单凭人文也不能完成任务。合理的做法是把科学和人文统一起来，以科学为基础，以人文为指向，综合地解释人的存在意义。科学和人文的相互协调非常重要，科学不应该把自己当做唯一的尺度，要为人文留下发挥作用的空间。人文也不能无视科学，应该以科学为基础，坚持科学揭示的真理。对于人所存在的世界以及人在世界中的存在状况要用科学来说明，在此前提下才能恰当地肯定人的地位，进而解释人的存在意义。如果对世界和人的存在的说明违背科学，那么以此为前提作出的解释是不合理的，无法经受理性主义的审查。宗教的解说缺少科学的支持，甚至把科学当做自己的对立面，因此不能获得足够的合理性。对世界和人的存在做了科学的说明之后，还必须借助人文赋予人以独特的地位，然后才能肯定人的存在有意义。科学和人文有各自的领域，也有各自的专长，科学不能代替人文，人文也不能取代科学。只有把科学的方法与人文的精神有机地结合起来，才能既合理又合情地解释人的存在意义。

从以上的考察和讨论中可以看到，我们解释人的存在意义需要这样几个步骤：首先要以科学的方法确定人存在于什么样的世界，以及人在这个世界中有什么样的存在方式，然后借助于以人为本的人文观念给人赋予至高无上的地位，把人从其他存在物中提升出来，最后根据这些前提和依据解释人的存在何以具有不可否认的意义。

2. 从人的存在映现价值的角度提出一种新的解说。这种解说肯定每个人的存在都有相同的意义。

以往对于人的存在意义的解说都是在自然世界、文化世界、人类世界或宗教设想的世界中作出的，都不能避免用外在事物解释人的存在意义的弊病。我们现在把人置于价值世界之中，从人的存在本身阐明人的存在有什么意义。

价值世界也是人所存在的世界，这个世界与自然世界、文化世界和人类世界有密切的联系。自然世界是由有生命和无生命的自然物质构成的世界，其中有些事物满足人的生存需要，具有生存价值。文化世界是由各种知识、观念和意象构成的世界，其中有一部分内容提升人的心灵境界，具有思想价值。人类世界是由诸多的人以及各种社会事物构成的世界，在这里有一些社会事物肯定人的社会存在，具有交往价值。价值世界不是这三个世界之外的独立世界，是由这些世界中的有价值的事物构成的世界。从人的存在与世界的关系来看，价值世界是紧邻人的存在的世界，那三个世界是远离人的存在的世界。自然世界中的很多事物都与人没有直接关系，文化世界中的许多知识、观念和意象都在心灵之外，人类世界中的社会事物也并非都与人的存在密切相关。笼统地说，人存在于自然世界、文化世界和人类世界之中。但是准确的说法应该是，人存在于价值世界之中。价值世界才是人真正存在于其中的世界，所以在价值世界的范围内讨论人的存在问题是最恰当的，只有这样才能切实地把握人的存在，更好地解释人的存在意义。

价值世界是一个非常特别的世界，它作为人存在于其中的世界，却不能独立于人而存在。价值世界不能离开人而存在，在这一点上与其他世界有很大的区别。自然世界在人尚未出现的时候就已经存在，而且一直作为在人之外的世界而存在。文化世界是人类思想活动的产物，但是一经出现也成为相对独立的世界，对于以思想把握知识、观念和意象的个人来说是先在的世界。人类世界是人们以其社会关系构成的世界，可是对于特定的个体来说也是外在的世界。这些世界与人的存在不是直接同一的关系，即使某个人不存在，这些世界仍然存在。人的存在可以在一定程度上改变这些世界，但是不能从根本上创造或消灭这些世界。价值世界的情况则完全不同，其存在是由人的存在决定的。当一个人存在的时候，他的周围就形成一个价值世界；当这个人不再存在的时候，周围的价值世界也会随之消失。价值世界不是先于人存在的世界，在没有人存在的时候不会有价值世界。价值世界也不是独立于人存在的世界，人存在于什么地方，它只能存在于什么地方。价值世界的存在依赖于人的存在，就像影子离不开产生影子的物体一样。由于价值世界具有这种独特性，不能把它与其他作为事实存在的世界相等同。但是价值世界不是虚构出来的世界，它与宗教想象的天堂或地狱有根本的区别。我们可以怀疑天堂和地狱的存在，却不能怀疑价值世界的存在。只要看一看周围对自己有价值的事物，就可以确信有一个肯定自己存在的价值世界。构成价值世界的事物来自于自然世界、文化世界和人类世界，这些事物本来作为事实而存在，在人的存在的映照下显现出价值，形成了价值世界。因为自然世界、文化世界和人类世界是现实的世界，所以价值世界也是现实的世界。

人在价值世界的存在完全不同于在其他世界的存在。在自然世界中，人是一种生物，以吃、喝等方式满足自己的生存需要。在文化世界中，人是智慧存在物，以思想活动把握知识、观念和意象。在人类世界中，人是社会存在物，通过交往活动与他人建立各种社会关系。当我们到某个世界考察人的存在时，只能看到与该世界相适应的存在形式。例如，在自然世界中看不到人的智慧存在和社会存在，即使看到人有高度发达的思维能力，结成相互的社会关系，也会把这些方面仅仅看做是人区别于其他生物的特性。同样，在文化世界和人类世界也看不到人的其他存在形式，只能看到相应的智慧存在和社会存在。当我们来到价值世界考察人的存在时，会看到人有另一种存在形式，即映现价值的存在者。这种存在形式与生物存在、智慧存在和社会存在大不相同，是人之为人的最根本、最重要的存在形式。人在其他世界中只表现出自己的某一方面，而在价值世界中表现出自己的全貌。在价值世界中的人是完整的人，真正的人。人作为映现价值的存在者，使周围的事物显现出价值。由这些显现出价值的事物构成了以人的存在为中心的价值世界。从人所映现的价值可以确定人的这种存在形式。

人在价值世界的存在方式不同于在其他世界的存在方式。人在自然世界的存在方式是生存活动，在文化世界的存在方式是思想活动，在人类世界的存在方式是交往活动，而在价值世界的存在的方式是映现价值。映现价值就是把人的存在本身蕴涵的内在价值显现在外在事物上。人的存在蕴涵着内在价值，这样的价值不依赖外在事物，是由人的存在本身所规定的。人的三类存在都蕴涵着相应的内在价值，生物存在蕴涵的内在价值是生命、健康和快乐，智慧存在蕴涵的内在价值是真、善、美，社会存在蕴涵的内在价值是尊严、权利和友爱。人的存在把这些内在价值映现到具体事物上，使之与具体事物的特性相结合，显现为特殊的外在价值。例如"美"是人的智慧存在蕴涵的一种内在价值，当人带着这个内在价值去欣赏事物的外在形式时，就会通过事物的具体形式映现出美的价值。人在欣赏一幅艺术作品时，把美的价值映现在这幅艺术作品上，这幅艺术作品就具有了以"美"为根据的审美价值；在观赏一株盛开的花朵时，把美的价值映现在这些花朵上，在这些花朵上就显现出具体的美的价值。人的存在蕴涵的内在价值是一样的，但是显现出来的外在价值千差万别。我们在具体事物上所看到的价值都属于外在价值。这样的价值不是事物本身具有的价值，而是由人的存在映现出来的价值。人在价值世界中的这种独特存在方式，在自然世界、文化世界和人类世界中是根本看不到的。

世界上的事物本来没有价值，人的存在使之显现出了价值。要理解这个观念就必须转变思考世界的角度。人们习惯于把世界看做是先于人而存在的世界，并带着这样的"成见"去看人在世界中的存在。这样看待世界和人的存在，只能把人看做是处于自然世界中的生物，处于文化世界中的智慧存在物，处于人类世界中的社会存在物。如果我们改变一下出发点，不是从外在世界出发看人的存在，而是从人的存在出发去看外在世界，那么就可以看到在人的周围有一个肯定人的存在的世界。此时看到的世界不再是可以脱离人存在的外在世界，而是离开人就不复存在的价值世界。只要把人的存在作为看待世界的出发点，就不会把价值看做是先于人和独立于人存在的东西。事物的存在与事物的价值是有区别的，事物的存在是确定的事实，它独立于人而存在；而事物的价值则不能独立于人，在人的存在的映现下才对人显现出价值。在忽略人的存在的情况下，可以谈论自然世界、文化世界和人类世界中的事物，但是不能谈论事物的价值。事物本身的存在只能是事实的存在，事实的存在不会自动产生出价值。只有当事物进入人的活动范围，与人的存在发生关联时，才会借助人的存在蕴涵的内在价值显现出外在价值。我们只要转变思考世界的角度，就可以理解本来没有价值的世界何以产生了价值。

人在价值世界的存在具有至高无上的地位，这是在其他世界中不可能拥有的地位。人不仅是价值世界的中心，而且是价值世界的缔造者。世界中的事物本来没有价值，在人的存在的映照下显现出价值，这些显现出价值的事物共同构成了价值世界。只要有人的存在就会有价值世界，而没有人的存在就没有价值世界，从这一点上可以看到人的存在对于价值世界的根源地位。人不仅是价值世界的缔造者，而且是价值世界的主宰者。在价值世界中除了人之外就是各种有价值的事物。这些事物与人的存在相一致，以其自身的特性肯定人的存在。这些事物的价值以人的存在为尺度，通过人的存在所蕴涵的内在价值成为价值。从这一点上可以看出人的存在对于事物价值的决定意义。人在价值世界中占据着无可比拟的优越地位，他是缔造和主宰价值世界的最高存在者。我们可以根据人在价值世界的这种地位肯定人的存在是有意义的。然而，要弄清楚人的存在究竟有什么意义，还需要在此基础上作进一步的探索。

　　人的存在都是以特定的存在方式展现的，从人的存在方式可以找到解释人的存在意义的途径。在自然世界中人是一种生物，其存在方式是生存活动。如果解释人的生物存在的意义，就要到生存活动中去寻找依据。享乐主义看到了人在生存活动中最美好的体验是快乐，因此提出人的存在意义在于感官的享乐。在人的生存活动中还可以看到生殖和繁衍的重要性，因此有一种观点把传宗接代看做是人的存在意义。在文化世界中人是智慧存在物，其存在方式是思想活动。从人的这种存在形式解释人的存在意义，必须以人的思想活动为依据。理智主义正是着眼于人的思想活动，提出人的存在意义在于用智慧思考世界。在用智慧思考世界时最重要的是探索和发现真理，所以还有一种观点把探索和发现真理看做是人的存在意义。在人类世界中人是社会存在物，其存在方式是交往活动。要从这个角度解释人的存在意义，必须关注人与他人的交往活动，以及在交往活动中人对人的关系。利他主义就是在人的交往活动中找出人与他人的基本关系，提出了人的存在意义在于为更多的人谋福利。我们着眼于价值世界考察人的存在，看到人以映现价值的方式存在，据此可以得出这样的结论：人的存在意义在于映现事物的价值。如果没有人的存在，世界就是没有任何价值的事实世界。正是因为人以其存在映现出事物的价值，所以世界才成为美好的世界。人的存在映现出事物的价值，使世界变成美好的世界，这就是人在世界中的存在意义。

　　关于人的存在意义问题一般有四种提问方式。第一种提问方式是问人的存在的目的是什么。人在做任何事情的时候都会有一定的目的，或者是为了得到某种好处，或者是为了实现某种愿望，等等。把具体行动的目的加以放大就形成人的存在的目的。这个问题有更简单的提问方式——人活着为了什么？如果能找到一个值得人用一生去追求的目的，就可以回答人的存在意义是什么。享乐主义认为感官的快乐是现实生活中最值得追求的目的，所以把感官的享乐看做是人的存在意义。宗教则认为灵魂进入更美好的世界或者来世过上更幸福的生活才是终极目的，所以把为终极目的奋斗看做是人的存在意义。第二种提问方式是问人之为人最重要的是什么。人不是普通的存在物，具有比其他存在物更特殊的地方。人最特殊的地方就是人的根本所在，也就是最无愧于人的存在的东西。理智主义认为人与其他存在物的最根本区别在于拥有智慧[1]，于是把用智慧思考世界看做是人的存在意义。第三种提问方式是问人的存在对他人和社会有什么价值。"价值"通常指的是外在事物的价值，但也可以用在人的身上，指一个人对其他人的贡献或益处。这个问题经常以这样的形式提出，人生的价值是什么？从这个角度解释人的存在意义，就要把人看做是手段，而把他人看做是目的。利他主义认为人生的价值在于为社会做贡献，所以把为更多的人谋福利看做是存在的意义。第四种提问方式是问人存在于世界中对于世界意味着什么。人在世界中存在对世界产生多方面的影响，其中一种影响是改变世界的事实存在，比如通过有目的的活动创造出世界上本来没有的事物。在这方面体现了人的一种存在意义，然而这还不是人在世界中存在的最重大意义。人的存在对世界还有一种影响，使本来作为事实存在的事物显现出价值，使周围的世界变成价值世界。人存在于世界中意味着世界上的事物具有价值，这才是人的存在最根本、最普遍的意义。

对比一下世界在有人存在和没有人存在时的状况，就可以理解人映现价值的存在意义。在没有人存在的时候，世界上存在的只是作为事实的事物，这些事物没有价值可言。虽然地下蕴藏着大量的石油和矿石，地上广布着森林和草原，太阳日复一日地照耀，青草年复一年地生长，可是这一切都是自然的存在，没有任何价值可言。因为没有人的存在，事物只能作为没有价值

---

[1] 笛卡尔说："理性或良知……是唯一使我们成为人、使我们异于禽兽的东西。"（笛卡尔：《谈谈方法》，王太庆译，商务印书馆 2000 年版，第 4 页）帕斯卡尔说："思想——人的全部的尊严就在于思想。"（帕斯卡尔：《思想录》，何兆武译，商务印书馆 1985 年版，第 164 页）

色彩的事实而存在。当人存在于世界的时候，本来作为事实存在的事物就显现出了价值。此时的石油、矿石、森林、草原、阳光和青草都不再是单纯的事实，而具有了迷人的价值。人的存在不仅映现了自然世界中事物的价值，还使文化世界和人类世界中的事物显现出价值。例如人带着智慧存在的内在价值去思考世界，各种知识、观念和意象就显现出思想价值；带着社会存在的内在价值去交往，社会中的关系、组织、制度等事物就具有了交往价值。世界上的事物本来无所谓价值和非价值，就像没有太阳照耀的世界没有光明和黑暗的区别一样。人的存在改变了世界的这种混沌状况，在好与坏、是与非、真与假、善与恶、美与丑之间划出明确的界线，使世界成为价值与非价值分明的世界。我们在周围的世界中可以看到许多美好的事物，例如美味的食物、舒适的住房、便利的工具，正确的知识、高远的观念、生动的意象，个人的尊严、人间的友谊、社会的正义，等等。这些事物是都因为人的存在成为美好的事物。如果没有人的存在，它们或者不存在，或者没有价值。一个人只要环顾周围的价值世界，想一想这些事物都是因为自己的存在而具有价值的，这样就可以领会到自己的存在并非是虚无和荒诞的，而是具有不可替代的重要意义。

我们在前面用"人是一盏灯"的比喻说明了人在价值世界的存在，在这里同样也可以用这个比喻说明人的映现价值的存在意义。人在价值世界的存在就像一盏灯一样，照耀出价值的光辉，使周围的事物染上价值的色彩。一盏普通的灯给世界带来的是光明，而"人"这盏特别的"灯"给世界带来的是价值。在一盏灯的照耀下事物显现出五颜六色的颜色，而在人的存在的映现下事物显现出丰富多彩的价值。如果问一盏灯在世界上存在有什么意义，它的存在意义就在于把光明带到黑暗的世界。同样，如果问一个人在世界上存在有什么意义，就可以这样回答：人存在于世界的意义在于映现出事物的价值，使本来没有价值的世界变成有价值的美好世界。在世界没有任何光明时，一切都处于黑暗之中。此时只要有一盏灯，哪怕是一盏不太明亮的灯，把它点亮就能给世界带来光明，体现出它在世界上的存在意义。在世界上没有任何价值时，一切都没有好坏的区别，没有什么东西值得人向往和留恋。当一个人存在于世界的时候，身边的事物就显现出迷人的价值，周围的世界就成为美好的世界，人的存在意义便由此体现出来。我们在黑暗之中最能理解一盏灯的存在意义，而在面对事实世界的时候更能理解人的存在映现价值的意义。

在理解人的存在映现价值的意义时，最大的障碍来自于对价值的误解。人们习惯于把价值看做是事物本身具有的东西，认为有价值的事物永远会有价值，没有价值的事物永远没有价值，事物有没有价值与人的存在没有什么关系。这样看待事物的价值就不能理解人的映现价值的存在意义。实际上，事物本来只作为事实存在，不会自动产生出价值。只有当人存在的时候，事物才向人显现出价值。事物显现的价值不是事物本身固有的价值，而是人把内在价值映现到事物上形成的外在价值。只有理解了人的存在与事物价值的这种内在联系，才能理解人在价值世界的存在意义。另外，人们还有这样一种看法，认为价值是向所有人显现的，即使没有自己的存在，也会向其他人显现出来。这样看待价值会让人觉得自己的存在没有太大的意义，没有自己的存在也会有其他人映现出价值。这种看法是错误的，误解了人的存在与事物价值的关系。事物的价值不是对于所有人的一般价值，而是对于每个人的具体价值。每个人的存在映现的价值都是独特的，是其他人映现的价值不能代替的。虽然人的存在蕴涵同样的内在价值，可是人们把它们映现在不同的事物上，显现出不同的外在价值。例如人的智慧存在都蕴涵美的内在价值，有人把它映现在艺术品上，有人把它映现在自然景物上，从而使世界有了多种美的价值。人们在同一个事物上映现的价值是有区别的，即使没有区别也不会因为重复而贬值，反而会使事物显得更加重要。例如人们在社会事物上映现友爱的价值，映现的人越多，友爱的价值就越大。一个人的存在不能由其他人的存在代替，所以一个人映现的价值也不能由其他人映现的价值所取代。例如某个人有一些心爱的纪念品，他的存在可以使这些纪念品显现出重要的价值，而其他人的存在无法使它们具有同样重要的价值。我们必须承认其他人的存在也能映现事物的价值，但是不能把其他人映现的价值与自己映现的价值看做是完全相同的价值，这样才能理解自己的存在映现价值的独特意义。

从人的存在映现价值的角度解释人的存在意义，具有其他解说没有的一个优点，即能够肯定每个人的存在都有相同的意义。任何人的存在都映现出周围事物的价值，都使周围的世界变成美好的价值世界。在这一点上人与人的存在没有根本的差别。不论谁的生物存在都能使保障生命、健康、快乐的事物显现出生存价值，智慧存在都能使体现真、善、美的知识、观念、意象显现出思想价值，社会存在都能使维护尊严、权利、友爱的事物显现出交往价值。从人的存在蕴涵的内在价值来看，人和人是没有差别的，所有人的存在都蕴涵同样的价值。富有人的存在并不比贫穷人的存在蕴涵更多的价值，高贵人的存在也不比低贱人的存在映现出更高的价值。人所拥有的财富、所掌握的权力、所享有的荣誉，只能影响人把价值映现在什么事物上，而不能影响人把什么价值映现在事物上。人的存在映现的外在价值是有区别的，不过外在价值只是内在价值在具体事物上的表现，内在价值才是最根本的价值。因此，从人的存在映现价值的角度来看，人和人的存在意义是一样的，没有高低大小的差别。当然，这不是说人的存在意义是可以相互代替的。人的这种存在意义不受人的财富和地位的影响，同样也不受人的能力和贡献的影响。举一个比较极端的例子，植物人失去了自主活动的能力，不能给他人和社会作出贡献，即使这样的人其存在也能映现事物的价值。他的生物存在能够映现出自然事物的生存价值，其社会存在能够映现出社会事物的交往价值。植物人与正常人一样具有映现价值的存在意义。这种存在意义是由人作为"人"的存在规定的，与人的活动和外在事物没有直接的关系。人的这种存在意义在任何时刻、任何情况下都不会改变，人只要作为人存在就有这样的存在意义。所以说这是人的存在最根本、最普遍的意义。

如果从占有和利用外在价值的角度解释人的存在意义，就必定剥夺某些人的存在意义。有一种流行的观念就是根据人所拥有的外在价值判断人的存在意义，认为掌握的外在价值越多，人的存在意义就越大。诸如财富、权力、荣誉等经常用来作为衡量人的存在意义的尺度。许多人都持这种观点，当看到某个人拥有很多财富、掌握很大权力、享有很高荣誉时，就想当然地认为这个人的存在比其他人的存在更有意义。许多人都把占有更多财富、掌握更大权力、获得更高荣誉作为自己的奋斗目标，目的是借助这些外在价值实现更高的存在意义。以人所拥有的外在价值衡量人的存在意义，可以肯定富有的人、高贵的人、有名望的人的存在意义，却不能肯定不拥有这些外在价值的普通人的存在意义。像财富、权力、荣誉这些稀有的外在价值不是人人都能拥有的东西，以是否拥有这些外在价值来衡量人的存在意义，必将抹杀很大一部分人的存在意义。我们从映现价值的角度解释人的存在意义，不是把占有和利用外在价值看做人的存在有没有意义的标准，而是从人是否把内在价值映现到事物上确定人的存在是否有意义。人即使不占有任何事物，也可以把内在价值映现到事物上，体现自己的存在意义。一个贫穷的人的确没有多少财富，但是他的存在映现的价值并不比富有的人少，其存在意义与富有的人是完全一样的。从映现价值的角度看待人的存在意义，可以肯定所有人的存在意义，让每个人都能对自己的存在抱有信心和勇气。

人的存在意义是人本身具有的意义，而不是由外在事物赋予人的。外在事物作为事实而存在，根本无法给人的存在赋予意义。如果把拥有某种外在价值看做是人的存在意义，那么必然会把人的存在意义归结为外在的事物。假如一个人拥有的财富是一头牛，这头牛作为财富使他的存在具有了意义，那么人的存在意义不是他自己的意义，而是这头牛的存在意义。以这样的方式看待人的存在意义，最终会否定人的存在具有意义。用外在事物给人赋予意义会遇到这样的情况，人不能一直拥有这些事物，一旦失去它们就失去了自己的存在意义。那位拥有一头牛的人就面临这样的危险，如果这头牛有一天走失了或者死掉了，那么他的存在意义也就一同消失了。用财富、地位、荣誉等外在事物确定人的存在意义都会遇到这种问题，财富是会消耗的，地位是会失落的，荣誉是会过时的，用这些外在价值无法保证一个人的存在始终具有意义。只有从人的存在本身说明人的存在意义，才能保证人的存在意义是稳定的，不会因为外在事物的变化而丧失。我们不是从占有和利用价值的角度，而是从映现价值的角度说明人的存在意义，这样就避免了用外在事物解释人的存在意义的弊病。

任何关于人的存在意义的解说最终都要诉诸价值，因为单凭事实无法说明人的存在具有意义。不论什么样的解说都要举出一种或几种重要的价值，借助这些价值在人们心目中的崇高地位说明人的存在的意义。例如，享乐主义举出的价值是快乐，理智主义举出的价值是真、善、美，利他主义举出的价值是善良和友爱，而宗教举出的价值是永恒的生命。这些解说之所以具有一定的吸引力，除了提出一些事实作为依据之外，更重要的是向人展示了令人向往的美好价值。每一种解说都给人许诺某种价值，告诉人们只要按照自己的解说去做就可以获得这个价值。人们为了获得这些解说所允诺的价值，才愿意听它们关于人的存在意义的解释。以往的解说在提及价值时，无一例外都把价值看做是外在于人的价值，因而不能避免用外在事物解释人的存在意义的弊病。我们也是借助价值解释人的存在意义，但是对价值的理解与其他解说有根本的区别，不把价值看做是外在于人的东西，而看做是人的存在本身蕴涵并映现的价值。在人的存在和外在事物的关系上，我们始终坚持一个原则：不是事物给人的存在赋予意义，而是人的存在给事物赋予价值。正是因为避免了从外在事物说明人的存在意义，所以才保证了每个人的存在都是有意义的。

3. 人只要在周围世界中感受到丰富的价值就能领会映现价值的存在意义。

任何存在物在世界中都有自己的位置，其存在都有意义。即使它们并不能领会自己的存在意义，其存在意义也是不可抹杀的。例如一只蚂蚁、一株小草、一粒沙子或一滴水，它们既然存在于世界之中，就不会是完全的虚无，就有自身应有的意义。就连这样的存在物都有存在意义，更何况人这种高级的存在物呢？任何一个人的存在都是有意义的，其存在的意义就在于映现出周围事物的价值，使周围世界变成美好的价值世界。可是，存在有意义是一回事，而能不能领会存在的意义是另一回事。人都有反思自身存在的思维能力，可是有人却领会不到自己的存在意义。人找不到自己的存在意义是非常痛苦的，有可能因此陷入生存意义的虚无之中，甚至会对生活产生厌倦和绝望。有人因为找不到存在的意义而迷失人生的方向，有人因为对生活绝望而放弃高贵的生命。发生这样的事情的确令人悲叹和惋惜，也使思想者感到解答人的存在意义问题的重要性和迫切性。我们已经对人的存在意义作出了肯定的回答，现在就来探讨人如何才能领会自己的存在意义。

人能不能领会自己的存在意义，与是否理解自己行动的意义有关。人的存在是由一系列的行动构成的，只有理解了这些行动的意义才能领会自己的存在意义。如果一个人觉得自己每天做的事情毫无意义，非常无聊，那么这个人就无法领会自己的存在究竟有什么意义。所以人要领会自己的存在意义，就必须理解自己行动的意义。当人理解了当前行动的意义时，就能领会当下的存在意义。例如，有人为了实现某种社会理想而奋斗，认为自己的行动非常有意义，这个人对自己的存在意义就有信心；有人为了自己和家人有个好的生活而工作，他对工作意义的理解并不十分远大，然而凭借这样的理解也能领会自己的存在意义。重要的是人在自己的行动中理解某种意义，不管这种意义是世俗的意义还是神圣的意义，也不管这种意义是微小的意义还是重大的意义，只要理解了行动的意义就不会出现找不到存在意义的情况。那些怀疑自己存在意义的人都是因为忽视自己的行动意义而走向虚无主义的。人的每次行动都有或多或少的意义，即使是无意识的本能活动也有意义。人只要能在当前的行动中理解某种意义，就能领会这次行动期间的存在意义。而人的整个存在就是由这些具体行动构成的连续过程。如果人能够理解自己的全部行动或主要行动的意义，那么他就能领会自己整个存在的总体意义。

人能不能理解自己行动的意义，就要看是否感受到与行动相关的价值。如果在行动的目的或结果上感受到了某种价值，就能理解自己行动的意义。一个人做一项工作，当他认识到这项工作的目的是正当的，而且还会产生有益的结果时，他就能理解做这项工作的意义。例如一个人跋山涉水来到人迹罕至的地方，看到了平常看不到的美景，当他感受到这种价值时，就觉得自己的这次行动是很有意义的。相反的情况是，人感受不到行动的目的和结果上的价值，认为做这样的事情是完全没有必要的，因而不能理解自己行动的意义。人是否能够感受到与行动相关的价值，在很大程度上受人感受价值能力的制约。人在自己行动的目的和结果上已经映现出了价值，可是如果没有相应的感受能力就感受不到价值。例如一个人做了一件有益于他人的事情，这本来是有价值的。可是这个人只根据是否得到利益的回报衡量价值，当他没有得到利益的回报时就不能感受到这件事情的价值，觉得做这样的事情没有意义。另一个人也做了同样的事情，但是他认为帮助他人是理所当然的事情，而不管是否能够从中得到利益的回报，这时他在内心中感受到了"善"的价值，由此理解了自己行动的意义。人能不能在行动所涉及的事物上感受到价值至关重要，它制约着人能否理解自己的行动所具有的意义，进而影响到人能否领会自己的存在意义。

在这里有必要对如何感受事物的价值做一些集中的讨论。所谓感受价值就是对事物价值的体验和理解。价值体验是身体和心理上的，是人最基本的价值感受。例如在炎热的夏天喝一杯冷饮，感觉到非常舒服，这种舒服的体验就是对冷饮价值的感受。对于许多日常事物的价值，人都是通过心理体验感受到的。这种价值感受往往没有明确的价值判断，只是在身体和心理上表现出一些积极的反应。例如闻到饭菜的香味时就想吃一口，听到优美的音乐时觉得心情舒畅，得到他人的表扬时感到心里高兴，诸如此类的积极反应都是对价值的感受。对于许多事物的价值不需要用理性去判断，用体验给予积极的肯定就足够了。在实际的生活中，人并不是对所有事物的价值都作出明确的判断，而是仅仅靠基本的价值体验就作出趋利避害的选择。对事物价值的理解是在心灵中进行的，这是比体验价值更高的价值感受方式。由体验获得的感受往往比较模糊，要想更精确地判断事物的价值，还需要在心灵中确切地理解事物的价值。理解事物的价值是个复杂的过程，首先需要一些事实认知作为前提，诸如事物是什么、它与人有什么关系等等，还需要有一定的价值标准，例如人的某种要求或价值观，在具备了这些前提之后经过一番推理，才能得出事物有没有价值的判断。例如道德行为的价值就是通过理解感受的。判断一种行为是否具有道德上的"善"的价值，必须先掌握行为的事实，对动机和结果进行分析，然后拿出特定的道德观念，经过严密的推理才能得出结论。价值体验和价值理解是感受价值的两种方式，价值体验比较直接，有具体、生动的特色，而价值理解比较严密，有普遍、深刻的特点。这两种方式常常结合在一起，共同让人形成全面的价值感受。

事物的价值不是由价值感受形成的，而是由人的存在映现出来的。只要人存在着，事物与人保持着密切的关系，事物就会显现出价值。事物的价值会因人的存在而改变，但不会因人的感受而变化。不管人是否感受到事物的价值，事物的价值都不会发生变化，有价值的事物仍然具有价值，没有价值的事物依然没有价值。那些肯定人的存在的事物对人显现出价值，面对这样的事物就能感受到价值。对价值的感受也有是否恰当的问题，在有价值的事物上感受价值是恰当的，而在没有价值甚至有反价值的事物上感受价值则是不恰当的。例如人的身体受到伤害时感觉到痛苦，这是正常的感受。如果把身体的痛苦感受成身体的快乐，那么价值感受就发生了错误。对于价值大的事物应该感受较大的价值，而对于价值小的事物应该感受较小的价值。只有恰如其分地感受事物的价值才是合适的，过分地夸大价值或贬低价值都不能如实地把握价值。由于人所映现的价值都是当下的价值，会随着时间的变化而变化，所以人感受价值也不是一劳永逸的，必须随着价值的变化而变化。不顾时间、地点和条件，抽象地判断事物的价值是没有意义的，并不能给人提供合适的价值感受。

人领会存在的意义是从感受事物的价值开始的。是否感受到事物的价值，关系到能否领会存在的意义。如果人在周围的事物上感受到了丰富的价值，就不会怀疑自己的存在有意义。例如，当人正在津津有味地享受一顿美餐时，不会提出存在有没有意义的问题；当人正在专心致志地读书的时候，不会出现找不到存在意义的空虚感；当人正在与他人愉快地交谈的时候，不会觉得自己的存在没有意义。只要人感受到事物的价值，不管是在什么事物上感受的，也不管感受的是什么样的价值，都可以从中领会自己的存在意义。即使一个人只感受到很少的价值，只要这些价值是基本价值，例如生命的价值、快乐的价值、真善美的价值、尊严的价值、友爱的价值等等，就能确信自己的存在有意义。如果人在生活中感受不到任何价值，觉得做什么事情都提不起精神，那么他就会怀疑自己的存在意义。有一些人只能感受重大事物上的价值，而不能感受日常小事上的价值，这样的人也容易产生找不到存在意义的虚无感。人要领会自己的存在意义，方法其实很简单，只要去感受周围事物的价值就可以了。感受到事物的价值就能领会存在的意义。在感受价值时不一定非要感受那些重大事物的价值，在日常事物中感受普通的价值就足以领会存在的意义。例如品味一日三餐的价值，理解平凡工作的意义，体会日常琐事的重要性，等等。人只要做到这些就能摆脱存在意义的虚无感，从中领会到自己的存在意义。

这里有一个问题需要思考，为什么人感受事物的价值就能领会自己的存在意义呢？这要从人的存在与事物价值的关系说起。事物本身作为事实而存在，无所谓价值或非价值。事物之所以具有价值，其根源在于人的存在。人的存在本身蕴涵着内在价值，这些内在价值映现到外在事物上，与事物的具体特性相结合，显现为具体的外在价值。从人的存在与事物价值的关系来看，在事物上显现的价值是由人的存在映现出来的。人的存在意义就在于映现事物的价值，这种存在意义是通过事物上的价值体现出来的。这就像一个人工作的意义是通过工作的成果体现出来一样。当人感受到由自己的存在映现出来的价值时，就能从中领会自己映现价值的存在意义，这也像人在工作的成果上领会工作的意义一样。人感受价值的过程就是亲证自己存在意义的过程。如果感受到了价值，就领会到了存在的意义。这里的关键是不能把事物的价值理解为事物本身的价值，否则无法理解人何以通过感受事物的价值领会自己的存在意义。假如事物的价值是事物本身具有的价值，那么人感受事物的价值只能肯定事物的存在有意义，而不能肯定人的存在有意义。我们已经从价值的根源上澄清了事物的价值不是事物本身固有的，而是人以自身的存在赋予事物的。只要理解了人的存在与事物价值的这种联系，就可以理解人在感受事物价值的时候何以能够领会自己的存在意义。

　　人的存在意义通过映现外在事物的价值表现出来，人又通过感受外在事物的价值领会自己的存在意义。这种情况就像照镜子一样。如果不照一照镜子的话，人就无法知道自己究竟长得是什么模样。只有站在一面镜子面前，借助这面镜子才能看到自己的容貌。对于人的存在来说，外在事物就是一面镜子。通过这面镜子人可以看到自己的存在意义。人的存在映现出事物的价值，在事物的价值上表现着人的存在意义。当人感受到这些价值时就能领会自己映现价值的存在意义。人的存在意义是人自身的意义，而不是事物赋予人的意义。可是人要领会自己的存在意义要借助外在事物，通过显现在外在事物上的价值反观自己的存在意义。事物本身是没有价值的，就像镜子里本来没有人的影像一样。是人把价值映现到事物上的，就像人把影像投射到镜子上一样。从事物的价值由无到有的变化可以领会人的存在意义。这种领会存在意义的方式还有点像把握自身能力的方式。一个人究竟有多大能力，这是无法从自身得知的。人只有通过改变外在事物才能把能力表现出来，并根据对事物改造的情况判断能力的强弱和大小。一个优秀的工匠和一个拙劣的工匠站在一起，无法分辨谁的手艺更好，但是只要看一看他们制作出来的作品，谁的手艺好、谁的手艺差就一目了然。人把自己映现的价值表现在外在事物上，通过感受外在事物的价值就能领会自己的存在意义。

　　对于许多人来说存在意义问题并不是值得担忧的问题，因为这些人已经在周围的事物上感受到了价值，领会到了自己的存在意义。这些人也许没有认真思考过人的存在有没有意义的问题，在理论上也不清楚人的存在意义究竟是什么，然而这些并不妨碍他们对自己存在意义的领会。这就像一个人不清楚自己是如何消化的，并不影响他的消化功能一样。不管一个人能否确切地回答人的存在有什么意义的问题，他只要能够感受到周围事物的价值，理解到自己的工作、生活的意义，就不会出现找不到存在意义的苦恼。特别是当人在外在事物和自己的行动上感受到一些重大而普遍的价值时，更不会怀疑自己的存在是有意义的。重大而普遍的价值是最能显示人的存在意义的价值。例如享乐主义强调的快乐、理智主义重视的真理、利他主义提倡的友爱、宗教向往的永恒生命等等，这些都是重大而普遍的价值。人只要感受到这些价值就会对自己的存在充满信心。与这些价值比较接近的重要价值还有许多，诸如善良、美丽、荣誉、友谊、爱情等等，感受到这些价值也能让人领会自己的存在意义。许多人都是在享乐主义的指引下感受事物价值的，虽然这样领会到的存在意义并不高远，但是对于避免由于找不到存在意义而出现虚无感也是很重要的。信奉宗教的信徒们借着信仰理解到自己行动具有的神圣意义，这对于他们领会自己的存在意义也有非常积极的作用。人的存在有什么意义的问题不仅是理论问题，更是现实的实践问题。要更好地解决这个问题不能停留在思维领域，必须到日常生活中去寻找答案。人可以不知道自己的存在意义是什么，但是不能不感受事物的价值。如果不能感受事物对人的价值，那么即使知道人的存在有什么意义也毫无益处，仍然不能切实地领会自己的存在意义。有一些人通过沉思和冥想追问自己的存在究竟有什么意义，却不到自己的生活中感受事物的价值，这样的人最终找不到自己的存在意义。对于认真思考存在意义的人来说，最重要的是回到现实生活中实际地感受事物的价值，只要感受到事物的价值，就能领会自己的存在意义。感受到的价值越丰富，对存在意义的领会就越全面；感受到的价值越高远，对存在意义的领会就越深刻。

人所存在的世界是价值世界，充满了各种有价值的事物。其中有满足人的生存需要的事物，这些事物维护生命、健康和快乐，具有生存价值；有肯定人的智慧存在的知识、观念和意象，这些事物提升心灵的真、善、美的境界，具有思想价值；还有与人的社会存在相关的事物，这些事物促进人的尊

228

严、权利和友爱，具有交往价值。在人的周围有非常丰富的价值，这些价值都肯定人的存在，表现人的存在意义。不论谁的生活中都不缺少价值，即使他不能拥有某些事物，也仍然能够映现这些事物的价值。人只要不把价值等同于特定的事物，就不会为找不到价值而发愁。在价值的根源上人人都是圆满自足的，每个人的存在都蕴涵着相同的内在价值，这些内在价值是一切外在价值的根据。因此可以这么说，人不必占有什么东西，就可以拥有一切价值。人既可以把内在价值映现在这个事物上，也可以映现在那个事物上，而不必非要映现在自己所缺少的事物上。在各种事物上都可以映现价值，通过感受这些价值就可以领会自己的存在意义。然而由于人在感受价值时不可避免地受外在因素和自我因素的限制，往往不能全面地感受事物的价值，从而影响对自己存在意义的领会。人在以感官感受价值的时候，有时会因感官的迟钝而感受不到价值。一个人每天都吃山珍海味，就无法充分感受粗茶淡饭的价值。人在以心灵感受价值的时候，有时会因心灵的麻木而无法理解事物的价值。一个人整天沉浸在虚荣之中，就无法理解真正荣誉的价值。如果对限制人感受价值的各种因素有清醒的认识，将有助于更好地感受事物的价值。我们下面就考察一下有哪些因素在影响人对事物价值的感受，并简单地探讨如何克服这些不利的因素。

人在感受事物的价值时会受到欲望、兴趣和爱好的影响，因此对价值的感受难免出现一些偏差。人渴望获得欲望指向的事物，更容易感受这些事物的价值。例如一个饥饿的人更容易感受到食物的价值，一个干渴的人更容易感受到水的价值。人的欲望越强烈，对满足欲望的事物的价值感受就越强烈，会认为这种事物具有最高的价值。人对感兴趣的事物也很关注，会更多地被这样的事物所吸引。例如喜欢读书的人更容易感受书籍的价值，喜欢艺术的人更容易感受艺术作品的价值。兴趣往往是感受价值的向导，只有感兴趣才愿意去感受价值。而在感受价值时也会增强兴趣，于是兴趣和对价值的感受相互促进。人对某些事物具有特殊的爱好，更容易感受这些事物的价值。爱好有时候就是一种嗜好，所爱的东西也许没有太大的价值，可是因为爱好而觉得有非常大的价值。例如吸烟的人认为烟有很大的价值，酗酒的人认为酒有很大的价值，而实际上烟和酒没有多大的价值，甚至是有害的。人在感受价值的时候更愿意服从欲望、兴趣和爱好的引导，更容易感受相关事物的价值。不论什么样的事物，只要能够满足欲望，引起兴趣和爱好，人都会给予很高的评价。而对于其他事物则不太重视，即使这些事物有很大的价值，也往往视而不见，听而不闻。例如人们日夜呼吸的空气有很大的价值，可是很少有人能注意到它的存在，更不能感受到它那无可比拟的重要价值。由于人在感受价值时受这些主观因素的影响，只强调一部分事物的价值，而忽略其他事物的价值，所以往往不能恰如其分地感受事物的价值。不仅以身体和心理体验价值时如此，以心灵理解价值时也不能避免偏颇。虽然价值世界中有许许多多的价值，但是人就像管中窥豹一样，只能看到其中的一小部分，而不能把握其整体和全貌。

在以体验的方式感受的价值中，最常见的是快乐的价值。人们非常关注那些直接给人带来快乐的事物，把这些事物的价值看做是最重要的价值。人在感受这些事物的价值时，把握住了以快乐为内在价值的生存价值，然而常常因为过度关注快乐的价值而忽略其他价值，造成价值感受的片面性。快乐的价值在价值感受中占据非常突出的位置，因而使人误认为凡是价值都是快乐的价值。在以理解的方式感受的价值中，最容易把握的是受到大家共同关注的价值。例如财富、权力、荣誉是人们争相追逐的东西，它们的价值在人的价值感受中占有重要的位置。因为这些事物的价值给人留下的印象太深刻了，所以它们常常被当做是价值的代表。人在感受价值时还有一种倾向，比较容易感受稀缺事物的价值。例如钻石不过是一种天然矿石，可是因其稀少而成为富贵的象征，许多人把它的价值看得比生活必需品的价值还高。人们很容易感受到不常见事物的价值，但是对平常事物价值的感受却有些迟钝，总是有意无意地忽略这些最容易感受的价值。人在感受事物的价值时不仅受感受价值的能力限制，还受价值观念和价值倾向的限制。因为有许多主观因素干扰人的价值感受，所以在人的心目中形成的价值景象与价值世界的实际景象之间存在不小的差距。

人在感受价值时会出现所感受的价值不断衰减的情况。例如在饥饿的时候可以感受到食物有很大的价值，而在吃饱之后就感受不到食物有那么大的价值；在受冻的时候能感受到一件普通衣服的价值，而在温暖的时候只能感受到华丽衣服的价值。人在感受价值时喜新厌旧，更容易感受新奇事物的价值，而常常忽略平常事物的价值。当人刚刚拥有一件物品的时候，特别是他

230

非常希望得到这个物品的时候，会觉得这件物品有很大的价值。可是过一段时间之后，对这个物品的价值感受就会降低，不能像当初那样感受它的价值。到了最后，这件物品丝毫也不能引起他的兴趣，就把它当做无用的东西抛弃掉，再去追求那些新的看起来更有价值的东西。这种情况在以身体和心理体验价值时表现得最明显。同样一件东西不能一直让人感到快乐，要保持快乐的感受就要不断地变换事物，用最新奇的事物刺激自己的感官和神经。那些追求快乐的人总是变着花样追求新奇的东西，因为不这样就不能获得持续的快乐。人对事物价值的感受不断地衰减，这通常不是因为事物的价值改变了，而是因为人对价值的感受变得迟钝了。人在感受价值时应该培养一种能力，即在平常事物上不断地感受新鲜价值的能力。只有当人拥有这样的能力时，才能在日常生活中感受到常见常新的价值。

人在感受价值时还会出现这样的情况，拥有某种事物的时候往往不能感受其价值，而失去这种事物的时候才认识到其价值的重要性。比如一个人在拥有某件物品的时候往往对它的价值熟视无睹，而把它丢失之后才感受到这件物品其实有很大的价值；一个人身体健康的时候往往感受不到健康的价值，而一旦失去健康才认识到健康原来比金钱、地位更重要。人在感受价值时都有这样一个弱点，更容易感受自己所缺少事物的价值，而不能充分感受自己已有事物的价值。人在失去某种东西之后总是这样说，早知如此一定会珍惜那件东西的。然而失去的东西很难找回来，悔恨也来不及了。人在追求自己缺少的事物时，常常忽略已有的东西，因为感受不到已有事物的价值，所以更热切地追求不属于自己的东西。人总是抱怨自己缺少价值，而羡慕别人拥有的价值，殊不知那个被羡慕的人也在抱怨自己缺少价值，也在羡慕别人拥有的价值。例如某个人羡慕另一个人拥有一套漂亮的房子，而那个人则羡慕这个人有一个温馨的家庭。其实，每个人拥有的事物都有价值，并非只有其他人拥有的事物才有价值。拥有新的事物当然是重要的，但是能够感受已有事物的价值更重要。如果不能感受已有事物的价值，即使获得了想要的事物，也很快会厌倦其价值，还是觉得自己缺少价值。人在感受价值时应该更多地关注自己已经拥有的事物，只有在这些事物上感受到丰富的价值，才能体会到平凡的生活也是幸福的。

由于人在感受价值时受到以上种种因素的限制，所以有时不能充分地感受生活中的价值，不能对自己的存在意义产生足够的信心。实际上，在人的生活中从来也不缺少价值，只是缺少发现价值的眼睛和心灵而已。人只要具备感受价值的敏锐能力，再辅以不受欲望蒙蔽的健全心态，就一定能在周围事物上感受到丰富的价值，体会到自己生活的美好。虽然人与人的生活条件有所差别，有些人的生活条件更优裕一些，有些人的生活条件更艰苦一些，然而这种差别并不能决定人的价值感受是丰富的还是贫乏的。一个人即使没有优越的物质生活条件，只要不把感官快乐当做唯一的价值去追求，那么也能在生活中感受到多种多样的价值。而另一个人虽然过的是花天酒地的生活，但是除了感官快乐之外感受不到其他价值，那么这个人仍然会觉得自己的生活缺乏价值。人的生活状况只能影响人在什么事物上感受价值，而不能影响人在生活中感受到什么价值。人应该学会在任何条件下感受价值，这样就会发现自己的周围有丰富的价值，自己一直处在价值世界的中心位置。因为价值的根源在于人的存在之中，所以生活中的价值源源不断、永不枯竭。人只要用心地品味自己的生活，就可以感受到无穷无尽的价值，通过这些价值可以充分地领会自己的存在意义。

4. 人借助于自己的劳动和他人的存在可以获得超越有限存在的长远意义。

我们在思考人的存在意义时，不得不面对这样的现实：人的存在是有限的，不能永久地存在下去。这是由人的生物存在决定的。人既然作为一种生物就要遵循生物界的普遍法则，经过出生、成长之后走向衰老和死亡。对于有智慧的人来说，在思考自己的存在时预见到这个不可避免的结局是一件无可奈何的事情，也许对此一无所知更好一些吧。然而这是不可逃避的命运，必须拿出勇气勇敢地面对它。人当然对此不甘心，除了想方设法延长自己的生命之外，还努力使自己的存在意义保留得更长久。人明知不能改变存在的有限性，只有给自己的存在赋予更长远的意义才能得到一些安慰。那么，人如何赋予自己的存在以更长远的意义呢？又如何领会这种超越个体有限生命的存在意义呢？这是需要我们进一步思考的问题。

宗教对人的超越有限生命的存在意义作出了一种解释，给人指出了一条领会自己长远存在意义的途径。宗教通常把人的存在分为两个部分，一部分是肉体的存在，另一部分是灵魂的存在。肉体是有生死的，而灵魂没有生死。在肉体死亡的时候，灵魂离开肉体进入另一个世界，以另一种形式继续存在下去。有些宗教认为灵魂是不断轮回的，经过一定时间之后还会与肉体相结合，重新回到尘世之中。宗教一般都认为灵魂是人的真正存在，而肉体不过是暂时的寓所，因为灵魂是不朽的，所以人的存在是永恒的。宗教通过这样解释人的存在，使人的存在超越了肉体生命的有限性。这种解释对于因人生短暂而苦恼的人来说是一个福音，会让他领会到比尘世生命更为长远的存在意义。宗教还对人的灵魂的归宿作出进一步的解释。人的灵魂进入哪个世界，是美好的世界还是悲惨的世界，这是由人在现世的行动决定的。如果按照神的指示生活，多做善良的事情，其灵魂就能进入像天堂那样美好的世界，享受永生的快乐。而在现世放纵自己，多行不义之事，其灵魂就会进入像地狱那样悲惨的世界，接受应得的惩罚。经过宗教的这种解释，使人看到了行动的更高意义。信仰宗教的人不仅能够领会当下存在的意义，还能领会超越当下存在的更长远意义。

宗教对人的长远存在意义的解释依赖灵魂不死的观念。人只有接受灵魂不死的观念，才能理解在肉体死亡之后还会继续存在，并且保持永恒不灭的存在意义。可是，人真的有灵魂吗，灵魂真的不死吗？一旦怀疑灵魂不死的观念，就不能按宗教的解释领会长远的存在意义。在近代经验科学发展起来之后，灵魂不死的观念受到严重的冲击。科学只相信可以验证的东西，把不能验证的东西一概拒之门外。用科学的方法无法验证灵魂的存在，所以在科学之中灵魂被看做是虚假的东西。生物学和医学的发展越来越详细地告诉人们，人除了肉体之外一无所有，而肉体不过是各种物质元素的组合，最终会分解成无机物回归到自然界之中。随着心理学和脑科学越来越深入地把握思维、意识的机制，灵魂失去了最后的藏身之所。科学否定了人的灵魂，人的存在只剩下肉体的存在，而肉体的存在是有限的，根本没有无限的存在意义。科学以其理性主义精神把人寄托在灵魂和其他超越之物上的希望全给破灭了。在宗教兴盛的时代，以信仰为支柱的灵魂不死观念可以给人带来很大安慰，而在科学昌盛的时代，信仰的光辉已经变得黯淡，使人不得不毫无遮拦地直接面对人最终都要死亡的现实。科学在说明外在世界时无疑是非常合理的，它告诉人们世界的真实情况，但是在解释人的存在及其意义时缺乏人文关怀，不仅把人降低为生物，而且抽走了人手中最后一棵救命的稻草，把人的存在最后归于虚无的残酷事实摆在人的面前。科学在揭穿宗教的美丽"谎言"之后，自己却成了最无情的东西。

道德对人的超越个体有限性的存在意义作出了另一种解释，也给人指出了一条找到长远存在意义的道路。群体主义的道德观认为，人的存在有两个层面：一个层面是"小我"的存在，即个体的存在；另一个层面是"大我"的存在，即群体的存在。小我的存在是短暂的，而大我的存在是长久的。即使小我已经不存在了，大我还会继续存在。从人的大我存在可以看到人的存在超越个体的有限性。人的存在区分为小我的存在和大我的存在，相应地，人的存在意义也分为小我的存在意义和大我的存在意义。小我的存在意义不能超越个体生命的界限，但是大我的存在意义不受有限生命的局限。为了大我而存在的人可以领会到超越小我的存在意义，中国传统社会的群体主义就是这样看待人的存在及其意义的。群体主义把个体的存在扩展为群体的存在，首先扩展为家庭的存在，家庭的存在再扩展为家族的存在，家族的存在进一步扩展成为国家的存在，而国家的存在最后放大为整个人类的存在。人的小我存在经过不断放大最终成为大我的存在。如果人能够这样看待自己的存在就不会把存在意义局限在个体身上，而会从更大群体的角度理解自己的大我的存在意义。例如有一些人把自己的命运与民族的命运联系起来，为了民族的独立和解放献出自己的一生，这些人通过民族的事业找到了自己存在的更高意义。一个人只要不把自己的存在局限在小我之中，而是从群体的角度理解自己的大我存在，这样就可以领会超越个体存在的长远意义。

道德对人的长远存在意义的解释依赖群体至上的观念，人只有接受群体至上的观念才能理解作为群体的存在意义。在现代社会里这样的观念已经受到个人主义观念的严重侵蚀。个人主义把人看做是独立、自由的个体，这与群体主义的看法有很大的差别。在个人主义的指引下，人只能看到自己的小我存在，而看不到自己的大我存在。虽然个人主义也承认人存在于群体之中，可是不会把群体看做是人的另一种存在形式。个人主义把个体和群体对立起来，强调个体的存在比群体的存在更优先，个体的独立和自由比群体的统一和秩序更重要。个人主义认为群体对于个体是一种束缚，一心想把个体从群体中分离出来。在群体忽视个体并且压抑个体的时代，个人主义的出现有其合理之处，曾经与理性主义一起发挥过启蒙的作用。但是，当它把人从群体中分离出来之后，使人变成了无依无靠的孤独存在者。个人主义能够给人的存在赋予什么意义呢？它无论如何也不能赋予超越个体有限性的长远存在意义。如果向个人主义追问人的存在有什么意义，它只能闪烁其词地回答：人生是短暂的，赶紧享乐吧！事实上，个人主义和享乐主义有密切的联系，凡是在个人主义流行的地方总会听到享乐主义的呼声，而在享乐主义泛滥的地方总能看到个人主义在推波助澜。个人主义和享乐主义的缺点也很相近，它们只能解释人的存在的短暂意义，而不能解释人的存在的长远意义。个人主义消解了群体主义道德所解释的人超越个体有限性的存在意义，而它自己只能给人提供感官享乐这种肤浅而易逝的存在意义。

在现代社会中，由于具有彻底怀疑精神的理性主义否定了灵魂不死的观念，所以依靠宗教已经很难令人信服地解释人的存在的长远意义；由于强调个体的个人主义把人从群体中独立出来，所以依靠道德也已经不能让人领会超越个体有限性的存在意义。理性主义和个人主义动摇了宗教和道德关于人的存在意义的解释，却不能给出比它们更好的解释。按照理性主义和个人主义的解释，人的存在不过是满足生存需要的生物存在，除了感官享乐之外没有更高的存在意义。它们勉强可以解释人的存在的当下意义，却不能解释超越当下的长远意义。人在享乐的时候的确能够领会到存在的意义，可是一旦无法享乐时就会陷入找不到存在意义的虚无之中。用于享乐的物质条件总是有限的，而对享乐的欲望总是无限的，所以通过享乐感受存在的意义并不可靠。以感官享乐领会自己存在意义的人不能停止享乐，必须在不断的享乐之中回避对长远存在意义的思考。如果停下来想一想，人的一生难道就是用来享乐的吗？这样就会陷入任何享乐都无法弥补的空洞感，随着这种空洞感会落入无边的虚无之中。因为人的存在是有限的，所以需要领会无限的意义。只有领会无限的意义才会对自己的存在充满信心。理性主义和个人主义不能解释人的存在的长远意义，不能满足人的这种要求。在这一点上，宗教和道德的解释比理性主义和个人主义的解释更高明，它们可以解释比个体的有限存在更长远的意义。凡是有宗教信仰和道德信念的人都能领会到这样的存在意义，不会出现由于找不到存在意义而导致的内心焦虑。但前提是必须接受灵魂不死或群体至上的观念，而这些观念已经遇到了自身的合理性问题。在宗教的解答和道德的解答已经出现危机，而理性主义和个人主义的解答还不能令人满意的情况下，有必要从新的角度重新解释人的存在意义，说明人如何才能领会更长远的存在意义。

我们再接着前面对人映现价值的存在意义的解释，进一步解释人的有限存在何以具有长远的意义。在解释人的长远存在意义时面临一个根本性困难，人的存在是有限的存在，怎么能获得超越生命期限的长远意义呢？对于这个困难，宗教用不朽的灵魂突破人的存在的有限性，而道德则用比个体更大的群体超越人的存在的有限性。它们不把人的存在看做是有限的存在，所以能够解释存在的长远意义。而理性主义和个人主义不能说明人如何超越存在的有限性，所以不能解释人的存在的长远意义。我们从映现价值的角度解释人的存在意义，同样也要面对这个困难，不得不在有限的存在中寻找无限的意义。人的存在的基础是生物存在，生物存在的有限性决定了人的存在的有限性。这是我们必须接受的前提，如果否认这一点就违背了科学精神。人只有存在的时候才能映现事物的价值，不再存在的时候就不能映现事物的价值。显而易见的是，人的存在终结之后就不会有映现价值的存在意义了。人的存在映现的价值都是即时显现的价值，这些价值随着人的出现而出现，并随着人的消失而消失。在这里看不到任何永久的东西。从映现价值的角度比较容易解释人的存在的当下意义，可是要解释人的存在的长远意义还需要做进一步的努力。如果人的存在映现的价值能够以某种形式保存下来，那么就有理由确认人的存在意义可以超越个体生命的有限性。我们就要在这个思路上寻找解决问题的办法。问题的关键是，人如何把自己存在所映现的价值保存下来呢？在保存下来的价值上又如何领会长远的存在意义呢？

我们用保存语言意义的方法做类比说明保存价值的方法。语言的意义与事物的价值有很多相似的地方。它们都不是独立存在的东西，必须通过语言或事物表现出来。另外，它们都与人的存在相关，语言的意义是由人赋予的，事物的价值是由人映现的。有些时候人们把价值也看做是一种意义，把有价值的事物称为有意义的事物。因为价值与意义有这种相似性，所以根据

236

保存意义的方法说明保存价值的方法是合理的。我们就来看一看语言的意义是如何保存的。当人说出一句话的时候，这句话里包含一定的意义。如果这句话没有记录在纸上或记忆中，那么它的意义很快就会随着声音一起消散，就像从来没有说过一样。对于语言的意义不能像保存物品那样保存，必须把它转换成符号才能保留下来。符号和意义是有区别的，符号并不是意义本身，它不过是意义的记号。记录在符号中的意义可以长时间地保存，只要这种符号还有人能理解，其中的意义就能被解读出来。古代人的文化思想就是这样保存下来的。例如通过甲骨文可以了解中国殷商时期的历史，通过羊皮纸上的文字可以把握古希腊思想家的思想，等等。人的存在映现的价值也可以用类似的方式加以保存。用来保存价值的载体就是人的创造物。当人根据自己映现的价值创造出一个事物的时候，在这个事物中就保存了他所映现的价值。人的存在映现的价值只有在创造物上才能保存更长的时间，就像语言的意义保存在符号中可以跨越历史的长河一样。例如一位建筑师建造了一座建筑物，在这座建筑物上就保存着他所映现的价值，这些价值存留的时间要比建筑师的生命更长久。再如一位音乐家创作出一部音乐，在这部音乐里凝结着他所映现的价值，这些价值在音乐家辞世之后还能继续向他人显现出来。我们在类比的意义上可以把人的创造物看做是用于保存价值的"符号"。

人的存在映现的价值都是即时显现的价值，不加以保存就会随着人的存在的变化而消散。想要更长久地保存自己的存在所映现的价值，就必须通过劳动和创造把它们凝结到事物上。例如人在鲜花盛开的草地上欣赏到美，这是把美的价值映现到这些事物上的结果。可是这样映现的价值不能长期保留，只要人离开这片草地它们就消失不见了。只有当人拿起一支笔用线条或文字把映现出来的美记录下来，这样才能使"美"的外在价值更长久地保存下去。人在保存其映现的价值时必须借助劳动及其创造物。人的创造物是多种多样的，诸如生产活动的产品、科学研究的成果、政治活动的成就等等。人在存在过程中创造的任何东西都属于人的创造物，就连一个人向另一个表示友好的微笑也算得上是人的创造物。不论是什么样的创造物都有这种作用，它能够把人在当下映现的价值记录下来，使之超越人的存在的个体性和有限性。虽然有些创造物的存续时间不太长久，但是它同样能使价值超越个体的范围为他人所感受。人的创造物并不单纯是事实性的存在物，其中必定记录着人的存在映现的价值。比如说一位农民种植一片庄稼，在这片庄稼上记录着他所映现的生存价值；一位思想家提出一种理论，在这种理论上保存着他所映现的思想价值；一位改革家制定一项政策，在这项政策上体现着他所映现的交往价值。除了人的劳动创造物之外，没有其他什么东西可以用来保存人所映现的价值了。我们在强调创造物的重要性时不能忘记人的劳动，创造物只是用来记录价值的载体，而劳动才是保存价值的关键所在。人们通常把通过劳动保存价值的过程称为"创造价值"。虽然这种说法不太准确，但是能够表明劳动的重要性。在劳动中人的存在得到展现，其映现的价值得以保存，因此可以说劳动是人的存在获得长远意义的根本途径。

通过创造物保存价值还会遇到一些问题，首先是保存在创造物中的价值与人的存在所映现的价值并不完全相同。人的存在映现的价值都是鲜活的价值，而保存在创造物中的价值是凝固的价值。凝固的价值处于沉寂的状态，不能等同于当下映现的价值。这就像保存在文字中的意义与正在交谈的话语意义有区别一样。正在交谈的话语表达的是生动的意义，而保存在文字中的意义则是凝固的意义。凝固的意义不能直接发挥作用。只有当人理解文字的含义时，保存在文字中的意义才被激活，成为人的思想中的实际意义。保存在创造物中的价值也是如此，只有当人的存在映现该创造物时，这些价值才被激活成鲜活的价值。例如一个画家把美的价值保存到艺术作品上，没有人欣赏这幅作品时其美不能表现出来，而当有人欣赏这幅作品时其美的价值才会再次显现出来。在人的创造物上保存着的价值并不是独立于人而存在的价值，它只能在人的存在的映照下显现出来。这就像记录在书本上的话语，在没有人理解它们的时候，它们的意义还不是实际的意义，不会对人的思想产生现实的影响。只有当某个人来解读这些话语的时候，它们的意义才会显现出来，成为实际的意义。人在创造物上保存的价值也是这样，当创造物放在某个地方，没有人来映现它的价值时，它就如同没有价值一样，不会自动地显现出价值。保存在创造物上的价值只是"潜在"的价值，与现实的价值有很大的区别。"潜在"的价值只有在人的存在的映现下才成为现实的价值。

这里还有一个比较麻烦的问题：一个人要通过创造物获得长远的存在意义，就必须依靠他人的存在来映现创造物的价值。虽然这个人自己也能映现创造物的价值，可是这样并不能使自己的存在意义超越自己的存在。例如某个人制作一份食物，制作完之后自己吃掉了，这份食物上的价值就不能体现他的长远存在意义。只有当人的创造物进入他人存在的范围，由他人的存在重新映现出价值时才能确证人的存在具有长远的意义。因此他人的存在就具有特别的意义。如果没有他人的存在，没有他人映现创造物的价值，那么人的存在意义就不能超越自我存在的有限性。在这一点上，人应该感谢他人，因为他人的存在，自己的存在才有长远的意义。关于人与他人的关系，萨特曾经说过这样一句话：地狱，就是他人[1]。从追求个人的绝对自由的角度来说，他人的存在的确会对人的自由产生一些限制和阻碍的作用。但是从人获得长远的存在意义来说，他人不仅不是"地狱"，相反是人的存在意义得以永生的"天堂"。当然，他人也会感谢为他提供创造物的创造者，因为人的创造物比自然存在物更便利、更好用，更有益于人的存在。例如人所创造的食物、衣服、住房、工具等等比从自然界直接获得的物品更符合人的要求，人们更愿意使用经过人的劳动改造过的创造物。对于一个创造者来说，最让他感到欣慰的是自己的创造物能够对他人的存在发挥积极的作用，在他人存在的映现下显现出价值，并使自己的存在获得长远的意义。

人与人的存在是不完全相同的，一个人用创造物保存下来的价值能不能被他人的存在所映现，这的确是一件让人有些担心的事情。在语言意义的理解上就经常遇到不能完全还原意义的情况，有时候丢失了原初的意义，有时候附加上原本没有的意义，致使意义被曲解。要想保证语言的意义能够被准确地解读，就必须有一致的语言规范和解释背景，否则很容易出现曲解和误解。然而在映现价值方面，这样的担心是不太必要的。虽然人的具体存在各不相同，但是人的存在所蕴涵的内在价值是一样的。每个人的生物存在都蕴涵着生存价值的内在价值，即生命、健康和快乐；智慧存在都蕴涵着思想价值的内在价值，即真、善、美；社会存在都蕴涵着交往价值的内在价值，即尊严、权利和友爱。不论是古代的人还是现代的人，也不论是东方的人还是西方的人，其存在所蕴涵的内在价值都是相同的。由于人的存在蕴涵的内在价值是一样的，所以映现到事物上的外在价值也是非常相似的。人通过劳动

---

[1] 这是萨特的戏剧《隔离审讯》中的一句台词。参见《萨特文集》第5卷，李恒基译，人民文学出版社2000年版，第147页。

把自己存在所蕴涵的内在价值映现到创造物上，并借助创造物保存下来。这些创造物进入他人存在的范围，他人把同样的内在价值映现在这些创造物上，从而显现出大致相同的外在价值。例如农民种植的粮食在他人那里也会显现出生存价值，思想家提出的理论也能提升他人的心灵境界，改革家制定的政策也有利于他人的社会存在。从外在价值的具体显现来看可能有一些差异，但是从作为根源的内在价值来看是完全相同的。外在价值的一些差异不会完全掩盖价值的内在一致性，因为毕竟是以相同的内在价值为根据映现出来的。

人的存在映现的价值可以保存在创造物中，借助于创造物能够长久地延续下去。即使人的存在已经终结，但他所映现的价值不会完全消失，仍然会保留在他的创造物上，在他人存在的映现下还能重新显现出来。根据这一点可以说，人映现价值的存在意义可以超越个体生命的有限性。得出这个结论对于以有限人生追寻长远存在意义的人来说是一个莫大的鼓舞。虽然人的存在延续的时间并不长久，但是人可以通过劳动及其创造物使自己的存在具有长远的意义。这里有两个关键因素：一个因素是人的劳动，只有通过劳动把价值保存在创造物上才有可能获得长远的存在意义；另一个因素是他人的存在，只有依靠他人的存在才能真正地获得超越自身的长远意义。人的存在意义是否足够长远，这要看人的创造物是否对他人发挥重要而长久的作用。如果人的创造物对他人发挥的作用比较重要，而且对后世产生的影响比较深远，那么人的存在意义就是比较长远的。一般来说，精神性创造物比物质性创造物存留的时间更长，例如科学知识、道德观念、艺术作品等可以跨越不同时代，由这样的创造物确证的存在意义显得更长久。即使那些比较容易消耗的物质创造物的价值也不会完全消失，这些价值可以转移到其他人的创造物上，通过更多他人的存在不断地流传下去。我们可以乐观地说，人的存在意义是没有最后期限的，随着人类的发展可以延伸到更遥远的未来。

我们用"人是一盏灯"的比喻也可以说明人的存在的长远意义。一盏灯不仅能够发光，而且能够发热。它发出的光照亮周围的世界，使物体显现出五颜六色的光彩；它发出的热温暖周围的世界，使冰冷的物体获得一些热量。比如太阳这盏灯，它不仅照亮了大地，而且给万物带来了生机。地球上的一切生物都离不开太阳，只有借助太阳发射的热量才能正常地生存。任何一盏灯都会发出一些热量，使周围的世界变得更加温暖，区别只在于有些灯发出的热量更多一点，有些灯发出的热量更少一些。人的存在也发出"光"和"热"。他发出的"光"是映现在事物上的价值，而发出的"热"是保存在创造物上的价值。在一盏灯熄灭的时候，它发出的光会消失，可是它发出的热会继续保留在周围的物体上。我们不能说一盏灯熄灭之后它的存在意义完全消散了，同样也不能说一个人走到生命尽头之后就失去了全部的存在意义。人的存在的终结并不是人的存在意义的终结，这是因为人映现的价值还保存在创造物中，他的创造物还对他人的存在产生积极的影响，他的存在意义还在人间留传着。当我们看到古埃及的宏伟建筑、古希腊的哲学思想、古代中国的文化成就时，就会确信古代人的存在意义至今还没有消散。一盏灯只要点亮过，它的存在意义就不会完全消失；一个人只要存在过，他的存在意义就不会归于彻底的虚无。

接下来的问题是人如何才能领会超越自己有限存在的长远意义。人要领会自己存在的长远意义，就必须理解自己劳动的更高意义，只有理解了这样的意义才能领会自己存在具有的长远意义。例如一位工人生产一件产品，如果他理解到自己的工作不仅有养家糊口的意义，而且能够给他人的生活提供便利的条件，那么就能领会自己存在的长远意义。再如一位艺术家创作一幅作品，如果他认识到自己的创作活动不仅表达了个人的审美感受，还能给更多人带去审美的素材，那么就能领会自己超越个体有限性的存在意义。人在自己的劳动中可以理解两个方面的意义：一个方面是对于自己存在而言的意义，例如满足自己的生存需要、维护自己的社会地位等；另一个方面是对于他人存在而言的意义，例如肯定他人的存在、满足他人的需要等。仅仅理解劳动对于自己存在的意义是不够的，这样只能领会当下的存在意义，而不能领会超越有限存在的意义。一个只为了自己的利益而劳动的人是不知道自己的存在有长远意义的。利己主义者为了自己的利益也会劳动，可是在劳动中只能发现实现个人利益的短浅存在意义。而利他主义者能把自己的劳动与更多人的福利联系起来，从中可以领会超越个体存在的长远意义。利己主义和利他主义是两种对立的价值观，从实现长远存在意义的角度来说，利他主义比利己主义更合理。人为什么要做有益于他人的事情，除了功利和道义的理由之外还有一个更高的理由，那就是为了使自己的存在获得更长远的意义。

　　人要理解在劳动中形成的长远意义就要感受创造物对于他人的价值。人的创造物既可以用来满足自己的需要和要求，维护自己的存在，也可以用来满足他人的需要和要求，维护他人的存在。例如一位工匠生产一件产品既可以自己使用，也可以卖给他人使用。自己使用时显现出对自己的价值，他人使用时显现出对他人的价值。当人感受到创造物对于自己存在的价值时，就理解了劳动和创造的短浅意义，领会了自己存在的当下意义。可是只停留在这个层面上还不能充分领会自己存在的长远意义。因为这样的价值不会超过自己存在的限度，由此体现的存在意义不会太长远。只有当人感受到自己的创造物对他人的价值时，才能领会到超越个体局限的长远意义。我们说过，价值都是向特定的人显现的价值，每个人只能感受对于自己的价值，那么人如何理解自己的创造物对他人显现的价值呢？人是以推己及人的方式做到这一点的。一个人感受到某种创造物对于自己的价值时，他就认为他人也会感受到同样的价值。例如一个人把自己喜欢的东西送给他人，就是认为他人也会像自己一样喜欢这件东西。在大多数情况下这种替人感受的方式是可靠的，会得到他人的赞同。这是因为人的存在都蕴涵着相同的内在价值，依据这些内在价值可以理解他人感受的价值。人通过劳动为他人创造有价值的事物，从而为自己创造超越个体存在的长远意义。

　　人的存在有两种意义：一种是当下的意义，这种意义通过映现价值表现出来；另一种是长远的意义，这种意义通过创造价值（即通过劳动把映现的价值保存在创造物上）表现出来。当我们讨论人的存在意义时，应该区分这两种意义。从人的存在的当下意义来说，人与人的存在意义是一样的。任何人的存在都能映现出价值，都有映现价值的存在意义。可是通过劳动和创造获得的长远存在意义是有差别的。有些人创造出更多有益于他人的创造物，在他人的存在面前显现出更多、更久的价值，因而具有了更长远的存在意义。而有些人没有创造出多少有益于他人的创造物，他们映现的价值没有得到有效的保存和延续，因而不具有超越个体存在的长远意义。这就是说，当下的存在意义是所有人都具有的存在意义，而长远的存在意义是个别人具有的存在意义。例如一位科学家在科学上作出了重大发现，给后世的人们提供了重要的知识，这位科学家的存在就具有长远的意义。而一个庸庸碌碌的人只知道享乐，没有对他人和社会作出多大的贡献，这个人的存在就没有那么长远的意义。在当下的存在意义上所有人都是平等的，不能否定任何人的存在意义。可是在长远的存在意义上人与人是有差别的，只应该肯定那些对社会作出贡献的人所具有的存在意义。人要使自己的存在意义更长远，单凭映现事物的价值是办不到的。人映现的价值都是短暂的，一旦存在结束了，映现的价值也就消失了。人只有通过劳动创造出有益于他人的创造物，在创造物中保存自己映现的价值，这样才能使自己的存在具有更长远的意义。

有一些人想通过在历史上留下美名使自己的存在获得长远的意义。在历史上的确留下了许多伟大人物的名字，其中有思想家，例如孔子、老子、苏格拉底、柏拉图、亚里士多德等；有科学家，例如欧几里得、伽利略、牛顿、爱因斯坦等；有军事家和政治家，例如秦始皇、唐太宗、成吉思汗、亚历山大、拿破仑等；有宗教人物，例如释迦牟尼、耶稣、穆罕默德等。这些伟大人物的名字令后世的人们不断地吟诵。毫无疑问，这些人的存在都有长远的意义，直到今天我们仍然能够感受到他们的存在意义。为了"名留青史"，有些人把自己的名字镌刻在不易腐朽的花岗岩上，有些人给自己建造巨大的纪念碑，这些人想通过让别人知道自己的名字延续自己的存在意义。这种心情是可以理解的，然而这种做法是愚蠢的。难道把名字镌刻在花岗岩上或纪念碑上就能获得长远的存在意义吗？其实，人的名字并不重要，那不过是一个代号而已。即使自己的名字不为人知，只要通过自己的劳动创造了有益于他人的事物，其存在就有长远的意义。比如说一位普通的修路工人参加修建了一条公路，走在这条公路上的人们并不知道这位建设者的名字，可是这并不影响他的存在所具有的长远意义。对于追求虚荣的人来说，在历史上留下名字当然是重要的，而对于想要真正获得长远存在意义的人来说，唯有通过劳动给更多的人创造有益的东西才是最重要的。

人要使自己的存在获得更长远的意义，就应该参与到人类的共同事业中来。如果一个人只是为了个人的事业进行劳动，比如为了获得更多的财富、更高的地位而工作，那么不能使自己的存在获得最高远、最长久的意义。人只有参与到人类的共同事业中，与其他无数的人一起劳动和创造，才能使自己的存在超越个体的狭隘性，获得更长远的存在意义。个人的事业是渺小的、短暂的，人类的共同事业才是宏大的、长久的。人类的共同事业有更高远的目标，例如为了社会的进步、世界的和平、人类的发展等等。在这

第五章　人映现价值的存在意义

些远大目标面前，个人事业的目标显得微不足道。一个人可以有自己的个人事业，但应该把个人事业与人类的共同事业结合起来，这样才能获得更高的存在意义。任何人都可以从这样三个方面参与人类的共同事业：第一个方面是参加社会的物质生产活动，创造出丰富的物质产品，保障和提高更多人的物质生活。第二个方面是参与人类的思想创新活动，发现正确的知识、探索高远的观念、创造美好的意象等等，以此丰富人们的精神生活。第三个方面是积极地参与交往活动，与其他人一起在平等的基础上建立互尊、互利、互爱的社会关系，共同营造和谐的社会生活。人只要在这三个方面积极地劳动和创造，其存在意义就会像人类共同事业一样长远。参与到人类的共同事业中，不论是做轰轰烈烈的大事，还是做普普通通的小事，人都可以通过自己的劳动及其创造物领会到超越个体生命的长远存在意义。

5. 幸福就是人对自身存在之美好的体会。体会幸福的 途径是感受事物的价值和领会存在的意义。

我们已经解答完人的存在意义，再来探究一下生活的幸福。生活的幸福与存在的意义一样，都是人所渴望和向往的东西。而生活的幸福似乎对人有更强的吸引力。人们对生活幸福的渴望甚至超过对存在意义的追求。有一些人不太在乎自己的存在是否有意义，但没有一个人不想过上幸福的生活。每个人都在如饥似渴地追求幸福，都把幸福生活看做是奋斗的目标。然而，人们对什么是幸福有不同的看法，有些人认为享乐是幸福，有些人认为沉思是幸福，有些人认为奉献是幸福，有些人认为信仰是幸福。人们追求幸福的方式也是多种多样的，有人通过聚敛物质财富追求幸福，有人通过提高社会地位追求幸福，有人通过建立美好家庭追求幸福，有人通过修身养性追求幸福。生活的幸福显得比存在的意义更加扑朔迷离。人们都在思考，幸福究竟是什么，怎样才能获得幸福？

关于幸福最流行的解释是快乐主义的解释——幸福就是快乐。快乐主义用快乐衡量幸福，认为快乐和幸福就是一回事。许多人都是这样看待自己的生活，用是否快乐判断生活是否幸福。如果在生活中获得了快乐，就认为这种生活是幸福的；相反，在生活中不能获得快乐，就认为这种生活是不幸福的。人们也根据是否快乐去判断别人的幸福。当看到一个人生活得很快乐时，就说这个人是幸福的人，而看到一个人生活得不快乐时，就说这个人是不幸福的人。父母都希望自己的孩子幸福，所以想方设法让自己的孩子快乐起来。相爱的人都想给对方带来幸福，所以努力为对方提供产生快乐的条件。人们一提起幸福，总会想到快乐，把快乐和幸福当做是合二为一的东西，认为幸福的生活就是快乐的生活，而快乐的生活也是幸福的生活。在当今社会，快乐主义的幸福观占据着主流地位，几乎成了衡量幸福的唯一尺度。即使不知道快乐主义为何物的人，也都自发地遵循着快乐主义的幸福观。

把幸福看做是快乐有一定的道理，因为幸福的生活必定伴随着快乐。即使快乐不是幸福的标准，至少也是幸福的标志。这里的问题在于如何看待快乐，把什么样的快乐看做是幸福。现代流行的快乐主义与伊壁鸠鲁主义的快乐主义有很大的区别。伊壁鸠鲁主义的快乐主义特别重视内心的快乐，而现代流行的快乐主义只强调感官的快乐。只强调感官快乐的快乐主义其实就是享乐主义。有许多人把生活的幸福与感官的快乐联系起来，希望借助于感官的快乐实现自己的幸福。这些人为了获得快乐，不断地用外物刺激视觉、听觉、嗅觉、味觉和触觉，以为这样就能实现幸福。可是在感官上获得的快乐都是短暂的，外在刺激结束之后很快就会消失，想要保持快乐就要不断地刺激感官。而感官对刺激又是喜新厌旧的，一种享乐方式不能给人带来持久的快乐，必须不断地变换享乐方式才能获得新的快乐。把快乐作为追求目标的人对感官的快乐是贪得无厌的，在获得一些快乐之后还想获得更多的快乐，在获得一种快乐之后还想获得更好的快乐。当日常的快乐不再能满足要求的时候，就会采取极端的方式寻求过度的快乐。例如吸毒的人为了体验强烈的快乐而使用毒品。如果一味地追求感官上的享乐，不仅不能实现幸福，而且还会造成不幸的结局。通过感官享乐寻求快乐和幸福，只能获得浅层的快乐和表面的幸福。人的真正快乐是内心深处的快乐，比如通过思想和交往获得的快乐，只有获得这样的快乐才能形成更深沉、更稳定的幸福感。

功利主义不仅把幸福看做是个人追求的东西，而且看做是社会追求的目

第五章　人映现价值的存在意义

标，提出"最大多数人的最大幸福"的口号[1]。不可否认，功利主义的这个口号还是很有号召力的。把人的幸福而且是最大多数人的幸福作为共同追求的目标不是很合理吗，一个社会能够让更多的人获得最大的幸福不是最美好的社会吗？可是，进一步追问功利主义对于幸福的看法，就会发现他们所说的幸福原来就是感官的快乐。尽管功利主义也不否认道德行动带来的快乐比感官的快乐更好，但是它最重视的还是感官上的快乐。因为感官上的快乐更容易获得，也更容易进行功利的计算。功利主义的幸福观其实就是享乐主义的幸福观，这种幸福观对现代社会的发展目标产生了深远的影响。现代社会所追求的目标是让更多的人获得更多的感官快乐，为此生产出大量的物质产品，以便更好地满足人的需求和欲望，让人获得更多的快乐。现代社会也重视科学研究等精神生产活动，但是科学发现的成果不是用来提升心灵的境界，而是用来提高物质生产的效率，最终目的是通过物质产品给人带来快乐。不仅科学是如此，就连超功利的艺术也被用来满足人的感官享乐的要求。生活在现代社会里的人们看起来是很快乐的，至少在感官享乐时是很快乐的。可是，人们并没有因此形成充实、持久的幸福感，反而在欲望的不断膨胀中觉得自己不幸福，仍然为找不到幸福而苦恼。

幸福的生活应该是快乐的，没有快乐的生活很难说是幸福的。可是仅仅有快乐也未必就是幸福。我们做一个思想实验。假如有一种能够植入人体的生物芯片，这种芯片能够掌握人的生理和心理的全部情况，并且能够适时发出脉冲信号刺激人的神经系统，让人产生如同感官享乐一样的快乐感觉。这个芯片还能够根据人的身体和心理状况调整刺激的方式和强度，不至于使人因为神经疲劳而失去对快乐的感觉。假如有这样一个人，刚刚出生时就被植入了这种芯片，于是一生都处于飘飘欲仙的快乐状态。这个人从早晨醒来一直到晚上进入梦乡，总是感觉到无比的舒服和快乐，甚至在芯片的安排下睡梦中见到的也都是快乐和甜蜜的事情。如此日复一日、年复一年，直到最后没有痛苦地死亡为止。这个人无疑是非常快乐的，任何生活在现实中的人都

---

[1] 边沁说："功利原理是指这样的原理：它按照看来势必增大或减小利益有关者之幸福的倾向，亦即促进或妨碍此种幸福的倾向，来赞成或非难任何一项行动。我说的是无论什么行动，因而不仅是私人的每项行动，而且是政府的每项措施。"（边沁：《道德与立法原理导论》，时殷弘译，商务印书馆 2000 年版，第 58 页）

不可能达到这样的快乐，可是这个人是幸福的吗？他所体验的快乐是没有实际内容的快乐，通过这样的快乐是体会不到幸福的。如果只要获得快乐就算是幸福的话，那么一头吃得饱睡得香的猪也称得上是幸福的。人的幸福不是单纯的感官上的快乐，更不能简单地归结为神经系统的兴奋状态。一个整天享乐的人未必能够体会到生活的幸福，而一个过苦行生活的人却更清楚幸福是什么。获得幸福要比获得快乐复杂得多，并非获得了快乐就获得了幸福。幸福总是与快乐为伍，但快乐并不是幸福本身。即使把所有的快乐加在一起也不等于幸福。根据快乐解释幸福并不准确，通过快乐追求幸福并不可靠。我们必须在幸福和快乐之间划清界限，这样才能找到真正的幸福。

人们有时还把幸福看做是生活的某种客观状态。例如把过上充裕的物质生活看做是幸福，把拥有美满的家庭看做是幸福，等等。只要某个人的生活处于大家共同期望的理想状态，大家都会说这个人是幸福的。人的生活应该达到和保持比较好的状态，有这样生活的人才会是幸福的。如果一个人没有必要的生活条件，每日被饥饿、劳苦、伤痛所困扰，那么这个人很难说是幸福的。优越的生活条件有助于人体会生活的幸福，而艰难的生活条件容易让人产生悲观失望的情绪。仅就一般情况而言，富有的人比贫穷的人更幸福，高贵的人比低贱的人更幸福，有名望的人比没有名气的人更幸福。于是人们就把财富、地位、荣誉等看做是幸福的指标，认为人的生活只要达到这些指标就是幸福的。可是拥有财富、地位、荣誉的人未必就是幸福的人。他也许正在为得不到爱情而伤心，或者因为失去健康而痛苦，这样的人怎么能称得上是幸福的人呢？为此就要给幸福增加新的指标，例如把爱情和健康作为幸福的必要条件。如此增加下去必然要把所有美好的东西都当做是幸福的指标，因为缺少其中任何一个东西都有可能使人感到不够幸福。可是把所有美好的东西都当做是幸福的指标，这些指标也就失去了指标的作用，而且利用这些指标也未必能够真正地衡量幸福。一个人的生活符合幸福的全部指标，可是这个人对自己的存在没有美好的体会，这个人仍然不能叫做幸福的人。幸福的人必须是觉得自己幸福的人。如果一个人不觉得自己是幸福的，不管拥有什么样的条件也不能叫算做幸福。可见，人的幸福并不是生活的某种客观状态，而是与人如何看待自己的存在和生活有很大的关系。我们在衡量一个人是否幸福时必须参考他本身的感受和体会，既不能把一个觉得不幸福的人称为幸福的，也不能把一个觉得幸福的人称为不幸福的。

那么，幸福究竟是什么呢？幸福就是人对自身存在之美好的体会。人的存在是美好的，这可以从人在价值世界中的存在状况得到确证。人以其存在映现出周围事物的价值，这些有价值的事物构成肯定人的存在的价值世界。在价值世界中，人处于中心的位置，各种有价值的事物围绕在人的周围。对于自身的这种美好存在，人可以通过感受事物的价值来体会。在周围事物上感受到的价值越多，对自身存在之美好的体会就越深。如果一个人体会到自身的存在是美好的，那么这个人就是幸福的，而体会不到自身的存在是美好的，那么这个人就不是幸福的。体会幸福与体验快乐是不同的，体验快乐凭借的是身体和心理，而体会幸福凭借的是有智慧的心灵。人在体验快乐的那一刻还不是幸福的，只有当他从快乐的体验中体会到自己的存在是美好的，这时才是幸福的。体会幸福和拥有良好的生活状态也不是一回事。一个人拥有令人羡慕的生活并非就是幸福的，只有当他从这种生活中体会到自己的存在是美好的，这时才是幸福的。幸福还是不幸福，这取决于人对自身存在是否有美好的体会，有美好的体会才是幸福，没有美好的体会就不是幸福。幸福是人对自身存在的一种体会，但是这并不是说幸福是完全主观的东西。人对自身存在的美好体会有其客观的依据，这个依据就是人的存在本身是美好的。人只要有合适的条件和良好的心态，就能体会到自身存在的美好，就能获得自己的幸福。

人在体会到自身存在之美好时形成幸福感。幸福感是一种美妙的感觉，这种感觉不同于快乐的感觉。快乐感是一种畅快的感觉，就像波涛翻滚的河水一样；而幸福感则是一种甜蜜的感觉，就像春波荡漾的池水一样。看一看幸福的人脸上的表情，再看一看快乐的人脸上的表情，就能发现幸福比快乐更含蓄，更有深度。感受到快乐的人更想把快乐表达出来，而体会到幸福的人更愿意在内心独自品味幸福。快乐的感觉更直接、更强烈，而幸福的感觉更绵长、更深沉。有些快乐接近于疯狂，以大笑、狂奔等形式表现出来。而幸福感则显得很文静，甚至带有一些羞怯。从这些表现可以看得出来，快乐和幸福是有区别的。从形成快乐和幸福的过程也能看出这种区别。快乐通常是由外在事物引起的，而幸福只能来自于自身的存在。快乐的感觉在外物的刺激下瞬间就能形成，比如在干渴的时候喝一杯冷饮，在寂寞的时候看一段娱乐节目，马上就能体验到快乐。而幸福感必须经过细心地品味自己的生活之后才能形成。如果问一个人是否快乐，他马上就能作出回答。因为快乐是表层的东西，很容易就能感受得到。而问一个人是否幸福，他必须思考一下自己的存在，迟疑一会儿才能作出回答。当然也有人马上能够作出回答，这是他经常体会自己存在的结果。幸福比快乐更隐秘，只有用心体会才能把握。由于这个缘故，许多人经常是身在福中不知福，体会不到自己的存在是美好的。

　　人们在谈论幸福时通常指的是生活的幸福。生活就是人的存在的现实表现，在现实生活之外不会有人的存在。说生活是幸福的与说人的存在是幸福的，这两种说法是一致的。当人体会到自己的生活是美好的，也就是体会到了自身的存在是美好的，而这就是人的幸福。人在体会生活的幸福时需要一定的生活条件。比较宽裕的物质生活，比较充实的精神生活，比较和谐的社会生活，这是体会幸福比较理想的条件。在物质生活中，当人拥有比较充裕的物质条件时，不仅可以保障自己的生命和健康，而且可以享受必要的快乐，很容易就能从中体会到自己的生物存在是美好的。这种幸福是物质生活的幸福。物质生活的幸福与感官快乐的关系最密切，因而最受人们的关注。在精神生活中，当人的内心充满正确的知识、高远的观念和美好的意象时，心灵就达到了真、善、美的境界，此时可以体会到人的智慧存在是美好的。这种幸福是精神生活的幸福。亚里士多德认为沉思是幸福。[1]他所说的幸福属于精神生活的幸福。在社会生活中，当人得到他人的承认和肯定，充分地享有自己的尊严、权利和友爱时，就能体会到自己的社会存在是美好的。这种幸福是社会生活的幸福。社会生活的幸福通常关联着亲情、友情和爱情。例如温馨的家庭让人体会到家庭生活的幸福，甜蜜的恋情让人体会到爱情生活的幸福。我们从生活的三个部分看到三种幸福，即物质生活的幸福、精神生活的幸福和社会生活的幸福。人不论体会到哪种幸福都会觉得自己是幸福的。如果一个人同时在物质生活、精神生活和社会生活中体会到自身的

第五章　人映现价值的存在意义

----

[1]　亚里士多德认为幸福在于合德性的实现活动，而这种实现活动就是沉思。他说："幸福与沉思同在。越能够沉思的存在就越是幸福。……幸福就在于某种沉思。"（亚里士多德：《尼各马可伦理学》，廖申白译，商务印书馆2003年版，第310页）

存在是美好的，那么这样的幸福就是最完美的幸福，这个人就是世界上最幸福的人。

人能不能体会到幸福，不仅与人的生活条件有关，还与人对生活的期望有关。如果人对生活的期望很高，即使拥有很好的生活条件也不会感到幸福。而对生活的期望较低时，只要拥有基本的生活条件就能体会到幸福。有些人贪得无厌，虽然拥有很多的财富和很高的地位，但是仍然不感到满足，还要获得更多的财富和更高的地位。他们本该在比较富足的生活中体会更多的幸福，却由于一心向往更高的生活而体会不到幸福。人的幸福感通常是从满足感中形成的。人对生活感到满足才觉得自己是幸福的。一般情况下，根据人对生活的满足程度可以确定人的幸福程度，满意度越高幸福指数就越高，满意度越低幸福指数就越低，而丝毫不满足的人就是完全不幸福的人。对生活期望比较低的人更容易满足，所以会更容易觉得自己幸福。人应该追求比较好的生活条件，但是应该保持在适度的范围内。只要有一定的生活条件就能体会到幸福，而追求太高的生活条件往往以失望告终，破坏了本来应该体会到的幸福。当生活条件已经达到较高水平之后，再增加生活条件就不能带来同比例的幸福。例如在已有的财富上增加一倍的财富，幸福不会跟着增加一倍。在这种情况下，与其增加更多的生活条件，还不如学会如何控制欲望。把欲望控制在与现有生活条件相适应的水平上，欲望就能获得满足，幸福就能得到体会。如果已经拥有不错的生活条件，可是仍然体会不到生活的幸福，那么就要从自身找一找原因了。

有些人在体会幸福时容易犯一个错误，不是从自己的生活中去找幸福，而是到别人的生活中去找幸福。所谓到别人的生活中去找幸福，指的是通过与他人的生活相比较确定自己的生活是否幸福。当看到别人的生活不如自己的生活时，觉得自己很幸福；而看到别人的生活比自己的生活更好时，又觉得自己不幸福。例如一个身体健康的人看到别人患病时会觉得自己是幸福的，而一个患病的人看到别人身体健康时会觉得自己是不幸福的；一个拥有小笔财富的人看到穷人的时候会觉得自己是幸福的，而看到富翁的时候就忘记了自己的幸福，觉得自己的生活根本算不上是幸福的。这样体会幸福依赖的是对他人的优越感。当看到生活不如自己的人时，形成一种优越感，在这种优越感中体会到自己生活的幸福。而看到生活比自己更好的人时，这种优

250

越感就没了，形成的是自卑感，因此体会不到自己的生活是幸福的。那些爱攀比的人往往体会不到幸福，原因就在于此。一个人本来有不错的生活条件，可是总要拿自己的生活与那些生活得更好的人相比，结果觉得自己的生活很不如意，不能体会到生活的幸福。以这种方式体会幸福对于占据优势的人是有利的，他们通过与出于劣势的人相比较可以体会到更多的幸福，而对于处于劣势的人是不利的，他们体会不到自己应有的幸福。生活对于处于劣势的人已经很不公平，再加上不能体会幸福就更加不公平了。其实，以这种方式体会幸福是非常可笑的，难道自己的幸福是由别人的生活决定的吗？每个人的幸福都是由自己的生活和自己的体会所决定的，与其他人的生活和幸福没有直接的依赖关系。别人获得幸福不会使自己失去幸福，而别人遭遇不幸也不能使自己获得幸福。每个人的存在都是美好的，每个人的生活都有闪光的地方，只要细心地品味自己的生活，就一定能够从中体会到自己的幸福。

体会幸福的最可靠途径是感受生活中的价值。生活中有许多事物满足人的要求，肯定人的存在，向人显现出价值。这些事物的价值是多种多样的，有些事物满足人的生存需要，具有生存价值；有些事物提升人的心灵境界，具有思想价值；有些事物促进人的社会存在，具有交往价值。当人能够全面地感受各种事物的价值时，就能体会到生活是美好的，自己是幸福的。人是否体会到幸福与是否感受到价值有关，感受到价值就能体会到幸福，感受不到价值就体会不到幸福。即使生活很美好，可是感受不到价值，这样也体会不到幸福。有些人已经拥有了很好的生活条件，但是体会不到自己是幸福的，这是因为没有仔细感受生活中的价值。能不能体会生活的幸福，一方面与生活本身的状况相关，过于贫困的生活不能让人体会到幸福；另一方面与人感受价值的能力相关，善于感受价值的人在平常的生活中就能体会到幸福。要获得更多的幸福只提高生活水平是不够的，还必须想办法去感受更丰富的价值。而且只感受物质生活中的价值是不够的，还应该感受精神生活和社会生活中的价值。在生活中感受的价值越全面，越容易体会到幸福；而感受的价值越持久，形成的幸福感就越稳定。在人的生活中有无穷无尽的价值，即使在平平淡淡的生活中也是如此。人只要以平和的心态去感受事物的价值，就完全可以体会到自己的生活是幸福的。而一心追求理想生活的人，忽略对周围平常事物的价值感受，反而不容易体会到生活的幸福。

一般来说，不论感受什么样的价值都能从中体会到幸福。可是，由于人在体会幸福时容易受到情感的影响，所以感受具有情感色彩的价值比感受其他价值更容易形成幸福感。例如快乐的价值就具有情感色彩，感受到快乐的人大多都能体会到生活是幸福的。正是由于这个缘故，快乐主义把快乐看做是幸福的尺度，根据是否快乐衡量生活的幸福。除了快乐之外，还有一些价值也具有情感色彩。人的三种存在蕴涵着三类价值，每一类价值都有三个内在价值，其中最后一个价值都具有情感色彩。它们分别是生存价值中的快乐，思想价值中的美，以及交往价值中的友爱。这些价值与人的情感有密切的关系，只要感受到这些价值就能引起情感上的共鸣。当人感受到这些具有情感色彩的价值时更容易体会到生活的幸福。人在物质生活中感受到生命和健康的价值，往往不会觉得自己是幸福的，而一旦感受到快乐的价值，哪怕是感官上的快乐，也会觉得生活是非常美好的。人在其他生活中感受价值也有相似的情况，感受到美或友爱的价值会觉得更幸福。例如当人感受到亲情和爱情的价值时，就会觉得自己是非常幸福的。由于感受亲情和爱情的价值更容易体会幸福，所以有人干脆把亲情和爱情等同于幸福。这些有情感色彩的价值非常特别，就其本身的价值来说并不是最重要的，可是因为它们与人的情感有紧密的关系，成了最受人关注的价值。人感受这些价值比感受其他价值更容易体会到生活的幸福。

人通常在两类事物上感受价值：一类事物是外在的事物，例如财富、地位、荣誉等等；另一类事物是自己劳动的创造物。当人占有并感受到外在事物的价值时能够形成满足感，而在创造并理解自己创造物的价值时能够形成成就感。如果理解了自己的创造物对于更多的人所具有的价值，那么形成的成就感就更强烈。人的成就感也能带来幸福感，这种幸福感比满足感带来的幸福感更充实。在劳动及其创造物中体会到价值的人才是最幸福的人。例如父母抚养自己的子女，看到子女健康成长就觉得自己最幸福；教师尽心尽责地培养学生，看到学生取得进步就有成就感；医生倾其所能地为病人治病，看到病人康复出院感到最大的欣慰和满足。人只有通过劳动及其创造物才能获得成就感，借助于这样的成就感才能体会到最崇高的幸福。歌德在《浮士德》中描绘了一个永不满足的人，他在恶魔的引导和帮助下去体验各种感官快乐，可是在这些令人心跳目眩的感官快乐中并没有找到最高的幸福，只有当他努力把一片海滩改造成百姓安居乐业的自由土地时才感到真正的满足，终于说出了饱含幸福感的一句话：停一停吧，你真美丽![1]通过感受外在事物的价值体会到的幸福往往都比较短暂，不能持续太长的时间。例如人在吃一顿美食的时候能够形成一些幸福感，可是这些幸福感很快就会消失，刚吃完不久就已经无影无踪了。通过理解自己的创造物对他人具有的价值而形成的幸福感则比较长久，更经得起时间的考验。比如某位思想家提出一种对人们的思想产生重大影响的理论，他只要想起这个理论在启迪人们的智慧方面发挥的重要作用就能获得源源不断的幸福感。

　　如果人在感受价值时领会到自己的存在意义，那么对生活的幸福就有更深的体会。人通过感受事物的价值可以领会映现价值的当下意义和创造价值的长远意义。人只有领会到自己的存在有意义，才会对生活充满信心，体会到存在是美好的。相反，领会不到自己的存在意义，内心被虚无感所充满，就体会不到生活是幸福的。当人深深地领会自己的存在意义，特别是在劳动中体现出来的长远意义时，即使生活条件比较艰苦，缺少必要的物质享乐，也能体会到生活是幸福的。例如过苦行生活的人通过寄托在信仰上的存在意义而体会到幸福，为革命献身的人通过领会自己事业的高远意义而体会到幸福。有些人在别人看来是非常不幸福的，可是他们在内心中已经领会了自己存在的长远意义，这些人比那些追求眼前快乐的人更幸福。通过领会存在的长远意义而体会到的幸福是最高的幸福。这种幸福与通过感受创造物对更多人的价值而体会到的幸福是一致的。人在消费和享乐中体会不到这种幸福，这种幸福只能到劳动和创造中才能体会。人在体会幸福的过程中也能领会存在的意义，如果对生活的幸福有全面的体会，那么对存在的意义就有充分的领会。领会存在的意义和体会生活的幸福是相辅相成的，领会到存在的意义就能体会到生活的幸福，而体会到生活的幸福就不会怀疑存在的意义。

第五章　人映现价值的存在意义

---

[1]　歌德：《浮士德》，钱春绮译，上海译文出版社2007年版，第452页。

6. 人在价值世界中具有良好的存在境遇，应该对人生 保持积极乐观的态度。

  人的存在都有起点和终点，起点是人的出生，终点是人的死亡。在起点和终点之间是人的一生。人在一生中会遇到各种处境，有些处境是顺利的，称为顺境；有些处境是艰难的，称为逆境。例如获得成功的时候处于顺境，遭受失败的时候处于逆境。人的存在并非只有一种形式，所以有可能在同一时刻处于不同的处境。比如有这样的情况，人在生物存在方面处于逆境，而在智慧存在或社会存在方面处于顺境。仅仅根据人在某一方面的处境判定存在的整体处境是不准确的，只有综合各个方面的处境作出的判断才是比较全面的。现在有一个问题：人在一生中的根本处境是怎样的？这种处境是美好的还是险恶的？人在一生中的根本处境就是人的存在境遇，也可以叫做人生的境遇。有人把这种境遇看做是"命运"，意思是这种处境一生都不会改变。人的存在境遇的确会伴随人的一生，生活的偶然机遇不能使它改变，就像"命运"是命中注定的一样。因为人的存在境遇非常稳定，所以只要揭示出这种不变的处境，就可以从总体上把握人的存在状况。

  关于人的存在境遇有各种解说，有些解说是比较乐观，认为人能够主宰自己的存在和生活；而有些解说非常悲观，认为人的存在完全是无奈和痛苦的。在悲观的解答中宗教的解答最具代表性。宗教对人在现世的存在持悲观的看法，认为现世是一个充满罪恶和苦难的世界，人在这样的世界里注定要遭受各种痛苦和烦恼。例如基督教认为人在现世的存在带有人类祖先犯下的"原罪"，而且因为自身的弱点还会犯下其他新的罪恶，人的整个一生就是赎罪的过程；佛教认为人在现世的存在是"生死轮回"的一个环节，现世就是一个无边无际的"苦海"，在现世的存在要经受生老病死等种种苦难。尽管宗教给人指出了现世之外的美好世界，让人在当下的苦难中看到将来的希望，可是对人的存在境遇的看法总体来说是悲观的。存在主义对人的存在境遇也作了解答，得出的结论也是比较悲观的。存在主义非常关注人对自身存在的体验，把对存在的体验看做是人的基本存在方式[1]。在现代社会中人对存在的基本体验是焦虑、恐惧、烦恼等等，存在主义就把这样的体验看做是人的存在的基本境遇。虽然存在主义肯定人的自由，强调人是未确定的存在物，给人的发展留下了很大的可能性空间，然而它对人的存在境遇的看法总体上是消极的。宗教和存在主义的解说有一定的道理，在现实生活中的确能够找到一些证据。可是，这并不是人的存在境遇的全貌，也不是人的存在境遇的主要方面。人作为人存在，是非常美好的事情。从这一点就可以对人的存在境遇给出乐观的解答。

对人的存在境遇做怎样的解答，与把人置于什么世界有关系。如果把人置于外在世界中，在外在世界中考察人的存在状况，就会对人的存在境遇做悲观的解说。人所存在的外在世界是自然世界、文化世界和人类世界。在自然世界中，人不过是一种弱小的生物，必须按照生物界的法则生存。即使人有一个智慧的头脑，也不能改变自然法则的限制。自然世界的微小变化就能给人带来不能承受的灾难，例如地震和海啸在一瞬间就能夺去成千上万人的生命。人存在于这样的世界中不能避免饥饿、寒冷和病痛，而且最终要像其他生物那样走向死亡。在文化世界中，人的存在仍然不能完全摆脱被动性。人希望掌握真实的知识、善良的观念和美好的意象，可是有时候获得的却是虚假的知识、邪恶的观念和丑陋的意象。一旦被这样的知识、观念和意象所控制，就不能正确地认识外在世界和理智地支配自己的行动。这种情况在价值观念上表现得最明显。有人受到错误价值观念的误导，因此失去辨别善恶的能力，作出违背人性、伤天害理的事情。人在外在世界的存在状况往往是不太理想的，即使在由人构成的人类世界中也是如此。在人类世界中，人的存在就是他的社会关系，可是人的社会关系未必都是由自己决定的，有些情况下社会制度决定了自己的社会关系。例如在奴隶社会中，奴隶的子女一出生就成了奴隶；在种姓制度下，低等种姓的人刚进入社会就成了低贱的人。这样的社会关系不是他们自愿选择的，而是不合理的社会强加给他们的。在

第五章　人映现价值的存在意义

---

[1]　存在主义者有一个共同特点，他们都非常重视人在世界中对自身存在的体验，把体验看做是人确证自身存在的方式。例如克尔凯郭尔描述恐惧、战栗、焦虑等体验，尼采谈论虚无主义的体验，海德格尔分析烦、畏等体验，而萨特关注人在他人注视下的体验，等等。

人类世界中，人始终面临着失去自由和平等的可能性，经常受到相互竞争和相互冲突的困扰，甚至身不由己地卷入人与人相互残杀的战争之中。如果把人置于自然世界、文化世界和人类世界中，在这些外在世界中考察人的存在境遇，那就不太容易得出乐观的结论。即便是最乐观的人也只能把希望寄托在社会的未来发展上。

萨特关于人的存在境遇有一种形象的说法：人是被"抛入"到世界中的[1]。这里所说的世界指的是先于人而存在的外在世界，而抛入指的是人不能自由地选择自己存在的世界。在外在世界中看人的存在，的确会看到这种身不由己的情况。比如说，一个人出生在什么样的家庭，是富有的家庭还是贫穷的家庭；出生在什么样的社会，是和谐的社会还是冲突的社会，这不是由他自己选择的。人不论出生在什么样的家庭和社会，他都必须无条件地接受，在此前提下开始自己的人生。从根本上说，人作为生物必须存在于特定的自然世界之中，作为智慧存在物必须存在于特定的文化世界之中，而作为社会存在物必须存在于特定的人类世界之中。虽然人是具有自主活动能力的存在物，但是不能改变基本的存在方式。人必然要像其他生物一样存在于自然世界，要以思想的方式存在于文化世界，要以社会关系存在于人类世界，这是由人的生物存在、智慧存在和社会存在所决定的。这就是人存在于外在世界的基本境遇。这种境遇决定了人在外在世界中只能处于边缘位置，不能获得至高无上的地位。虽然人能够以自己的活动改变世界，然而这种改变不论在范围还是深度上都是非常有限的，对于外在世界来说是微乎其微的。而且有一点是始终无法改变的，即人必须依赖外在世界，接受外在世界的限制。人存在于自然世界中就要接受自然世界的规律，存在于文化世界中就要接受已有文化的局限，存在于人类世界中就要接受社会关系的束缚。这种被动的存在境遇在外在世界中是永远不能改变的。

可是，如果把目光转向价值世界就可以看到完全不同的另一种境遇。价值世界是不同于自然世界、文化世界和人类世界的另一个世界，它不是先于

---

[1] 萨特对"人"的存在有这样的描述："它存在，因为它在它并没有选择过的条件下显现……它存在，因为它被抛入一个世界之中，弃置于一种'处境'之中……它存在，因为在它自身中有某种它并不是其基础的东西：它的面对世界的在场。"（萨特：《存在与虚无》，陈宣良等译，三联书店 2007 年版，第 114—115 页）

人存在的外在世界，而是与人的存在不可分离的属人世界。在没有人存在的地方不会有价值世界。人在价值世界中存在不是被"抛入"的结果，因为在人存在之前并没有价值世界。价值世界是由于人的存在而形成的世界。人的存在本身蕴涵着内在价值，把这些内在价值映现到外在事物上显现为外在价值，由这些显现外在价值的事物构成了价值世界。人的存在映现出事物的价值，生成了人所存在的价值世界，这是人在价值世界中的基本存在境遇。从这种存在境遇可以看出人在价值世界中具有良好的存在状况。人在价值世界中处于中心的位置，占据着至高无上的地位。这与在外在世界的边缘位置和从属地位形成鲜明的对比。价值世界是完全属于人的世界，在这里人不会与外在事物相对抗，不会受到外在事物的统治和压迫。人被众多有价值的事物所包围，得到这些事物对自己存在的肯定。人在价值世界的存在是自由自在的，如同鱼在水中漫游、鸟在空中飞翔一样。人在价值世界中形成的是轻松、愉快、和谐的存在体验，这种体验完全不同于在外在世界中形成的焦虑、恐惧、烦恼等体验。这样的存在体验是由人在价值世界中映现事物价值的存在境遇所决定的。在价值世界中考察人的存在境遇可以得出非常乐观的结论。

　　我们在这里又遇到了应该从什么角度看世界的问题。世界的存在是客观的，人不能随意地改变世界。然而，世界怎么存在是一回事，人怎么看世界是另一回事。人可以选择看世界的角度，既可以从这个角度看世界，也可以从那个角度看世界。这种选择是人的思想的基本自由。选择不同的角度可以看到不同的世界，进而对人的存在境遇形成不同的看法。看世界的角度无非就是两种，一种是从人的存在出发看世界，另一种是从世界本身出发看世界。如果不是从人的存在出发，而是从世界本身出发看世界，那么看到的世界只能是由事实构成的外在世界。在这个世界中看到的一切存在物都是事实存在，即使看到了人，也会把人当做是与其他存在物没有根本区别的东西。人们通常就是这样看待世界的，把世界看做是在自己之外存在的世界，再把自己看做是这个世界中的存在物。从这样的角度看世界并没有什么错误，甚至可以说是比较科学的。然而，这样看世界有一个很大的弊端：不能给人的存在赋予至高无上的地位。既然外在世界先于人而存在，人后来才被投入到这个世界中，人在世界中就只能处于边缘的位置，居于从属的地位。从这个角度看人的存在状况，就会看到人在世界中的存在与其他事物的存在相对立，受到其他事物的对抗和压迫，于是不可避免地对人的存在境遇作出悲观的解答。如果选择另外一个角度看世界，即从人的存在出发看周围的世界，那么可以看到一个全新的世界——由有价值的事物构成的价值世界。从外在世界出发看世界无论如何也看不到价值世界，只有把人的存在作为看世界的出发点，这样才能看到这个肯定人的存在的独特世界。价值世界不是先于人而存在的外在世界，它是因为人而且为了人而存在的世界。在这个世界中看人的存在，看不到人与其他事物的对立，只看到其他事物对人的存在的肯定。以此为根据解答人的存在境遇，自然会得出乐观的结论。

究竟应该从人的存在出发看世界，还是应该从其他角度看世界呢？如果仅仅是为了客观地描述世界，那么应该从世界本身出发看世界，要尽量减少人的主观因素的影响。这样才符合科学主义精神。可是，如果目的不是描述世界，而是思考人在世界的存在，那么就应该从人的存在出发看世界。只有从这个角度才能更好地解答人的存在问题。从人的存在出发看世界，可以看到有些事物有价值，有些事物没有价值，把所有有价值的事物放在一起就发现了价值世界。在价值世界之外还有很多事物，不过这些事物与人的存在没有直接关系，对人的存在没有什么影响，可以暂时忽略它们的存在。只有价值世界的事物与人的存在的关系最密切，唯有价值世界才是人真正存在于其中的世界。我们把价值世界从外在世界中分离出来，再把人置于价值世界之中，这样就能对人的存在形成更切近、最准确的认识。人当然也存在于外在世界中，但是在外在世界中人不是作为"人"存在，而是作为某种物存在的。例如在自然世界中人作为一种生物而存在，这不是真正意义上的"人"。真正意义上的"人"是以其存在映现事物价值的存在者。在这个意义上人与其他存在物相区别。人可以给其他存在物赋予价值，这是其他任何存在物都做不到的。这样的人只存在于价值世界之中。人在价值世界中占据中心的位置，拥有至高无上的地位，具有无可比拟的美好存在境遇。从人的存在出发看世界可以更好地把握人的存在，可以确认人的存在地位和存在意义，可以对人生境遇得出更乐观的结论。从人的存在出发看世界还有一个更重要的理由：我们作为人存在着，理应从人的角度看世界，这样才符合以人为本的人本主义精神。

从人的存在出发看世界，既可以看到价值，也可以看到反价值。反价值与价值完全对立，价值肯定人的存在，而反价值否定人的存在。虽然价值和反价值有泾渭分明的界线，可是反价值总是与价值相伴而生，就像黑暗与光明相对比才成为黑暗一样。每一种价值都有自己的反价值，例如好和坏、是和非、真和假、善和恶、美和丑、正义和邪恶都是相互对立而存在的。当我们看到某种价值的时候，一定能在其背后找到相应的反价值。当然，这不是说价值和反价值相互抵消，而是说价值以反价值为参照物。我们在考察人的存在所蕴涵的价值时，总共发现了三类九种内在价值。这些价值都有各自的反价值。生命的反价值是死亡，健康的反价值是疾病，快乐的反价值是痛苦；真的反价值是假，善的反价值是恶，美的反价值是丑；尊严的反价值是卑贱，权利的反价值是损害，友爱的反价值是仇恨。由于作为根据的内在价值都有反价值，所以映现出来的外在价值也都有反价值。任何价值都以反价值为自己的对立面，否则价值也就不成其为价值了。人们在追求价值的时候，都会尽量避免反价值，可是有些时候反价值不请自来，给人的存在带来很多麻烦和困扰。例如人有时候罹患疾病，因此失去健康；有时候迷失真理，因此陷入谬误；有时候丧失尊严，因此遭受耻辱；等等。谁都喜欢价值而讨厌反价值，不希望反价值出现在自己的面前。可是反价值并不会因为人们不喜欢它而自动消失。反价值一直潜伏在价值的近旁，一有可乘之机就会侵入人的生活，否定人的存在。人一旦失去价值就会遭遇反价值，就像失去光明就会陷入黑暗一样。

不可否认，具有反价值的事物也是人的世界的一部分。由所有这样的事物构成了与价值世界相对立的"反价值世界"。反价值的出现也与人的存在相关，因为只有在人存在的前提下才有反价值可言。在这个意义上可以说，反价值世界也是人的存在"映现"的世界。人的存在正面映现出的是价值世界，在价值世界的反面留下一些阴影，这些阴影就构成了反价值世界。这种情况就像灯光照射在一个物体上，在物体的正面留下光亮，而在背面留下阴影一样。反价值世界不能独立于价值世界，它不过是价值世界的缺失部分。当价值世界中缺失一种价值时，在缺失的部位就留下一种反价值。比如一个人失去了健康，在没有健康的地方出现了疾病；一个社会失去了正义，在缺失正义的地方出现了邪恶；一个世界失去了和平，在没有和平的时候就陷入了战争。凡是有价值的地方都不会有反价值，反价值只出现在没有价值的地方。人的存在直接面对的是价值世界，在价值世界出现缺失的地方才能看到反价值世界。如果忽视价值世界而夸大反价值世界，就会对人的存在境遇得出悲观的结论。有些人就是这样看待周围的世界和自己的存在。他们看到了一些反价值，就把眼光紧紧地盯在反价值上，觉得自己每时每刻都受着反价值的威胁，于是对人的存在状况和存在境遇作出消极的判断。这样描绘人的存在状况和存在境遇是非常片面的，就像被一片叶子遮住眼睛而看不到整个森林一样。反价值很多时候只是作为一种危险而存在，防范危险的发生是必要的，可是不能因为存在危险就把世界看做是漆黑一片。

人所存在的世界既有光明的一面，也有黑暗的一面。当人去看光明的一面时，会看到许多美好的东西，对自己的存在状况就会作出积极的判断；而把眼光转向黑暗的一面时，会看到不少丑恶的东西，对自己的存在状况就会作出消极的判断。人看世界的着眼点也很重要，着眼于世界美好的方面就会看到乐观的存在状况，而着眼于丑恶的方面就会看到悲观的存在状况。有一则寓言说的就是这种情况。有两个酒徒在一起喝酒，当一瓶酒喝到一半时，一个酒徒盯着酒瓶的上半部分悲观地说："已经喝掉一半了！"而另一个酒徒盯着酒瓶的下半部分乐观地说："还剩下一半没喝呢！"这两个酒徒所面对的事物是一样的，可是由于看事物的着眼点不同而产生不同的看法。看世界的出发点制约人对存在境遇的看法，而看世界的着眼点则制约人对存在状况的看法。人对存在状况的看法也会间接影响对存在境遇的认识。如果眼光一直盯在世界黑暗的那一面，久而久之就看不到光明的一面了；即使看到光明的一面也会怀疑那是不是真的。这样就不能对自己的存在境遇形成乐观的看法。我们应该相信，世界在总体上是光明的，光明总是能够战胜黑暗。这可以从人的存在本身找到依据。人的存在映现出事物的价值，世界因此就变成美好的世界。只要从根本上把握人映现事物价值的存在境遇，就可以对自己的存在持乐观的态度，形成积极向上的人生观。

人对自己人生的总体看法就是人生观念。人生观念有两种基本类型，一种是乐观主义人生观，另一种是悲观主义人生观。乐观主义人生观把人生看做是美好的，而悲观主义人生观把人生看做是悲苦的。这两种人生观分别指出了人生的两个不同侧面，乐观主义人生观指出的是美好的方面，悲观主义人生观指出的是丑恶的方面。在乐观主义人生观的指引下，人可以更全面地感受事物的价值，更深入地理解行动的意义，从而领会到自己存在的当下意义和长远意义。持乐观主义人生观的人具有积极向上的精神，即使遇到困难和挫折也不会气馁，面临苦难和艰险也能看到希望。这样的人对自己的人生充满信心，可以更好地体会生活的幸福。而在悲观主义人生观的引导下，人发现得更多的是反价值，体验得更深的是痛苦和悲伤，即使看到美好的东西，也会认为它是虚幻的东西。对人生持悲观态度的人往往都是怀疑主义者，他们怀疑事物有确定的价值，怀疑存在有可靠的意义，怀疑生活能够达到幸福。悲观主义人生观对一些在生活中遭遇挫折和不幸的人很有吸引力，他们以为悲观主义所揭示的境遇才是人生的真相，而乐观主义所描绘的境遇不过是美丽的谎言。实际上，悲观主义所揭示的存在境遇在总体上是片面的，它过分夸大了人的存在所遇到的困难和潜在的威胁。悲观主义人生观是消极的人生观，不利于人更积极地创造自己的人生。乐观主义人生观则是积极的人生观，它能让人看到人生最美的一面。所以乐观主义人生观是更值得赞扬和提倡的人生观。

具有乐观主义人生观的人并不是闭着眼睛不看世界的黑暗一面，更不是把黑暗的东西说成是光明的东西。完全否认世界有黑暗的一面，不能正确地面对复杂的现实世界。而把黑暗说成是光明，把丑恶说成是美好，更是自欺欺人的做法。乐观主义既不是叫人否认事实，也不是叫人欺骗自己，它只是引导人多看世界美好的方面，让人以更积极的心态面对自己的生活。乐观主义与"阿Q精神"有根本的区别。"阿Q精神"是一种"精神胜利法"，它借助想象的东西安慰自己，凭借虚假的东西获得快乐。乐观主义并不依靠想象和虚构的东西，它直接面向现实的世界和生活。它在面向世界和生活时更关注的是有价值的事物，因此对自己的存在状况形成了乐观的看法。乐观主义并不否认世界有丑恶的方面，只是主张应该多看美好的方面。乐观主义也会承认人在存在过程中自始至终都受到疾病、死亡、痛苦等反价值的威胁，也会尽量寻找避免这些反价值的途径，但是乐观主义者并不像悲观主义者那样夸大反价值的威胁，而是引导人更多地关注当下的存在，去积极地感受事物的价值、领会存在的意义和体会生活的幸福。乐观主义者都有承认事实的勇气，能够坦然地承认反价值对人的威胁，能够从容地面对生活中的困难和挫折。乐观主义者的眼光更加高远，心胸更加开阔，能够带着喜悦的心情去创造自己的人生。

人生有三个时态：一是过去，二是当下，三是将来。过去的人生已经逝去，将来的人生尚未到来，只有当下的人生还在自己的手中。显而易见，在这三个时态的人生中，人最应该重视的是当下的人生。有些人沉浸在对过去人生的回味中，或者耽搁于对将来人生的向往和谋划上，却对当下的人生无动于衷、毫不在意，以为只有失去的和没有到来的人生才是最美好的。这样的人生态度不是积极的，也不是明智的。从现实性来说，人拥有的只是当下的人生，因为过去的人生已经成为历史，将来的人生还是一个未知数。人的一生是由当下的人生在时间之流中构成的。人生不过是一连串的"当下"人生，过去的人生曾经是当下的人生，将来的人生在未来也会成为当下的人生。[1] 如果一个人放弃了当下的人生，那就等于放弃了整个人生。因为人所能把握的人生只有当下的人生，不能把握当下的人生就不能把握过去和未来的人生。把人生的所有希望都寄托在想象的人生上是无益的，那样不仅不能实现理想的人生，而且还会耽误现实的人生。积极的人生态度是立足于当下的人生，尽可能地完善自己的存在和创造美好的生活。"活在当下"，这句话表达的就是这种积极的人生态度。

人的存在是有限的，生命最终都会终结。这就像一盏灯一样，在油尽灯枯之后终将熄灭。这是一件令人感到无可奈何的事情。然而这里也包含着积极的因素。正是因为人生是有限的，所以才显得无比的珍贵。假如生命永远不会终结，人生没有最后期限，那么生命又有什么价值呢？人生又有什么值得歌颂的呢？我们应该坦然地接受人生有限的现实，不应该为此陷入悲观和绝望之中。只顾哀叹人生的短暂是没有任何意义的，只会给自己增添一些烦恼和痛苦而已。在认清自己的有限存在之后，人最应该做的事情是给短暂的人生描绘美丽的色彩。如果人生有了美丽的色彩，即使比较短暂也不那么令人遗憾了。因此人不应该在徒然悲叹中虚度自己的人生，而应该积极地投身

---

[1] 奥古斯丁说："有一点已经非常明显，即：将来和过去并不存在。说时间分过去、现在和将来三类是不确当的。或许说：时间分过去的现在、现在的现在和将来的现在三类，比较确当。"（奥古斯丁：《忏悔录》，周士良译，商务印书馆1963年版，第247页）

于人类的共同事业，以自己的劳动和创造展现有限人生所具有的高远而长久的意义。同时，还应该尽情地领略自己美好的人生。为此要全面地感受事物的价值，深入地领会存在的意义，细心地体会生活的幸福，这样就能看到自己的人生是美好而充实的。一个人只要不断地完善自己的存在，积极地劳动和创造，乐观地感受和生活，就一定能够拥有美丽的人生。

第五章　人映现价值的存在意义

进一步阅读书目

第一章

《伦理学原理》，乔治·爱德华·摩尔著，上海人民出版社 2003 年版。

《伦理学中的形式主义与质料的价值伦理学》，马克斯·舍勒著，三联书店 2004 年版。

《存在与时间》，马丁·海德格尔著，三联书店 2006 年版。

《存在与虚无》，萨特著，三联书店 1997 年版。

《非理性的人——存在主义哲学研究》，威廉·巴雷特著，商务印书馆 1995 年版。

《人论》，恩斯特·卡西尔著，上海译文出版社 1985 年版。

《自我论》，科恩著，三联书店 1986 年版。

《哲学人类学》，米夏埃尔·兰德曼著，上海译文出版社 1988 年版。

《人的问题》，杜威著，上海人民出版社 2006 年版。

《人的哲学》，袁贵仁主编，工人出版社 1988 年版。

第二章

《价值论》，李德顺著，中国人民大学出版社 2007 年版。

《价值学引论》，袁贵仁著，北京师范大学出版社 1991 年版。

《人的需要理论》，莱恩·多亚尔、伊恩·高夫著，商务印书馆 2008 年版。

《动机与人格》，马斯洛著，华夏出版社 1987 年版。

《道德与立法原理导论》，边沁著，商务印书馆 2000 年版。

《功利主义》，约翰·斯图亚特·穆勒著，中国社会科学出版社 2009 年版。

第三章

《论语》。

《孟子》。

《尼各马可伦理学》，亚里士多德著，商务印书馆 2003 年版。

《爱比克泰德论说集》，商务印书馆 2009 年版。

《纯粹理性批判》，康德著，人民出版社 2004 年版。

《实践理性批判》，康德著，人民出版社 2003 年版。

《判断力批判》，康德著，人民出版社 2002 年版。

《美学》，黑格尔著，商务印书馆 1996 年版。

《六大观念》，艾德勒著，三联书店 1991 年版。

《时代的精神状况》，卡尔·雅斯贝尔斯著，上海译文出版社 1997 年版。

第四章

《理想国》，柏拉图著，商务印书馆 1986 年版。

《政治学》，亚里士多德著，商务印书馆 1965 年版。

《利维坦》，霍布斯著，商务印书馆 1985 年版。

《社会契约论》，卢梭著，商务印书馆 2003 年版。

《道德原则研究》，休谟著，商务印书馆 2001 年版。

《道德情操论》，亚当·斯密著，商务印书馆 1997 年版。

《论美国的民主》，托克维尔著，商务印书馆 1988 年版。

《资本论》第一卷，马克思著，人民出版社 2004 年版。

《正义论》，约翰·罗尔斯著，中国社会科学出版社 2009 年版。

《论平等》，皮埃尔·勒鲁著，商务印书馆 1988 年版。

《在事实与规范之间》，哈贝马斯著，三联书店 2003 年版。

《为承认而斗争》，阿克塞尔·霍耐特著，上海人民出版社 2005 年版。

存在

与

价值

第五章

《忏悔录》，奥古斯丁著，商务印书馆 1963 年版。

《思想录》，帕斯卡尔著，商务印书馆 1985 年版。

《权力意志》，尼采著，商务印书馆 2007 年版。

《资本主义文化矛盾》，丹尼尔·贝尔著，三联书店 1989 年版。

《西方文化的终结》，R. W. 费尔夫著，江苏人民出版社 2004 年版。

《活出意义来》，弗兰克著，三联书店 1998 年版。

《生活的意义与价值》，鲁道夫·奥伊肯著，上海译文出版社 1997 年版。

《生活之路》，托尔斯泰著，中国人民大学出版社 2006 年版。

《存在的勇气》，保罗·蒂利希著，贵州人民出版社 1998 年版。

《存在之发现》，罗洛·梅著，中国人民大学出版社 2008 年版。

《幸福散论》，阿兰著，上海译文出版社 2010 年版。

后　记

　　花费了四年的时间，终于写完了这本书。在这期间既经历了百思不得其解的思想苦闷，也体验了柳暗花明、豁然开朗的内心喜悦。在写作过程中遇到了许多困难，其中最大困难是改变已有的思维习惯。我们都习惯于从外在事物出发看价值，把价值看做是事物本身固有的东西。这样看待事物的价值就会把物看得比人更重要。本书努力改变的就是这种思维习惯，把从事物出发看价值改为从人的存在出发看价值，由此提出事物的价值是人的存在蕴涵的内在价值映现在事物上显现出来的外在价值。完成这种转变之后，不仅对世界和价值形成了新的看法，而且对人的存在和意义也作出了新的解释。据此提出了把人视为一切价值之根源的新人本主义思想，希望以此克服把物看得比人还重要的物本主义。为了更形象地说明人在世界中的存在，书中多次使用"人是一盏灯"的比喻。这个比喻同时具有象征的意义，借助"一盏灯"的意象可以更生动地把握人映现价值的存在方式，更深入地领会人在世界中的存在意义。

2010 年春于北京师范大学